Jürgen Erbacher
Der kleinste Kosmos der Welt

Jürgen Erbacher

Der kleinste Kosmos der Welt
Unbekannter Alltag im Vatikan

Mit Fotografien
von Alessia Giuliani

FREIBURG · BASEL · WIEN

© Verlag Herder GmbH, Freiburg im Breisgau 2009
Alle Rechte vorbehalten
www.herder.de

Fotografien im Innenteil (sofern nicht anders angegeben):
© Alessia Giuliani / Catholicpressphoto
Fotos S. 14/15: Menke, S. 80/81: Weiß,
S. 102/103: © iStockphoto.com

Satz: Weiß-Freiburg GmbH – Graphik & Buchgestaltung
Herstellung: fgb · freiburger graphische betriebe
www.fgb.de

Gedruckt auf umweltfreundlichem, chlorfrei gedrucktem Papier
Printed in Germany

ISBN 978-3-451-29951-3

Inhalt

Der kleinste Kosmos der Welt — 9
Tore öffnen sich

Der Petersdom

Hüter des Petrusgrabs — 16
Die Sampietrini

Ad Fontes – zu den Quellen — 23
Die Nekropole unter Sankt Peter

Millionen Steine für die Ewigkeit — 27
Die Mosaikwerkstatt des Vatikans

Wirtschaft und Handel

Grüße mit päpstlichem Konterfei — 36
Die Vatikanpost

Der Papst im Geldbeutel — 42
Münzen und Marken aus dem Vatikan

Pillen für den Papst — 48
Die Vatikanische Apotheke

Sonderangebote für Prälaten — 54
Einkaufsparadies Vatikan

Kostbare Möbel für Kardinäle und den Papst   59
Die Apostolische Floreria

Krippenbau und Stanzmaschinen   67
Das Industriegebiet des Vatikans

Der Papst fährt Mercedes   75
Der Fuhrpark des Pontifex

Die Medien

Die Stimme des Papstes   82
Radio Vatikan

Hintergrund statt Schlagzeilen   90
Das Vatikanische Presseamt

Bilder, die Geschichte machen   96
Das Vatikanische Fernsehzentrum

Die Sicherheit

Sicherheitskorps in bunter Uniform   104
Die Päpstliche Schweizergarde

Recht und Ordnung im Staate des Papstes   113
Die Vatikanische Gendarmerie

Floriansjünger in heiligen Hallen   120
Die Feuerwehr des Vatikans

Die Kurie

Ein Segen für die Nächstenliebe 126
Das Almosenamt des Papstes

Patriarchen, Politiker und Paragrafen 131
Alltag in den Vatikanbehörden

Ein Gottesdienst mit dem Pontifex 138
Der Päpstliche Zeremonienmeister

Pasta, Sport und Schnittchen 144
Die Zeit nach Büroschluss

Grüß Gott, Herr Papst 151
Deutsche im Vatikan

Der Vatikan II

Von den Ställen zu den Sternen 158
Die Päpstliche Sommerresidenz Castelgandolfo

Der Mond zu Gast im Vatikan 169
Die Päpstliche Sternwarte

Der Papst

Beten zwischen Beeten 176
Ein Besuch in den Vatikanischen Gärten

Ein Tag mit dem Papst 183
Alltag im Apostolischen Palast

Der Papst auf Reisen 190
Die Vorbereitungen

Als Journalist im Papstflieger 197
Mit dem Pontifex on Tour

Einmal ganz nah am Papst 204
Der Pontifex bittet zur Audienz

**100 Fakten über den Papst, den Vatikan
und den Heiligen Stuhl** 217

Kleines vatikanisches Glossar 235

Der kleinste Kosmos der Welt
Tore öffnen sich

Der Vatikan – das Zentrum der katholischen Kirche und Anziehungspunkt für Millionen Pilger und Touristen. Von seinem imposanten Renaissancepalast aus regiert der Papst die Geschicke von über einer Milliarde Katholiken weltweit. Die Öffentlichkeit kennt meist nur die prunkvolle Fassade. Was sich im Innern des Vatikans abspielt, bleibt verborgen. Eine über drei Kilometer lange Mauer schützt vor neugierigen Blicken. Das gibt reichlich Stoff für Legenden und Gerüchte. Eine Aura des Geheimnisvollen umgibt das kleine weltliche Reich des Papstes. Öffnen sich aber die Tore der Paläste, kommt eine faszinierende Welt zum Vorschein, ein eigener kleiner Kosmos. Der Vatikan zeigt sich als eine spannende Mischung aus profanem Staatswesen, absolutistischer Monarchie mit zweitausendjähriger Geschichte und modernem Global Player – gegründet auf ein Fundament aus Theologie und Glauben. Was das konkret bedeutet, ist mit wenigen Worten kaum zu beschreiben. Es erschließt sich aber beim Blick hinter die Kulissen des kleinsten Staats der Welt – ein Einblick, den dieses Buch bieten möchte.

Doch: Wer ist der Vatikan? Bei genauerem Hinschauen zeigt sich, dass sich hinter der Bezeichnung «Vatikan» zwei unterschiedliche Institutionen verbergen: der Vatikanstaat und der Heilige Stuhl, auch Apostolischer Stuhl genannt. In der Praxis lassen sich beide oft nur schwer voneinander unterscheiden. Vereint sind sie in ihrem Oberhaupt: dem Papst. Während der Heilige Stuhl das Leitungsorgan der katholischen Weltkirche ist, also Papst und römische Kurie, ist der Vatikan schlicht ein kleiner, unabhängiger Staat, mit dem Pontifex als Staatsoberhaupt. In seiner heutigen Form wurde der Staat der Vatikanstadt, so die offizielle Bezeichnung, am 11. Februar 1929 mit der Unterzeichnung der Lateranverträge zwischen dem Heiligen Stuhl und Italien gegründet. 2009 feiert er seinen 80. Geburtstag. Der Vatikanstaat soll laut Lateranverträgen die «Freiheit des Apostolischen Stuhls verbürgen» und damit die «tatsächliche und sichtbare Unabhängigkeit des Papstes in der Ausübung seiner Weltmission gewährleisten». Als souveräner Staat hat der Vatikan eine eigene Justiz, eine eigene Post und Bank sowie Polizei und Handel. Über einen Bahnhof ist er ans Schienennetz der italienischen Staatsbahn angeschlossen, und im Governatorat, dem Regierungssitz, wird sogar ein Schifffahrtsregister geführt. Allerdings gibt es derzeit kein Schiff, das unter vatikanischer Flagge über die Weltmeere fährt.

Das Staatsgebiet ist das eine. Doch wer sind die Menschen, die an ganz unterschiedlichen Stellen dafür sorgen, dass der Papst sein Amt frei ausüben kann? Tausende Laien, Priester und Ordensfrauen stehen in Diensten des Pontifex. Wie kleine Rädchen in einem Uhrwerk greifen die verschiedenen Aufgabenbereiche ineinander, geräuschlos und – meist – effizient. Prälaten halten den Kontakt zu den Katholiken in aller Welt und bereiten päpstliche Dokumente vor. Restauratoren kümmern sich um den Erhalt der imposanten Kunstschätze und Techniker um eine funktionierende Infrastruktur. Sicherheitsleute beschützen den Papst sowie die Pilger, und Journalisten verbreiten die Lehre des Kirchenoberhaupts. Bauern versorgen den Pontifex mit frischem Gemüse, und Ordensfrauen machen seine Wäsche. Die Wärter in den Vatikanischen Museen versuchen dem Ansturm der Pilger Herr zu werden, und die Latinisten bemühen sich um einen zeitgemäßen lateinischen Wortschatz, damit etwa die Bänker Seiner Heiligkeit in angemessener Sprache die Geldautomaten des Zwergstaats programmieren können: «Inserite scidulam quaeso – Bitte die Karte einschieben» blinkt es in der ehrwürdigen alten Kirchensprache auf den Bildschirmen.

Die Vatikanische Bibliothek und das Geheimarchiv bilden das große Gedächtnis des kleinen Staats und der weltumspannenden Kirche. Bibliothekare und Archivare hüten die kostbaren Schätze und machen sie für die wissenschaftliche Forschung zugänglich. Allein die Bestände im Vatikanischen Geheimarchiv füllen knapp 90 Kilometer Regale. Um die Gesundheit der Prälaten und Laien im Zwergstaat kümmert sich der eigene Gesundheitsdienst. Rund 10.000 Mitglieder zählt die vatikanische Krankenkasse, und die Mediziner im kleinen Ärztehaus haben alle Hände voll zu tun. Beim Heiligen Stuhl sind rund 2.800 Menschen beschäftigt. Der Vatikanstaat hat 1.800 Angestellte. Während sich im Bereich des Heiligen Stuhls wenige Laien in Führungspositionen finden, ist dies beim Vatikanstaat durchaus der Fall. So sind insgesamt nur fünf Prozent der Angestellten des Staats Kleriker; während beim Heiligen Stuhl 40 Prozent der Mitarbeiter Priester und Ordensleute sind. Die Vielfalt der Dienste und Ämter ist groß. Ganz gleich, mit wem man spricht, die Mitarbeiter sind stolz darauf, an ihrem Platz einen kleinen Beitrag leisten zu können für das große Ganze: den Papst und seine Mission als oberster Hirte der katholischen Kirche. Gerne gewähren viele einen Einblick in ihre Büros und Werkstätten.

Das Ergebnis ist eine spannende Reise durch die bunte Vielfalt vatikanischer Institutionen. Sie beginnt beim eigentlichen Zentrum: dem Petersdom, der Grabeskirche des Apostelfürsten, und den Menschen, die hier tagtäglich ihre Arbeit verrichten. Der Weg führt dann vorbei an Handel und Industrie im Vatikan zu den Medien des Papstes. Kurze Stationen gibt es bei den Sicherheitsdiensten und in den Dikasterien des Heiligen Stuhls, bevor kurz vor dem Ziel, der Begegnung mit dem Kirchenoberhaupt, noch die Reisen des Pontifex und natürlich sein Alltag betrachtet werden. Alle Bereiche abzudecken, hätte den Rahmen des Buches gesprengt. Die Auswahl soll möglichst viele verschiedene Bereiche behandeln. Über den Papst selbst und die Kurie wurde in den vergangenen Jahren vieles geschrieben. Das vorliegende Buch wirft einen alternativen Blick in den Vatikan und stellt die Menschen und ihre Arbeit vor, die sonst nicht im Fokus der Öffentlichkeit stehen. Für die ungewöhnliche Reise haben sich nicht alle Türen geöffnet, aber viele.

Damit sich bei der Entdeckungsreise niemand im kleinsten Kosmos der Welt verirrt, hat die Vatikanische Bibliothek dankenswerterweise dem Abdruck des aktuellen Stadtplans zugestimmt, den sie aus Anlass des 80. Geburtstags des Staats der Vatikanstadt im Februar 2009 in Form eines Stichs erstellen ließ. Nun bleibt der Dank an all diejenigen, die den Blick hinter die Mauern des Vatikans ermöglicht haben. Das sind die Mitarbeiter, die in den einzelnen Artikeln namentlich genannt sind. Ein besonderer Dank geht an den Präsidenten der Fabbrica di San Pietro, Kardinal Angelo Comastri, und den Generalsekretär des Staats der Vatikanstadt, Bischof Renato Boccardo, die Tore geöffnet haben, die sonst verschlossen sind. Alessia Giuliani danke ich für die eindrucksvollen Bilder, die den unbekannten Alltag für die Leser noch lebendiger werden lassen. Dem Verlag Herder danke ich, dass er sich auf das Abenteuer eingelassen hat, das Sie, liebe Leserin, lieber Leser, jetzt vor sich haben.

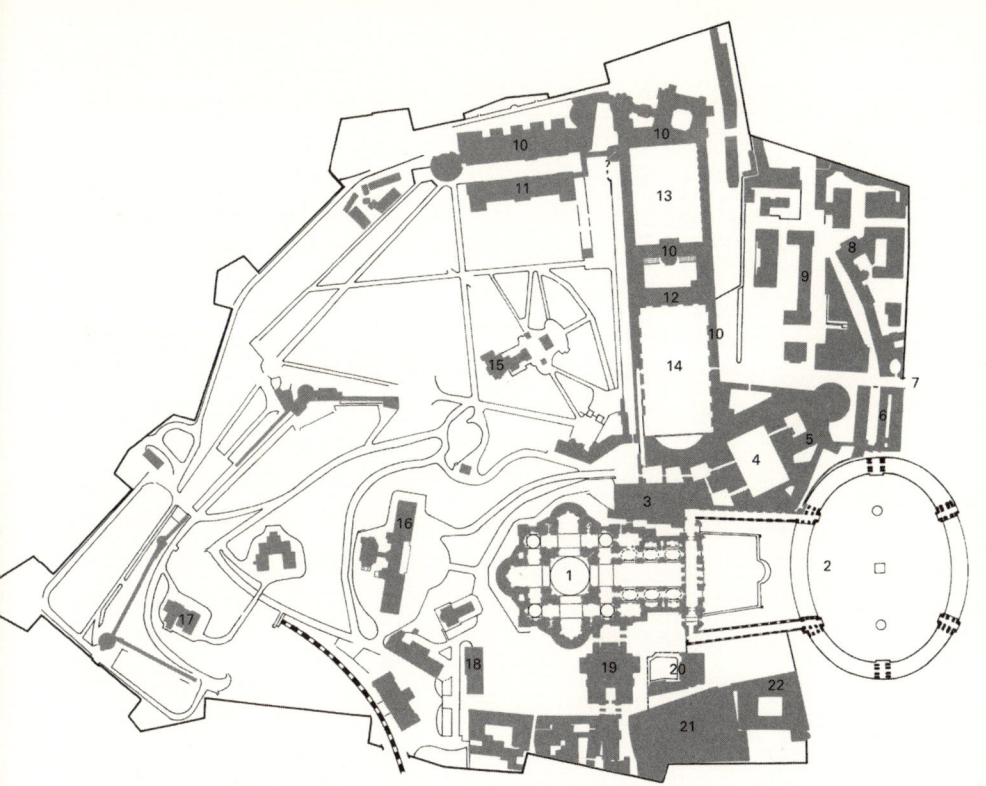

Übersichtskarte des Vatikans

1   Sankt Peter
2   Petersplatz
3   Sixtinische Kapelle
4   Cortile di San Damaso
5   Apostolischer Palast
6   Kaserne der Schweizergarde
7   Porta Sant'Anna
8   L'Osservatore Romano
9   Belvedere-Palast
10 Vatikanische Museen
11 Vatikanische Pinakothek
12 Vatikanische Bibliothek
13 Cortile della Pigna
14 Cortile del Belvedere
15 Päpstl. Akademie der Wissenschaften
16 Governatorat
17 Sender
18 Rota / Sitz der Gendarmerie
19 Sakristei
20 Campo Santo Teutonico
21 Audienzhalle
22 Palast der Glaubenskongregation

DER PETERSDOM

Am Fuß des Vatikanhügels nahm alles seinen Anfang. Hier liegt der Tradition nach der Apostel Petrus begraben. Er starb um das Jahr 64 im Circus des Caligula, der unterhalb des Hügels lag. Bereits Kaiser Konstantin ließ im 4. Jahrhundert eine für damalige Verhältnisse monumentale Grabeskirche errichten: Alt-Sankt Peter. Papst Julius II. (1503–1513) legte 1506 den Grundstein für den heutigen Bau. Der Petersdom ist die größte Kirche der Welt: 187 Meter lang, das Querschiff ist 140 Meter breit, die Kuppel Michelangelos 130 Meter hoch. Die Basilika fasst 60.000 Menschen – ein Ort der Superlative. Die Fabbrica di San Pietro, die Dombauhütte, ist für den Unterhalt zuständig. In ihren Archiven finden sich Modelle und Originalpläne der Baumeister von damals, etwa Michelangelos und Madernos. Sie helfen den rund 150 Mitarbeitern heute, das Bauwerk zu erhalten.

Hüter des Petrusgrabs
Die Sampietrini

Vom Appenin her taucht die Morgensonne die Kuppel Michelangelos in klares Licht, während der Petersplatz noch im Schatten schlummert. Um diese Stunde gehört die breite Prachtschneise der Via della Conciliazione ein paar Joggern und den Lieferwagen, die Milch, Obst und Gemüse für die Restaurants und Bars entlang der Touristenmeile herankarren. Es ist kurz nach sechs. Der Vatikanstaat hat eben seine Tore geöffnet, und mit Hunderten anderen passiert auch Andrea Benedetti bei den Kolonnaden der Piazza San Pietro mit seinem Wagen die Wachen der Schweizergarde. Sein Arbeitsplatz ist der Petersdom, den er stolz sein «zweites Zuhause» nennt. Der 45-jährige Römer ist der Chef der Sampietrini, der «Wächter des Petersdoms». Zusammen mit seinen 80 Kollegen hütet er die größte Kirche der Welt. Das ist keine leichte Aufgabe. Rund 25.000 Menschen strömen täglich in die Basilika. Auf das Jahr gerechnet sind das über neun Millionen Besucher. Früher, so erklärt der erfahrene Sampietrino, konnte man an der Zusammensetzung des Publikums auf die Jahreszeit schließen: im Februar und März kamen die Asiaten, im April und Mai vor allem Schulklassen, während der Sommer den Amerikanern gehörte. Von Mitte September bis Mitte November und von Weihnachten bis Anfang Februar habe es sogar ruhigere Phasen gegeben. «Das ist heute alles vorbei. Heute herrscht das ganze Jahr Hochsaison in Sankt Peter, und wir sorgen dafür, dass alles seinen geordneten Lauf nimmt», so Benedetti. «Der Petersdom ist ja kein Museum, sondern eine Kirche. Aber bei den Massen, die jeden Tag kommen, wird es immer schwieriger, den spirituellen Charakter deutlich zu machen», klagt er. Dabei ist die Arbeit als Ordner und Aufsichtspersonal in der Grabeskirche des Apostelfürsten Petrus nur ein Teil der Aufgaben der Sampietrini.

Sie sind daneben auch für die Reinigung und Instandhaltung der Basilika und der dazu gehörenden Gebäude wie etwa des Palazzos mit den Wohnungen der Domherren von Sankt Peter zuständig. Jeder Sampietrino muss daher einen Handwerksberuf erlernt haben, um aufgenommen zu werden: vom Maler, Maurer und Elektriker über den Installateur und Restaurateur bis zum Schlüsselexperten. «Wir haben hier im Petersdom mehrere Hundert unterschiedliche Schlösser, zum Teil sehr alte. Da brauchen wir einen Experten, klar.» Das gilt auch für viele andere Aufgaben der Sampietrini.

Jedes Jahr im August muss die Verkleidung der Kuppel und der Laterne überprüft werden. Arbeiten in 130 Meter Höhe – das erfordert Kraft und Ausdauer. «Die Kollegen haben eine Spezialausbildung gemacht, vergleichbar mit der Ausbildung für Alpinisten», erklärt Benedetti und zeigt auf ein Foto an der Wand seines Büros, das die Männer beim Einsatz zeigt: Mit Sicherheitsgurten und Seilen hängen sie am großen goldenen Kreuz, dass die Laterne der Kuppel schmückt. «Die Jungs kommen auch in Notfällen zum Einsatz, wenn etwa Übermütige versuchen, über die Brüstung am Umgang der Laterne zu steigen oder Demonstranten ein Plakat über die Kuppel spannen.» Dann müssen die Sampietrini ran, meist zusammen mit ihren Kollegen von der vatikanischen Feuerwehr. Einige Meter tiefer ist ebenfalls Fachwissen gefragt: Zu Weihnachten und zum Fest Peter und Paul am 29. Juni wird der Baldachin über dem Papstaltar einer Grundreinigung unterzogen: 29 Meter hoch ist er, aus Bronze. Das Material ist antik, stammt es doch aus der Kassettendecke der Vorhalle des Pantheons im Herzen Roms. Kaiser Hadrian hatte sie Anfang des zweiten Jahrhunderts mit Bronze auskleiden lassen. Papst Urban VIII. (1632–1644) ließ das Metall einschmelzen und daraus den gewaltigen Baldachin fertigen, über der Stelle, an der sich das Petrusgrab befindet. «Um die Bronze nicht zu beschädigen, brauchen sie eine ganz bestimmte Technik und besondere Reinigungsmittel», erklärt Benedetti. Das Wissen darum werde von Generation zu Generation unter den Sampietrini weitergegeben. Verraten will er es aber nicht. Am Altar unter dem Baldachin darf übrigens nur der Papst Gottesdienst feiern oder Kardinäle und Bischöfe, die vom Kirchenoberhaupt dazu eigens ermächtigt wurden.

Kommt der Pontifex zu einem Gottesdienst in den Petersdom, bedeutet das für die Sampietrini stets Zusatzschichten. Absperrungen müssen aufgebaut werden, damit der Papst im Mittelgang würdig einziehen kann. 9.000 Stühle werden in Reih und Glied aufgestellt, und vor dem Papstaltar wird eine kleine Bühnenkonstruktion über einem Teil der Confessio errichtet, damit der Thron des Kirchenoberhaupts Platz findet. Auf dem Altar werden noch einmal die Kandelaber und das große Kreuz poliert. Vieles ist Routine; doch meist gibt es bei jedem Gottesdienst eine Besonderheit. Dann ist das Improvisationstalent der Sampietrini gefordert. Denn der Platz ist auch in der größten Kirche der Welt sehr begrenzt. Eine Statue vor dem Papstaltar? Das ist nicht einfach; die Bühne ist nur wenige Meter breit. Papst und Gefolge tragen meist wallende Gewänder. Da muss der Heilige schon sicher stehen, damit er nicht Gefahr läuft, in die Tiefen der Confessio zu stürzen. «Wir finden immer eine Lösung», zeigt sich Benedetti überzeugt. «Zur Not hängen wir einen großen Teppich mit dem Bild des Heiligen an einen der Vierungspfeiler.» Zwei Tage dauern normalerweise die Vorbereitungen für Papstgottesdienste.

Um kurz vor sieben begibt sich Andrea Benedetti mit seinen Kollegen durch einen Hintereingang in den Dom – jedes Mal ein besonderes Gefühl. «Man ist alleine hier in der Basilika. Kein Laut ist zu hören. Die Sonnenstrahlen fallen durch die Fenster an der Fassade, und man sieht, wie sich die Lichtkegel ihren Weg durch die Weite des Hauptschiffs bahnen.» Doch diese Stille währt nicht lange. Kaum sind die Tore geöffnet, beginnen die ersten Sampietrini mit den Reinigungsarbeiten. Mit großen Putzmaschinen fahren sie über den Marmorboden: über zwei Hektar Fläche müssen täglich gereinigt werden. Dazu kommen die großen Statuen: über 100 aus Marmor, 160 aus Travertin, 90 aus Stuck und 40 aus Bronze. Mancher Besucher des Petersdoms reibt sich verwundert die Augen, wenn er plötzlich hoch über dem Grabmal Papst Alexanders VII. ein Wesen im weißen Ganzkörperschutzanzug entdeckt, auf den Rücken einen weißen Kasten geschnallt, mit einem langen Schlauch, der gerade über den Kopf des Pontifex fährt. Was anmutet wie eine Szene aus einem Sciene-Fiction-Film, ist ein Sampietrino beim fachgerechten Reinigen des Marmorkunstwerks. Bis alles blitzt und glänzt, sind ein Dutzend Mitarbeiter täglich mehrere Stunden beschäftigt, während sich noch einmal ebenso viele um defekte Lampen, kaputte Fenster und klemmende Türen kümmern. Ihre Kollegen in den dunkelblauen Uniformen mit dem Petruswappen am Revers und dem Funkgerät in der Hand haben derweil ein waches Auge auf die Pilger. Unterstützt werden sie dabei von Studierenden römischer Universitäten. «Sonst würden wir mit dem Ansturm nicht fertig werden», erklärt Benedetti. Der beginnt erfahrungsgemäß erst so richtig gegen zehn Uhr. Davor trifft man meist nur kleinere Pilgergruppen und Römer, die zum Gottesdienst kommen. Nach der Öffnung eilen die Prälaten und Monsignori mit schnellem Schritt in Richtung Sakristei. Wie Bienen schwärmen sie von dort gemeinsam mit einem Ministranten aus, um an einem der 33 Altäre Gottesdienst zu feiern. Nicht immer findet sich dazu auch eine kleine Gemeinde; so mancher Priester bleibt bei seiner Winkelmesse mit dem jungen Begleiter alleine. Aus den Grotten dringt bisweilen ein pfingstliches Sprachengewirr herauf. Bis neun Uhr dürfen nur Gruppen hinunter, um in einer der zehn kleinen Kapellen in unmittelbarer Nähe zum Petrusgrab ihre Messe zu feiern: Polnisch, Deutsch und Italienisch klingt es aus den Tiefen des Doms; dazwischen ein paar Worte Latein und Englisch. Die Plätze nahe den Gebeinen des Apostelfürsten sind heiß begehrt und bereits Monate im Voraus ausgebucht.

Elf Uhr – die Touristengruppen haben den Petersdom erobert. Der Lärmpegel steigt. Vor Michelangelos Pietà hat sich eine riesige

Vom Staub der Jahrhunderte befreit

Menschentraube gebildet. Hunderte blitzen mit ihren Digitalkameras um die Wette. Unsicher streichen die Menschen über den rechten Fuß der bronzenen Petrusstatue. Was das bedeutet, wissen die wenigsten. Aber es macht Spaß; schnell noch ein Lächeln in Richtung Kamera – Piep – ein weiteres Foto ist auf der Speicherkarte verewigt. Früher verbanden Frauen mit der Berührung die Hoffnung auf Kindersegen, vor allem aber ist sie ein Zeichen der Ehrfurcht und Verehrung. «Es ist schwierig, bei der großen Zahl der Besucher den spirituellen Charakter des Orts zu bewahren», stellt Maria Cristina Carlo-Stella fest. Sie ist Büroleiterin in der Fabbrica di San Pietro und gehört zum Leitungsteam der Dombauhütte. «Angesichts der Schönheit und der Monumentalität des Gebäudes vergessen viele, dass es eben eigentlich eine Kirche ist und kein Museum.» Zusammen mit dem Leiter der Dombauhütte, Kardinal Angelo Comastri, sucht Signora Carlo-Stella nach Lösungen für das Problem. In den Vatikanischen Grotten hat sie leise Hintergrundmusik eingeführt. «Mit Hilfe der Gregorianik haben wir erreicht, dass die Grotten wieder zu einem Ort des Gebets und der Meditation wurden.» Diese Maßnahme war auch dringend notwendig. Kamen früher oft nur wenige hundert Besucher am Tag in die Grotten zu den Gräbern der Päpste, ist der Ansturm groß, seit Johannes Paul II. (1978–2005) dort begraben liegt. Seitdem sind es täglich Tausende.

«Im Petersdom selbst ist es schon etwas schwieriger», gibt Carlo-Stella zu. Aber auch hier hat sie bereits verschiedene Initiativen gestartet. «Wir haben an vielen Stellen kleine Informationsschilder aufgestellt. Neben kunsthistorischen Fakten gibt es immer auch einen spirituellen Impuls. Die Leute lesen das und werden zum Nachdenken angeregt.» Ein Anfang. Zudem gebe es die abgesperrten Bereiche bei den Beichtstühlen und die Sakramentskapelle. «Wer wirklich die Ruhe für das Gebet sucht, findet also gleich an mehreren Stellen einen Ort.» Ab 16 Uhr lässt der Trubel in der Basilika wieder nach. Die Touristengruppen sind weitergezogen über den Tiber ins historische Zentrum oder zu einer der drei anderen Papstbasiliken in Rom, etwa nach San Giovanni in Laterano, der Bischofskirche des Bischofs von Rom, sprich des Papstes. Daher wird die Lateranbasilika auch die «Mutter der Kirchen» genannt. Im angrenzenden Palast residierten die Päpste in den ersten Jahrhunderten. Innozenz III. (1198–1216) war Ende des 12. Jahrhunderts der erste Papst, der längere Zeit im Vatikan wohnte. Dort wird es am späten Nachmittag immer ruhiger. Die Schlangen vor den Metalldetektoren auf dem Petersplatz werden kürzer. Im Innern des Petersdoms kehrt langsam wieder Stille ein. Vereinzelt werden noch Messen gelesen. Ein Sampietrino folgt dem letzten Besucher auf die Kuppel – 551 Stufen von der Basilika bis zur Laterne in 130 Meter Höhe. Trotz Kameraüberwachung wird der Weg genau kontrolliert. Kein verirrtes Schäflein soll die Nacht in schwindelerregender Höhe verbringen müssen.

Um 19 Uhr schließt der Dom. Für Andrea Benedetti und seine Kollegen ist allerdings noch lange nicht Feierabend. Penibel wird in jeder Ecke kontrolliert, ob auch wirklich alle Pilger draußen sind. Jeder Beichtstuhl wird geöffnet; jede Kniebank verrückt. Zusammen mit einem Feuerwehrmann steigt ein Sampietrino mit einer Leiter auf jedes einzelne der monumentalen Grabmäler. Vom Umgang kurz unterhalb des Gewölbeansatzes in 33 Meter Höhe suchen zwei Kollegen die Basilika von oben ab. Zeit, das beeindruckende Panorama zu genießen, haben sie nicht. Schnell gehen sie den ein Kilometer langen Weg. «Sie glauben gar nicht, wo sich schon Menschen versteckt haben, um eine Nacht alleine hier zu verbringen», berichtet Benedetti schmunzelnd. «Wir haben bisher aber noch jeden gefunden!» Kurz vor 20 Uhr ist es wieder völlig still in der größten Kirche der Welt. Vorne an der Confessio, die im Halbrund den Blick auf das Petrusgrab unter dem Papstaltar freigibt, werden die 95 Öllämpchen gelöscht. Andrea Benedetti wirft einen letzten Blick in sein «zweites Zuhause» und verlässt den Dom durch den Hinterausgang.

Ad Fontes – zu den Quellen
Die Nekropole unter Sankt Peter

Am Glockenturm des Petersdoms wachen zwei Schweizergardisten darüber, wer ein- und ausgeht im kleinsten Staat der Welt. Sie gehören zu den am meisten fotografierten Motiven im Vatikan; denn die Millionen Besucher des Petersdoms müssen auf dem Weg nach draußen an ihnen vorbei. Neugierig werden alle diejenigen beobachtet, die von den Gardisten eingelassen werden. Wer möchte nicht gerne zu Hause berichten, wirklich im Vatikan gewesen zu sein und nicht «nur» im Petersdom. Doch in der Regel zeigt sich der Staat des Papstes bekanntlich verschlossen. Nur wer einen triftigen Grund hat, wird eingelassen. Allerdings gibt es einige wenige Ausnahmen. So können Pilger und Touristen am Vormittag den deutschen Friedhof im Vatikan besuchen. Das Zauberwort «Campo Santo Teutonico» dem Gardisten zugerufen, nimmt dieser Haltung an und lässt die Gruppe passieren. Ähnliches gilt für das «Ufficio Scavi». Dort werden die Führungen in die Nekropole unter Sankt Peter koordiniert. Papst Pius XII. (1939–1958) hatte 1940 die Genehmigung für Ausgrabungen unterhalb der Grotten des Petersdoms gegeben. In zwei Phasen wurde zwischen 1940 und 1949 sowie 1953 bis 1957 ein antikes Gräberfeld freigelegt. Die Nekropole erstreckt sich parallel zum Zirkus des Caligula, der sich um die Zeitenwende beim Vatikanhügel befand, in Ost-West-Richtung entsprechend dem Hauptschiff der heutigen Basilika. Mehrere Grabstätten sind mit Stuck, Fresken und Mosaiken ausgestaltet. Darunter ist auch eine Abbildung mit zwei Männern. In einer Inschrift wird einer der beiden als Petrus benannt, die zweite Figur wird als Christus gedeutet. Neben den Gräbern wurde Mitte des 2. Jahrhunderts ein kleines Monument errichtet, auf dem ein Graffiti zu lesen ist: «Petrus ist hier». Damit gilt als nachgewiesen, dass die römische

Gemeinde seit frühester Zeit das Grab des Apostels Petrus an der Stelle verehrte, an der sich heute der Papstaltar des Petersdoms befindet.

Hüter dieses Schatzes ist das «Ufficio Scavi». Dort empfängt Paolo Parrotta die Besucher mit freundlichem Lächeln. Seit über 30 Jahren arbeitet der Römer im Büro der Nekropole von Sankt Peter. Es war mithin seine Idee, zum Heiligen Jahr 1975 die Ausgrabungen einem breiteren Publikum zu öffnen. Zuvor war der Bereich nur Wissenschaftlern zugänglich. Am Anfang kamen zwischen 3.000 und 4.000 Besucher pro Jahr. Heute sind es 52.000. «Damit sind wir aber auch an eine Grenze gestoßen», erklärt Parrotta, «denn wir müssen darauf achten, das Mikroklima unten so zu erhalten, dass die Nekropole durch die Besucher keinen Schaden nimmt.» Jeder Atemzug ist für die Archäologen der Fabbrica di San Pietro eine Herausforderung. Die antiken Fresken, die einige der Grabmale zieren, sind faszinierend anzuschauen, doch leiden sie unter den Umwelteinflüssen, denen sie seit der Freilegung ausgesetzt sind. Deshalb ist der Zugang zur Totenstadt streng limitiert. Bis zu 250 Personen können am Tag in die Tiefe steigen, in kleinen Gruppen von zehn bis zwölf Personen, nach Sprachen sortiert mit einem Führer. «Die kleinen Gruppen bieten die Möglichkeit, dass die Führer sich besser auf die Gäste einstellen können», sagt Parrotta. Außerdem könne so die Botschaft besser vermittelt werden, dass es aus vatikanischer Sicht nicht um eine bloße Touristenattraktion, sondern um eine zentrale Stätte des christlichen Glaubens gehe. Die anderthalbstündige Führung ist daher in drei Teile gegliedert. Zunächst gibt es generelle Informationen zu den Ausgrabungen und Sankt Peter; danach findet der Rundgang durch die Nekropole statt, und schließlich stehen am Ende noch einige spirituelle Impulse. Oft kämen Menschen mit Tränen in den Augen nach der Führung zu ihm ins Büro und bedankten sich, erzählt Parrotta. «Sie fühlen sich ermutigt und bestärkt, weil sie gesehen haben, dass Petrus hier wirklich begraben liegt; dass alles real ist. Der Glaube braucht ein sicheres Fundament, und das finden viele Pilger bei den Besuchen hier.»

Entsprechend sorgsam werden die Führer ausgewählt. Meist sind es Studenten der Päpstlichen Universitäten in Rom, Theologen mit kunsthistorischen Kenntnissen. Parrotta führt mit jedem von ihnen ein ausführliches Gespräch; oft ist der Chef der Fabbrica, Kardinal Comastri, persönlich mit dabei. Er legt großen Wert darauf, dass der Gang durch die Nekropole im «Geist einer Pilgerfahrt» erfolgt. Parrotta hat eine Liste von über 150 Führern, die rund 20 Sprachen abdecken. Ein harter Kern von 70, darunter ein Dutzend Deutschsprachige, ist regelmäßig aktiv, die anderen nur gelegentlich. Der große Jahresplaner an der Wand in Parrottas Büro enthält neben Besichtigungsterminen aber auch Grillpartys und Gottesdienste sowie regelmäßige Fortbildungen. «Wir wollen von den Guides wissen, welche Fragen die Besucher stellen und worauf sie keine Antworten geben konnten.» Die Themen werden dann bei den gemeinsamen Treffen behandelt. Die Führungen werden entsprechend immer weiter entwickelt. Eine Umfrage unter 2.500 Besuchern Anfang 2005 hatte zum Beispiel ergeben, dass sich viele in der Nähe des Petrusgrabs einen Moment Ruhe für ein Gebet wünschten.

Die schwierigste Aufgabe für den freundlichen Herrn mit dem silbergrauen Haar ist es, die Auswahl zu treffen, wer in die Nekropole darf und wer nicht. Bis zu 300 Anfragen erreichen sein Büro täglich, von Einzelreisenden und Gruppen. Jedes Schreiben wird von Paolo Parrotta oder einem der beiden Mitarbeiter beantwortet. Absagen fallen ihm immer schwer, erklärt der Endfünfziger seufzend. Schließlich sind ihm die Schlüssel zu den Quellen des katholischen Glaubens anvertraut. «Menschen zu enttäuschen ist nie etwas Schönes. Aber die Kapazitäten sind nun einmal begrenzt, und einer muss entscheiden.» Auffallend findet Parrotta, dass nicht nur Katholiken die Ausgrabungen besuchen wollen. Das Interesse von Protestanten, Anglikanern und auch Juden sei sehr groß. Wie er genau die Auswahl trifft, verrät er nicht. Er verlässt sich auf sein Fingerspitzengefühl und achtet darauf, dass Pilger aus möglichst vielen verschiedenen Ländern einen Zuschlag bekommen. «Es kann ja nicht sein, dass plötzlich nur noch Italiener oder Amerikaner zum Petrusgrab kommen.» Pilgergruppen haben größere Chancen als reine Touristengruppen. Wenn sogar ein Empfehlungsschreiben des Ortsbischofs beiliegt, wandert die Bewerbung im großen Stapel ziemlich weit nach oben. Parrotta musste im Lauf seiner Dienstzeit auch lernen, dass es in den verschiedenen Ländern unterschiedliche Gepflogenheiten für die Reiseplanung gibt. Aus den USA kämen Anfragen meist schon über ein Jahr im Voraus, während andere Länder viel kurzfristiger planten. «Wir hatten früher den Amerikanern immer gleich zugesagt und stellten dann ein Vierteljahr vorher fest, dass ganze Wochen blockiert waren. Wir mussten den Pilgern aus anderen Ländern, die eben kurzfristiger planen, absagen.» Heute gibt es die Zusagen oft erst kurz vor dem Reisetermin, was nun andererseits die Reiseveranstalter in Schwierigkeiten bringt, weil sie keine Planungssicherheit haben.

Der Chef selbst steigt natürlich auch regelmäßig in die Tiefen unter Sankt Peter. «Paulus begleitet zu Petrus», meint Parrotta schmunzelnd mit Anspielung auf seinen Vornamen. Meistens führt er persönlich, wenn besondere Gäste erwartet werden, etwa Anfang September 2008, als US-Vizepräsident Dick Cheney mit seiner Frau vor Ort war. Nur ein gern gesehener Gast von früher bleibt neuerdings aus: Joseph Ratzinger hatte seit seiner Wahl zum Nachfolger des Petrus keine Zeit mehr für einen Besuch an dessen Grab.

Millionen Steine für die Ewigkeit
Die Mosaikwerkstatt des Vatikans

In 50 Metern Höhe sitzen Carla Pirolli und Gabriele Matiacci. Ihr Arbeitsplatz schwebt förmlich unter der Kuppel Michelangelos hoch oben im Petersdom. Das Treiben der Touristen und Pilger unten hören sie hier oben kaum. Der Evangelist Matthäus, der seit Jahrhunderten mit strengem Blick still das Geschehen in der Petersbasilika beobachtet, hat kleine Steine herabgeworfen, und deshalb müssen Gabriele und Carla nach dem Rechten sehen. Sie sind Mitarbeiter der Vatikanischen Mosaikwerkstatt. An dem riesigen runden Mosaikmedaillon oberhalb des mächtigen linken Vierungspfeilers nagt der Zahn der Zeit. Die beiden Mosaizisten konnten Schlimmeres verhindern. Die Kunstwerke werden regelmäßig kontrolliert, und so haben sie das Problem frühzeitig erkannt.

10.000 Quadratmeter Mosaik gibt es im Petersdom. Die bekanntesten sind sicherlich die Darstellungen in der Kuppel des Michelangelo und der Fries mit den zwei Meter hohen schwarzen Lettern auf goldenem Untergrund: «TU ES PETRUS ET SUPER HANC PETRAM AEDIFICABO ECCLESIAM MEAM ET TIBI DABO CLAVES REGNI CAELORUM – Du bist Petrus, und auf diesen Felsen werde ich meine Kirche bauen [...], und dir werde ich die Schlüssel des Himmelreiches geben» (Mt 16,18f). Erst auf den zweiten Blick fällt vielen Besuchern auf, dass die meisten Altarbilder im Petersdom keine Gemälde sind, sondern ebenfalls Mosaiken. Diese sind so fein und eben gearbeitet, dass oft nur unter bestimmtem Lichteinfall die einzelnen Steinchen zu erkennen sind. Seinen Anfang nahm alles in der zweiten Hälfte des 16. Jahrhunderts. Papst Gregor XIII. (1572–1585) wollte die alte Tradition der Mosaikkunst aus den frühchristlichen römischen Kirchen und Basiliken wieder aufleben lassen. Die Mosaiken in der Kirche der heiligen Pudenziana oder der Basilika Santa Maria Maggiore lassen etwas von der Schönheit dieser antiken Kunstwerke erahnen. Zudem hatten die Mosaiken einen Vorteil. Sie galten gegenüber Fresken als weniger empfindlich, denn durch das Mauerwerk von Neu-Sankt Peter, das erst wenige Jahre zuvor errichtet worden war, drang Feuchtigkeit. Der Papst ließ eigens Mosaik-Experten aus Venedig nach Rom kommen, weil die lokalen Kräfte zur damaligen Zeit den Herausforderungen nicht gewachsen waren. In kurzer Zeit entstand eine eigene Tradition römischer Mosaizisten. Die ersten beiden großen Werke, die Gregorianische Kapelle und die Kuppel des Michelangelo, überzeugten so sehr, dass der Papst beschloss, weitere Mosaiken im Petersdom in Auftrag zu geben. Damit war die Basis für eine dauerhafte Einrichtung geschaffen, die schließlich 1727 Papst Benedikt XIII. (1724–1730) offiziell als «Studio del Mosaico Vaticano» begründete.

Mit Bewunderung betrachten Carla und Gabriele das Werk der früheren Kollegen. Ihre eigene Aufgabe besteht nun darin, es zu erhalten. Zunächst suchen sie nach lockeren Steinchen, die sie provisorisch befestigen. Danach werden die Mosaiken gereinigt. Sie kleben Kompressen mit einer Lauge auf, um den teils hartnäckigen Schmutz zu lösen. Mit Zahnbürsten werden die Steine dann vom Staub der Jahrhunderte befreit. Schwierig wird es vor allem bei der Konsolidierung des Untergrunds. Fast zärtlich klopft Gabriele mit einem kleinen Hämmerchen gegen die Steine. «Man braucht ein geschultes Gehör, um zu erkennen, an welchen Stellen sich Hohlräume gebildet haben.» Ist eine defekte Stelle gefunden, beginnt der schwierigste Teil der Operation. Zunächst analysieren sie den Mörtel. Mit kleinen Spritzen wird anschließend die neue Füllung in den Hohlraum hinter den Steinen injiziert. Eine knifflige Angelegenheit, denn wo neuer Kleber rein soll, muss zugleich die Luft raus. «Sonst würden wir die Steine ja von der Wand drücken und am Ende das ganze Mosaik zerstören», erklärt Carla. Fehlende Steine werden selbstverständlich ergänzt.

Magazin und Atelier sind im Erdgeschoss des alten Hospizes Santa Marta untergebracht, das etwas versteckt hinter der Vatikanischen Audienzhalle liegt. Aus dem Atelier dringt nur der feine Schlag der Mosaizistenhämmer, wie das Ticken einer Uhr, die sehr unregelmäßig und sehr langsam geht. Die Kollegen von Carla und Gabriele sitzen konzentriert hinter großen Staffeleien, unter dem strengen Blick mehrerer Päpste, deren Büsten zwischen den raumhohen Fenstern an der Wand hängen. Hier entstehen neue Mosaiken. «Die Restaurierung der alten Kunstwerke ist nur ein Teil der Aufgaben der Mosaikwerkstatt. Acht der zwölf Mitarbeiter sind mit der Herstellung neuer Werke beschäftigt», erklärt Paolo Di Buono, der Chef der Vatikanischen Mosaikwerkstatt. Oft handle es sich um Auftragsproduktionen von kirchlichen Einrichtungen aus aller Welt. Aber auch Privatleute können sich mit einem Kunstwerk aus dem Vatikan ihr Eigenheim verschönern. Der Petersplatz und Sankt Peter seien bevorzugte Motive, aber auch Reproduktionen von Werken großer Künstler wie Chagall oder Monet gehörten ebenso zum Repertoire wie impressionistische Motive, so Di Buono. Die Arbeiten an einem Exemplar dauern Monate. Über Preise spricht der Chef-Mosaizist nicht gerne: «Das hängt natürlich vom Schwierigkeitsgrad des Motivs ab sowie vom Material und der Zeit, die der Mitarbeiter für die Herstellung braucht.» Zwischen 15.000 und 20.000 Euro als Mindestinvestition muss ein potentieller Käufer ausgeben – auf der nach oben offenen Preisskala. Wer sich von der Qualität der Werkstatt überzeugen will, findet gleich neben dem Atelier eine kleine Galerie, in der Werke in unterschiedlichen Größen ausgestellt sind. Hier begrüßt Paolo Di Buono regelmäßig Gäste und potentielle Kunden.

Einer der besten Kunden ist der Papst höchstpersönlich. Benedikt XVI. (seit 2005) schätzt, wie seine Vorgänger, die Kunst der eigenen Mosaizisten. Deshalb wählt er oft ihre Werke aus, wenn es um Gastgeschenke bei Besuchen im Ausland geht. Bei der ersten Reise des deutschen Pontifex in sein Heimatland

2005 schenkte Benedikt XVI. Bundespräsident Horst Köhler ein Mosaik mit einer historischen Darstellung des Kolosseums aus dem 19. Jahrhundert. Italiens Staatspräsident Carlo Azeglio Ciampi erhielt beim Besuch des Kirchenoberhaupts im Quirinalspalast eine Darstellung der in der Basilika Santa Maria Maggiore verehrten Madonna «Salus populi Romani». «Johannes Paul II. verschenkte gerne Mosaiken mit der Christusdarstellung aus der Nische der Confessio unter dem Papstaltar in Sankt Peter», erklärt Paolo Di Buono. Kubas Staatspräsident Fidel Castro habe beim Papstbesuch 1998 ein Exemplar erhalten. Die Päpste sind aber auch selbst Gegenstand der Kunst der vatikanischen Mosaizisten. Denn sie fertigen die Papstmedaillons an, die in der Kirche Sankt Paul vor den Mauern zu bewundern sind. Seit November 2005 ist auch Benedikt XVI. dort vertreten.

Gearbeitet wird mit zwei Verfahren. Zum einen ganz traditionell mit der Spalttechnik, zum anderen mit der Technik des «gesponnenen Mosaiks», einer Erfindung der päpstlichen Mosaikwerkstatt. Bei der Spalttechnik, werden die kleinen Natur- oder Glassteinchen mit einem Hammer, der auf beiden Seiten des Kopfes spitz zuläuft, auf einem Spaltkeil zerkleinert und dann in das Mosaik eingesetzt. Die Kunst ist es, den Stein so zu teilen, dass er nachher auch die gewünschte Form hat. «Bei Natursteinen kann man sich oft an der Struktur orientieren. Bei Glas- oder Emailsteinen ist es schwieriger. Da braucht es einen präzisen Schlag mit dem Hammer», doziert Di Paolo. Die Farbpalette der Natursteine ist zwar sehr breit, erklärt der Mosaizist, doch die Farben sind nicht sehr kräftig. Daher sei man schon im 4. Jahrhundert dazu übergegangen, Email- oder Glassteine herzustellen. Man wollte eine größere Farbpalette zur Verfügung haben und die Bilder farbenprächtiger gestalten. Die Steine bestehen aus einer Mischung aus Kieselerde, Natrium- und Calciumkarbonat. Metalloxide verwandeln sie im Schmelzofen zu leuchtenden Juwelen: Kobalt ergibt Blau, Kupfer ein Spektrum von Türkis und dunklem Grün, Mangan erzeugt Violett bis

Atelier der Mosaizisten

Braun, und Eisen sorgt je nach Mischverhältnis für helles Grün über Blau bis zu Bernsteinfarben. Im Magazin der Vatikanischen Mosaikwerkstatt gibt es 27.000 verschiedene Farbtöne. Millionen kleiner Steine lagern in den Blechschubladen der riesigen Registraturschränke. Ein großer Teil stammt aus dem 18. und 19. Jahrhundert. Darunter sind auch Farben, die nicht mehr hergestellt werden können, weil sie heute verbotene Inhaltsstoffe enthalten. Neue Steine kauft Di Buono bei Werkstätten in Venedig. «Das sind die besten», begründet er die Auswahl.

Um 1775 erfanden zwei römische Mosaizisten ein neues Verfahren, das «Fadenemail», auch «gesponnenes Mosaik» genannt wird. Cesare Aguatti und Giacomo Raffaelli entwickelten eine Technik, aus erhitztem Glasfluss hauchdünne, auch mehrfarbige Emailfäden zu ziehen und aus den erkalteten Stiften Mosaike von bis dahin unerreichter Feinheit zu fertigen. Ende des 18. Jahrhunderts erlebte durch diese Erfindung die Mikro-Mosaikkunst eine Blüte. So können seitdem kleine Gegenstände wie Tabakdosen oder Schmuckstücke mit Mosaiken verziert werden. Der Petersdom in DIN-A5-Größe als Mosaik mit allen Details ist mit dieser Technik kein Problem. Dafür gibt es andere Schwierigkeiten, räumt Di Buono ein: «Wenn Sie Farben mischen, können Sie nie exakt voraussagen, welche Farbnuance am Ende herauskommt.» Auch gelinge es nicht, exakt die gleiche Farbe ein zweites Mal herzustellen. «Dafür ist dann wirklich jedes Mosaik einzigartig und nicht kopierbar.» Das Fadenemail wird bei Temperaturen von 800 bis 900 Grad Celsius hergestellt. In einem kleinen Raum direkt neben dem Atelier gibt es einen Bunsenbrenner. Hier können die Mosaizisten ihre kleinen Farbkunstwerke nach Bedarf und Belieben herstellen. Wer die Technik beherrscht, kann durch geschicktes Mischen verschiedener Fadenemails Kompositionen erstellen, die wie kleine menschliche Figuren aussehen oder wie eine Pupille. Bis aber die Farbsteine produziert werden, sind zuvor eine Reihe anderer Arbeitsschritte notwendig, so der Chef der Werkstatt.

Nach der Auswahl des Motivs wird ein Metallgitter in entsprechender Größe in einen Rahmen gespannt und mit Mörtel bedeckt. Die Zusammensetzung dieser Masse ist eines der am besten gehüteten Geheimnisse der Vatikanischen Mosaikwerkstatt – seit Jahrhunderten. Di Buono verrät nur, dass er Leinöl, Marmorstaub und Kalk enthält. Die Mischung ist so gewählt, dass die Masse langsam trocknet. Das ermöglicht dem Künstler, auch nach ein paar Tagen noch Änderungen vorzunehmen und einzelne Steine auszutauschen. Auf den Mörtel legt er eine Kopie des Bildes, das gefertigt wird. Nach und nach löst er einzelne Teile aus der Kopie heraus und setzt die entsprechenden Steine ein. So entsteht Stück für Stück von oben nach unten, von links nach rechts das Mosaik. «Der Künstler und sein Werk, das ist immer eine ganz besondere Beziehung. Am Ende trennt man sich nur sehr ungern davon», so Di Buono. «Das Schöne ist aber, dass danach ja ein neues Stein-Abenteuer wartet.»

Gabriele und Carla haben in der Zwischenzeit die richtigen Steine für den Evangelisten gefunden. Es fehlten verschiedene Stücke in Blau- und Grüntönen. Im Atelier gibt es einen rund 15 Meter langen Schaukasten, in dem die komplette Farbpalette fein säuberlich mit einem Mustersteinchen einsortiert ist. Pro Farbe können es bis zu 200 verschiedene Töne sein. Da braucht es ein geschultes Auge. Über die Mustersteine finden sie die Lagernummer für das Magazin. Die beiden kehren auf das Gerüst in der Peterskirche zurück. Oben angekommen, werden die Steine auf dem Spaltkeil in die richtige Form gebracht und eingesetzt. Nach gut drei Monaten ist die «Operation Matthäus» beendet, der Patient als geheilt entlassen. Der Evangelist strahlt in neuem Glanz und scheint etwas zufriedener als zuvor auf die Pilger unten im Dom herunterzuschauen. Die beiden Restaurateure haben unterdessen schon das nächste Sorgenkind entdeckt. Bei einem Hektar Mosaikfläche ist das auch kaum verwunderlich. Und wenn es nur die Sammelwut der Besucher ist, die zum Eingreifen zwingt. Denn beim Besteigen der Kuppel kommen die auch ins Innere von Michelangelos Meisterwerk. Von dort aus können sie einen Blick in die Tiefe werfen. Die Wand am Umgang ist mit Mosaiken ausgekleidet. Mancher sieht das als willkommene Gelegenheit, ein kleines Andenken mitzunehmen, und fängt an zu pulen. «Ist erst einmal ein Stein draußen, müssen wir sofort ausbessern; sonst fehlen binnen kürzester Zeit hunderte», so Gabriele. Die Steine sind eben heißbegehrt.

WIRTSCHAFT UND HANDEL

Die Kunstschätze des Vatikans stellen einen ungeheuren Wert dar. Doch auch ihr Unterhalt ist kostspielig. Zu den wichtigsten Einnahmequellen des Vatikanstaats zählen neben den Eintrittsgeldern der jährlich rund vier Millionen Besucher der Vatikanischen Museen die Erlöse der Vatikanpost und des Büros für Numismatik und Philatelie. Post, Marken und Münzen gehören zu den Rechten des souveränen Vatikanstaats, die dieser seit der Gründung 1929 ausübt. Sie machen den größten Teil des Wirtschaftsgebarens im kleinen weltlichen Reich des Papstes aus. In großem Stil «handelt» der Vatikan nur mit geistigen Gütern: der Verkündigung des Evangeliums. Materielle Güter werden für den Eigenbedarf der Werkstätten und Ämter bezogen. Zwar gibt es auch einen Supermarkt und ein Kaufhaus, doch dort dürfen nur die Mitarbeiter einkaufen. Eine der wenigen Ausnahme stellt die Apotheke Seiner Heiligkeit dar. Hier profitieren auch die Römer vom Steuerparadies Vatikan.

Grüße mit päpstlichem Konterfei
Die Vatikanpost

Bei einem Besuch im Vatikan gibt es für Pilger und Touristen meist drei obligatorische Programmpunkte: Petersdom, Sixtinische Kapelle und die Vatikanpost. Ein Romaufenthalt, ohne eine Ansichtskarte mit der angeblich effektivsten Post der Welt verschickt zu haben, ist für viele undenkbar. Und so stehen sie geduldig vor den Schaltern der beiden Postämter auf dem Petersplatz an: Japaner, Amerikaner, Spanier und Polen – jung und alt. Die Luft ist stickig. Petersdom, Spanische Treppe und Kolosseum, auf Postkarten gebannt, werden zum Fächer umfunktioniert, um das Warten erträglicher zu machen. Schnell werden noch einmal die Karten gezählt, die Onkel, Tanten und Nichten, Großeltern und Freunde am Glück der Reise in die Ewige Stadt teilhaben lassen sollen. Von der Seite strecken den Wartenden einige Pilger mit freudigem Grinsen die Zunge entgegen. Aber was zunächst wirkt, als wäre es Schadenfreude ob der Tatsache, dass man die Warterei bereits hinter sich hat, entpuppt sich bei genauerem Hinsehen als hastiges Befeuchten der vatikanischen Postwertzeichen, um sie schließlich treffsicher auf der Karte zu platzieren, die, so berichten es die darauf geschriebenen Zeilen, aus der – zumindest für den Augenblick – schönsten Stadt der Welt kommt: aus Rom. Selbst die leicht genervten Pilger in der Schlange müssen schmunzeln, wenn seine Heiligkeit, der Stellvertreter Christi auf Erden, plötzlich von der Zunge des Gegenübers lächelt. Vorsicht! Bitte nicht schlucken! Von all dem bekommen die Herren der Vatikanpost hinter dem in feinem dunklen Holz gehaltenen Schalter wenig mit. Mit stoischer Ruhe und ernstem Blick versuchen sie, die oft wild gestikulierenden Damen und Herren aus aller Welt zu verstehen, um schließlich die richtigen Marken in passender Zahl über den Tresen zu schieben.

Fertig frankiert, verschwinden die schriftlichen Reiseandenken schließlich in den gelben Briefkästen der «Poste Vaticane», von wo aus sie auf die Reise rund um den Globus gehen. Nicht wenige stellen sich beim Einwerfen die Frage, ob das gute Stück wohl ankommt.

Davon ist Pater Fernando Vergez natürlich überzeugt. Der Direktor für Post und Telekommunikation des Vatikans ist sicher, dass die Briefe in kürzester Zeit am Bestimmungsort sein werden. Dafür sorgen die knapp 60 Mitarbeiter der Vatikanpost. «Ein Brief, der bei uns an Werktagen vor 17 Uhr eingeworfen wird, geht am selben Tag noch auf die Reise», erklärt der Legionär Christi.

Die Aussage, die Vatikanpost sei zuverlässiger als die italienischen Kollegen, möchte der Ordensmann nicht kommentieren. Er freut sich aber, dass auch viele Römer auf die Dienste der päpstlichen Einrichtung zurückgreifen. Die hat eine lange Tradition. Als im 16. Jahrhundert die Postdienste langsam organisierte Strukturen bekamen, wurde im Vatikan das Amt eines Generalsuperintendenten der Post geschaffen. Er leitete die Dienste der päpstlichen Stafetten und Läufer, denn der Pontifex und seine Mitarbeiter bedienten sich seit frühester Zeit eigener Boten, um ihre Korrespondenz zum Adressaten zu bringen. Was allerdings nicht ausschloss, andere Dienste zu nutzen, etwa die Boten der Republik Venedig. Anfang des 19. Jahrhunderts gab es ein gut funktionierendes Postsystem innerhalb des Kirchenstaats, das allerdings mit diesem im Jahr 1870 unterging. Erst mit der Gründung des Staats der Vatikanstadt konnte das eigene Postwesen wieder aufleben. Die Lateranverträge garantieren dem Staat der Vatikanstadt als souveräner Autorität das Recht, einen eigenen Postdienst zu unterhalten. Bereits am 1. Juni 1929 trat der Vatikanstaat der Weltpostunion bei und zwei Monate später öffnete das erste Postamt seine Pforten. Das Büro lag zunächst im Turm Nikolaus' V., der sich in der Nähe der Porta Sant' Anna zu Füßen des Apostolischen Palasts erhebt und heute Domizil der Vatikanbank ist. 1933 zog die Post in ein eigens errichtetes Gebäude auf der gegenüberliegenden Straßenseite um. Seitdem steigt die Nachfrage der vatikanischen Postdienste stetig an.

2006 gingen vom Vatikan aus über sechs Millionen Briefe, Postkarten und Päckchen nach Italien und in die ganze Welt. Das entspricht einem Gewicht von 256 Tonnen. Die eingehende Post, also Briefe und Pakete an die vatikanischen Behörden, lag bei 960.000. Vatikanintern waren es immerhin 680.000 Sendungen. Vor allem Ostern und Weihnachten sind Zeiten mit hohem Postaufkommen. Die Sendungen innerhalb des Zwergstaates wie auch die eingehende Post aus dem Ausland verzeichnen in den letzten Jahren einen Rückgang. Pater Vergez führt das auf den immer stärker werdenden E-Mail-Verkehr zurück. Die Ausgänge sind hingegen stabil bei sechs Millionen. Während in diesem Bereich die Zahl der Geschäftspost durch E-Mails ebenfalls leicht rückgängig sei, werde das durch die steigenden Pilgerzahlen und die damit zunehmende Privatpost wieder ausgeglichen. An jedem Arbeitstag müssen die vatikanischen Postbeamten durchschnittlich mehr als 25.000 Sendungen bearbeiten. Das Besondere: Anders als in Deutschland oder Italien, die mit 21 Milliarden bzw. sieben Milliarden Briefen pro Jahr ein viel größeres Aufkommen haben, ist im Vatikan das Sortieren der Sendungen noch immer Handarbeit. Immerhin gibt es inzwischen eine Stempelmaschine.

Fünfmal am Tag werden die Postkästen geleert. Die erste Runde ist um 7.30 Uhr, die letzte um 17.30 Uhr. Die ausgehende Post wird umgehend in den Räumen des Hauptpostamts sortiert und in Postsäcke verpackt. In Länder mit hohem Briefaufkommen wie etwa Deutschland, USA oder Frankreich werden die Säcke direkt per Luftfracht verschickt. Gegen 18 Uhr bringt ein Lkw des Vatikans die ausgehende Post zum internationalen Postzentrum am römischen Flughafen Fiumicino. Briefe in Länder, die nicht direkt beliefert werden, gehen in die Schweiz und werden von dort aus in die ganze Welt weiterbefördert. Die eingehende Post kommt erstmals morgens um 7 Uhr. Zwei Stunden später beginnt

Warten auf Kundschaft bei der Post

die Verteilung an die einzelnen Adressaten im Vatikanstaat und den extraterritorialen Gebieten. Noch dreimal wird im Verlauf eines Tages Post zugestellt, wobei es sich meistens um vatikaninterne Sendungen handelt. Die Post für den Papst bekommt das Staatssekretariat, das sie vorsortiert; die persönlichen Schreiben gehen direkt an den Pontifex weiter. «Selbstverständlich untersuchen wir die Post auf Briefbomben», versichert Pater Vergez – aber wie, möchte er nicht verraten. Die Angebotspalette der Vatikanpost ist beschränkt. Teilweise können die Dienste, wie etwa der Paketversand, nur von Vatikanmitarbeitern genutzt werden. Anders als in vielen Ländern üblich, können die Kunden im Vatikan bei der Post keine Schecks einlösen, keine Überweisungen tätigen und auch kein Konto führen. Dieses Geschäft überlässt sie der Vatikanbank.

Neben den traditionellen Postdiensten gewinnt im Vatikan die elektronische Kommunikation an Bedeutung, erklärt Pater Vergez. Täglich verarbeiteten die Server durchschnittlich 350.000 E-Mails. Die Internetseite des Vatikans komme in Spitzenzeiten auf 500.000 Besucher pro Tag, was bis zu fünf Millionen Klicks bedeute. Während der Sedisvakanz nach dem Tod von Papst Johannes Paul II. im April 2005 waren es sogar täglich bis zu 1,2 Millionen Besucher. «Da mussten wir extern Kapazitäten anmieten», erklärt Vergez, der vor seiner Berufung zum Telekommunikationschef 2007 das Internetbüro des Heiligen Stuhls leitete. Mittlerweile wurden die eigenen Kapazitäten weiter ausgebaut. Mehrere Dutzend Großrechner arbeiten an verschiedenen Orten im Vatikan. Mit einer ständig steigenden Zahl an Servern, denen man aus rein praktischen Gründen, wie Pater Vergez betont, Namen wie Gabriel, Raphael und Michael gab, versuche man den zunehmenden Anforderungen gerecht zu werden. Allein die Homepage www.vatican.va umfasse mittlerweile in sieben Sprachen über eine halbe Million Files; Tendenz steigend, denn man versuche chronologisch rückschreitend alle wichtigen Dokumente und Ereignisse der Pontifikate vor Johannes Paul II. zu erfassen. Die größte Herausforderung sei aktuell, das Datennetz gegenüber Hackern abzusichern. Dazu habe er ein eigenes Sicherheitsbüro eingerichtet. Die Mitarbeiter dort entwickelten Pläne, wie die extraterritorialen Gebäude in Rom sowie die Nuntiaturen weltweit ans interne Netz des Vatikanstaats sicher angebunden werden können. Großer Traum des Informatikexperten ist ein Glasfasernetz im Vatikan und zu den Außenstellen, um für die großen Datenmengen der Zukunft bestens gerüstet zu sein. Allerdings wird die Realisierung noch einige Zeit auf sich warten lassen, gesteht Vergez. Das Projekt ist nicht gerade billig.

Von dem Hochgeschwindigkeitsnetz würde auch der dritte Bereich profitieren, für den Pater Vergez verantwortlich zeichnet: das Telefon. Mehr als 5.000 Anschlüsse gibt es im Vatikan und sogar 123 öffentliche Fernsprecher. Die funktionieren nur mit vatikanischen Telefonkarten. Jedes Jahr gibt es drei neue Ausgaben mit einer Auflage von 60.000 Stück. Die seltenen Exemplare sind mittlerweile zu einem begehrten Sammelobjekt geworden, stellt der Kommunikationschef mit Stolz fest. Deshalb lasse man sich jedes Mal etwas Besonderes für die Gestaltung einfallen. 2008 etwa gab es eine Serie mit Darstellungen der Fresken Michelangelos aus der Sixtinischen Kapelle. Anlass war das 425-Jahr-Jubiläum des Beginns der Arbeiten des Künstlers an seinen berühmten Werken. Die meisten Telefonnummern sind im rund 200 Seiten umfassenden vatikanischen Telefonbuch verzeichnet, das in der Vatikanbuchhandlung von jedermann käuflich erworben werden kann. Die Nummer des Papstes sucht man dort allerdings vergebens. Beim Pontifex muss der gemeine Gläubige dann doch auf die traditionellen Wege der schriftlichen Kontaktaufnahme zurückgreifen. Ein Brief, an Seine Heiligkeit adressiert, kommt bei der zuständigen Stelle im Vatikanischen Staatsekretariat an, auch wenn man ihn ohne Frankierung in einen der gelben Briefkästen geworfen hat; denn innerhalb des Vatikans ist die Beförderung der Post kostenlos.

Der Papst im Geldbeutel
Münzen und Marken aus dem Vatikan

Es waren ein paar Tage im März 2002, da belagerten Horden den Vatikan wegen acht kleiner Münzen. Sie standen sich im Morgengrauen die Beine in den Bauch, sogen die Frühlingssonne in sich auf, einige hatten sogar auf dem schmuddeligen Straßenpflaster kampiert. Die Mühen schienen ihnen billig für den Wert, den sie erhofften. Denn die acht Münzen waren die erste Euro-Edition mit dem Konterfei von Johannes Paul II. Komplette Sets der Erstauflage mit 26.000 Serien werden heute in Internetbörsen mit bis zu 800 Euro gehandelt. Mittlerweile geht es bei der jährlichen Ausgabe der neuen Münzen etwas ruhiger zu. Viele Sammler beziehen die begehrten Stücke auf dem Postweg. Doch nach wie vor gilt: mancher geht am Ende leer aus. Das trifft übrigens nicht auf die rund 4.600 Mitarbeiter des Vatikans und des Heiligen Stuhls zu. Sie haben ein Vorkaufsrecht und können sich bei jeder neuen Emission eine Serie sichern. Das ist bei den Briefmarken des Vatikans in der Regel nicht notwendig; denn die sind zwar ebenfalls begehrte Sammlerobjekte, doch nicht so rar wie die Euromünzen. Wann welche Münzen, Medaillen und Marken herauskommen, in welcher Stückelung und mit welchen Motiven, das wird im Governatorat bestimmt, genauer im Amt für Numismatik und Philatelie. Was für Tausende Sammler weltweit den Rang einer Weihestätte hat, ist nur ein karges Büro. Rund 40 Mitarbeiter unterstützen Pier Paolo Francini dabei, die Wünsche der Sammler weltweit zu befriedigen und die Vatikanpost mit ständig neuen Marken zu versorgen.

Im Bereich der Münzen blickt der Vatikan auf eine lange Tradition zurück. Gelehrte streiten sich, ob die ersten päpstlichen Münzen unter Gregor III. (731–741) oder ein paar Jahre später unter Hadrian I. (772–795) geschlagen wurden. Die älteste erhaltene

Prägestätte des Vatikans ist jedenfalls fast ein Jahrtausend jünger: Gian Lorenzo Bernini, der Universalkünstler, entwarf im 17. Jahrhundert die «Zecca», die Münzprägestelle, die mit Wasserkraft betrieben wurde und noch heute nahe der Sixtinischen Kapelle zu sehen ist. Im Laufe der Jahrhunderte gab es immer wieder Unterbrechungen der Münzprägung – zuletzt nach dem Untergang des Kirchenstaats 1870. Erst mit der Gründung des Vatikanstaats erhielt der Papst wieder das Recht, Münzen prägen zu lassen.

Die päpstlichen Briefmarken hingegen haben eine nicht ganz so lange Tradition. Erst Ende 1851 wurden sie im Kirchenstaat eingeführt; die erste Marke erschien am 1. Januar 1852. Allerdings verloren auch sie bereits knapp 20 Jahre später mit dem Ende des weltlichen Herrschaftsgebiets des Pontifex ihre Gültigkeit. Die Lateranverträge gaben dem neuen Staat wieder das Recht, eigene Briefmarken herauszugeben. Als erste Serie des Vatikanstaats erschien am 1. August 1929 die «Serie der Versöhnung».

Jedes Jahr bringt der Vatikan neun oder zehn Briefmarkenserien heraus. Bei dreien sind die Themen immer gleich: Weihnachten, Europa sowie Papstreisen. Die übrigen werden jedes Jahr neu festgelegt. «Dabei orientieren wir uns an wichtigen Ereignissen der internationalen Politik, vor allem aber des kirchlichen Lebens», erklärt Pier Paolo Francini. Für 2008 waren das unter anderem das Paulusjahr, der 49. Eucharistische Weltkongress, das 500. Geburtsjahr des italienischen Renaissancearchitekten Andrea Palladio und 500 Jahre Gewölbe- und Lünettenfresken in der Sixtinischen Kapelle. Dazu kamen Serien zum 150-Jahr-Jubiläum der Erscheinungen von Lourdes, zum Weltjugendtag in Sydney und dem Besuch des Papstes bei den Vereinten Nationen in New York. Die Planungen für das neue Programm beginnen meist im Frühsommer des vorhergehenden Jahres. Zunächst werden die Themen ausgesucht. «Wir bekommen unzählige Vorschläge, nicht nur aus der Kurie. Auch Bischöfe, Museumsdirektoren und Privatleute aus der ganzen Welt machen uns auf Jubiläen und Ereignisse aufmerksam.» Dazu kommt die eigene

Recherche. Dem Kardinal-Präsidenten des Staats der Vatikanstadt werden schließlich zehn Vorschläge zur Genehmigung vorgelegt. Im September beginnen zwei Grafiker mit den Entwurfzeichnungen. In seltenen Fällen werden externe Künstler mit der Gestaltung von Marken beauftragt. Der Druck erfolgt bei Spezialdruckereien im europäischen Ausland, etwa in Frankreich, Deutschland und den Niederlanden. Die Gesamtauflage der Sondermarken beträgt jährlich drei Millionen. Seit einigen Jahren gibt die Vatikanpost mit anderen Staaten zusammen Gemeinschaftsausgaben heraus – so geschehen etwa mit Island anlässlich der 1000-Jahr-Feier der Christianisierung des Landes im Jahr 2000. Mit der deutschen Post gab es bereits zweimal gemeinsame Briefmarken: 2005 zum Weltjugendtag in Köln und 2008 zu Weihnachten. Bei den Gemeinschaftsausgaben sind das Motiv und das Ausgabedatum gleich; der Wert differiert entsprechend der jeweiligen Posttarife.

«Briefmarken, wie übrigens auch die Münzen, sind immer auch Zeitzeugen», erklärt Francini, «sie dokumentieren die Schwerpunkte eines Pontifikats und wichtige Ereignisse der internationalen Zeitgeschichte.» Mittlerweile sind vier Pontifikate komplett: Pius XII., Johannes XXIII. (1958–1963), Paul VI. (1963–1978) und Johannes Paul II. Dazu kommen die ersten Briefmarken des neuen Staates nach der Gründung unter Pius XI. (1922–1939). Nur zu Johannes Paul I. (1978) gab es keine Marken. Die Regierungszeit war mit 33 Tagen zu kurz für die Philatelisten Seiner Heiligkeit. Den Rekord hält selbstredend Johannes Paul II. In seinem über 26 Jahre dauernden Pontifikat sind 778 verschiedene Exemplare erschienen – eine Epoche der Zeitgeschichte auf zwei mal zwei Zentimeter gebannt: 104 Auslandsreisen, mehrere Heilige Jahre, die Pontifikatsjubiläen und vieles mehr.

Die Vatikanbriefmarken erfreuen sich bei Sammlern großer Beliebtheit. Besonders begehrt sind Marken, die während der Sedisvakanz herausgegeben werden, da sie nur in den Tagen zwischen dem Tod des alten und der Wahl des neuen Papstes Gültigkeit haben. Seit Mitte der 1990er Jahre können Sammler die Marken im Abonnement direkt vom Büro Francinis beziehen. Mittlerweile, so der oberste Philatelist des Vatikans, umfasst die Kundenkartei fast 11.000 Abonnenten weltweit. Kommt eine neue Serie auf den Markt, ist ein Großteil der Mitarbeiter einige Tage damit beschäftigt, die Marken sorgfältig in Briefumschläge zu verpacken, zu adressieren und auf den Postweg zu bringen. Mitunter blicken dem Sammler auch unerwartete Persönlichkeiten von den vatikanischen Marken entgegen. So erschien im Mai 1994 ein Exemplar mit dem Porträt Galileo Galileis. Der Mathematiker und Philosoph, den die Kirche 1633 als Ketzer verurteilt hatte, war erst kurze Zeit zuvor, im Oktober 1992, vom Papst rehabilitiert worden. Wer alle Marken sehen möchte, muss in die Vatikanischen Museen gehen. Dort gibt es seit 2002 eine eigene Abteilung, in der die Briefmarken seit der ersten Ausgabe 1852 sowie die Münzen und Medaillen des Vatikanstaats zu bewundern sind.

Die ersten Münzen des Vatikanstaats gab es 1929. Allerdings besaßen diese keinen Wert als Zahlungsmittel. Der neu erstandene Vatikan besaß zwar mit der Souveränität durch die Lateranverträge das Recht auf eine eigene Währung. Doch die hätte auch nur im kleinen eigenen Territorium und den extraterritorialen Gebäuden gegolten. Daher schlossen der Vatikan und Italien Anfang August 1930 ein Münzabkommen. Die italienische Lire wurde Zahlungsmittel im Vatikan, und dieser erhielt das Recht, eigene Lire bis zu einem bestimmten Wert herauszugeben. Der Vertrag trat im Mai 1931 in Kraft; im darauffolgenden August hielten die Kardinäle die ersten vatikanischen Lire in Händen. Mit dem Beitritt Italiens zur Eurozone musste auch der Vatikan seine Währung umstellen. Ende 2000 unterzeichnete er ein entsprechendes Abkommen mit Italien. Zum 1. Januar 2002 wurde der Euro alleiniges Zahlungsmittel im Vatikanstaat. Mit einigen Wochen Verzögerung kamen Anfang März die ersten vatikanischen Euro auf den Markt. Jährlich gibt der Vatikan Münzen im Wert von 1.074.000 Euro heraus. Zusätzlich hat er die Möglichkeit, weitere Münzen im Wert von 300.000 Euro auszugeben im Falle des Papsttodes, eines Heiligen Jahres und der Einberufung eines Konzils. Die Stückelung kann der Vatikan frei festlegen. Bei den Münzen und Medaillen hat Francini ähnliche Raritäten zu bieten wie bei den Marken. Hier ist die Auswahl der Motive noch schwieriger, erklärt der Chef-Numismatiker des Papstes. Die Themen müssen von noch größerer Bedeutung sein. Während im Bereich der Briefmarken immerhin rund 30 verschiedene Motive umgesetzt werden können, sind es bei den Münzen nur etwa zehn pro Jahr, und diese müssen den technischen Anforderungen eines sehr kleinen und flachen Reliefs genügen. «Ein Kirchenfenster oder ein Gemälde mit einer Darstellung etwa der Geburt Jesu können sie wunderbar für eine Briefmarke nutzen, für eine Münze taugt es nicht. Es hat keine Tiefe.» erläutert Francini. So gab es 2008 Silbergedenkmünzen zum Weltjugendtag in Sydney und zum katholischen Weltfriedenstag am 1. Januar. Eine Münze zierte der Evangelist Johannes im Rahmen einer Serie mit Darstellungen der vier Evangelisten, die über mehrere Jahre läuft. Auf den drei Goldgedenkmünzen waren 2008 die Erschaffung des Mannes von Michelangelo aus der Sixtinischen Kapelle, Michelangelos Pietà und der «Torso vom Belvedere». Entworfen werden die Münzen und auch die Medaillen, die es zu besonderen Anlässen wie etwa Papstreisen gibt, in der Regel von externen Künstlern. Gefertigt werden sie bei der italienischen Münzprägeanstalt. «Das ist übrigens nicht kostenlos; das müssen wir bezahlen», hebt Francini eigens hervor. Während die Briefmarken im Abonnement bezogen werden können, ist das bei den Münzen nicht so. Allerdings gibt es eine Mailingliste mit rund 140.000 Adressen weltweit, über die Informationen zu den Neuemissionen verschickt werden. Auch für die Numismatik gilt: Der Vertrieb erfolgt direkt. «Nicht immer können die Wünsche aller Kunden erfüllt werden», räumt Francini ein. Das gelte vor allem für die «normalen» Euro, also die Nicht-Gedenkmünzen. Durch die Begrenzung des Gesamtwerts der jährlichen Ausgabemenge auf eine Million gibt es pro Kalenderjahr derzeit nur 85.000 Münzsätze mit den acht Münzen von einem Cent bis zu zwei Euro im Gesamtwert von 330.000 Euro. Bei der großen Nachfrage weltweit sind diese schnell vergriffen. «Uns sind die Hände gebunden», so der Chefnumismatiker entschuldigend. Die «normalen» Euromünzen machen ein Drittel des jährlichen Etats aus, die Gedenkmünzen zwei Drittel. Die Gestaltungsfrage ist bei den Kursmünzen einfach. Die Länderseite zeigt immer den amtierenden Pontifex. Lediglich bei den 2-Euro-Münzen gibt es jedes Jahr eine Sonderedition: 2007 zum 80. Geburtstag des Papstes, 2008 zum Paulusjahr und 2009 zum 80. Geburtstag des Vatikanstaats. Einen großen unterirdischen Tresorraum für die Münz- und Markenschätze gibt es nach Pier Paolo Francini nicht. Die Lieferungen kommen per Werttransport mit Lkws in den kleinen Staat des Papstes, würden dort aber nur wenige Tage lagern. Denn man sei bestrebt, die Münzen möglichst schnell an die Kunden auszuliefern.

Wenig Beachtung findet eine kleine «Nebenbeschäftigung» Francinis und seiner Mitarbeiter. Zusätzlich zu Münzen, Marken und Medaillen entwerfen sie Poststempel. Im Verlauf eines Jahres gibt es rund zwei Dutzend eigens gestaltete Motive zur Entwertung der Marken. Um möglichst einen direkten Kontakt zu den Sammlern und vor allem den Händlern zu haben, präsentiert sich das vatikanische Münz- und Markenamt jährlich auf einem knappen Dutzend Messen und Ausstellungen im In- und Ausland. Jeden Februar schlagen Francini und seine Leute in Berlin bei der weltgrößten Numismatikmesse ihren Stand auf. Aber auch Frankreich und die USA gehören ebenso zu den besuchten Ländern wie Japan und China. Letzteres lässt aufhorchen. Wird hier etwa vatikanische Diplomatie im Briefmarkenformat betrieben? Francini schweigt und blättert in einem dicken Katalog mit Münzabbildungen.

Pillen für den Papst
Die Vatikanapotheke

Vor dem Hustensaft kommt das Visum. Ohne einen Pass, Personalausweis oder Führerschein zu hinterlegen, erhält kein Fremder Zugang zur vatikanischen Apotheke. Und er braucht ein Rezept. Nur wer das in Händen hält, bekommt an der Visa-Stelle der Gendarmerie beim Sankt-Anna-Tor einen elektronisch lesbaren Besucherausweis im Kreditkartenformat, der den Weg zur «Farmacia» freimacht – aber auch nur den. Zwei Straßen weiter, hinter der Hauptpost, liegt der Belvedere-Palast, seit 1929 der Sitz der Vatikanapotheke. Auf dem Weg dorthin steht an jeder Ecke ein Gendarm und lässt sich die kleine Passier-Karte zeigen, damit ja niemand auf fremde Wege abirrt. Wie im Vatikan üblich, herrscht auch in der Apotheke ein strenges Ordnungssystem. Zur rechten Eingangstür tritt man ein, stellt sich in eine der Schlangen am 20 Meter langen Tresen, und nach erfüllter Mission führt die Tür am anderen Ende des Saales wieder hinaus. Vor und hinter dem Tresen herrscht reges Treiben. «Rund 1.500 Menschen kommen jeden Tag hierher, an Spitzentagen bis zu 2.000», erklärt Pater Joseph Katachal, der seit 2006 Chef der vatikanischen Apotheke ist. Handelt es sich wirklich um die meistbesuchte Apotheke der Welt, wie immer wieder zu lesen ist? Der etwas schüchtern wirkende Pater winkt ab. Das ist nicht sein Thema. Zusammen mit den anderen Apothekern arbeitet er hinterm Tresen und versucht, die vielen Kunden so schnell wie möglich zu bedienen. Die Apotheke ist in erster Linie für die Mitarbeiter des Vatikans und ihre Angehörigen da. Seit 1952 gibt es eine eigene vatikanische Krankenversicherung – den Fondo Assistenza Sanitaria (FAS) – mit mittlerweile gut 10.000 Mitgliedern. Doch die machen nur etwa gut die Hälfte der Kunden aus. 45 Prozent der Käufer stehen mit dem Vatikan in keiner direkten Verbindung. Das liegt vor allem daran, dass es in der Vatikanapotheke Medikamente gibt, die in Italien nicht oder noch nicht im Handel sind.

«Wir machen hier aber keine illegalen Geschäfte», wehrt der Pater ab. «Der Vatikan ist ein eigenständiger Staat. Wir können von ausländischen Firmen Produkte beziehen, unabhängig davon, wie die Regelung dafür in Italien ist.» Meist geschieht das über Großhändler in der Schweiz. Ist ein Medikament in den USA oder in Deutschland zugelassen, genügt dem Vatikan dies als Qualitätsprüfung, und dem Verkauf steht nichts mehr im Wege. Eine eigene Zulassungsbehörde im strengen Sinne gibt es nicht. Allerdings wacht der Chef des vatikanischen Gesundheitsdienstes über das Gebaren der Apotheke. «Im Zweifelsfall muss der Direktor aufgrund der vorliegenden Studien und Zulassungsbescheide etwa in den USA entscheiden, ob wir das Medikament vertreiben oder nicht.» Die meisten ausländischen Produkte gibt es nur auf Bestellung. In der Regel dauert es eine Woche, bis das Medikament zur Verfügung steht. Produkte aus eigener Herstellung gibt es kaum. «Manchmal rühren wir hier noch Salben oder Tinkturen selbst an», so Pater Katachal, der zur Gemeinschaft der Barmherzigen Brüder gehört. Doch das kommt nur vor, wenn ein Vatikanarzt einem Mitarbeiter oder Familienangehörigen ein entsprechendes Rezept verordnet hat. «Einen eigenen Kräutergarten haben wir nicht», verneint der studierte Pharmazeut schmunzelnd. «Dafür fehlt die Zeit und auch der Platz im Vatikan.» Zudem gebe es mittlerweile überall in Rom mehr oder weniger gut sortierte Kräuterhandlungen. Einzige Ausnahme sind Kräuterliköre aus eigener Herstellung; die bezieht Katachal aber von Mitbrüdern aus anderen Gemeinschaften seines Ordens.

Die Produktpalette ist der eine Grund für den großen Andrang in der Apotheke des Papstes. Der andere ist schlicht der niedrige Preis aufgrund der fehlenden Mehrwertsteuer. «Die Medikamente, soweit sie in Italien auch verkauft werden, sind bei uns rund zwölf Prozent billiger», führt Pater Katachal aus. Bei rezeptfreien Artikeln betrage der Preisunterschied 20 Prozent, bei Vitaminen, Mineralstoffen und Diätprodukten sogar 25 Prozent. Beliebtestes Beispiel des Chefapothekers ist amerikanisches Aspirin. In Italien kosten sechs Tabletten etwa drei Euro; bei ihm bekommt man für das gleiche Geld 70 von den US-Pillen. Über den Profit schweigt er. Nach Angaben des italienischen Wochenmagazins L'Espresso lag der Gewinn im Jahr 2001 bei umgerechnet rund 35 Millionen Euro, davon knapp 20 Millionen Euro durch Medikamente, der Rest durch den Verkauf nicht rezeptpflichtiger Produkte. Da der Vatikanstaat seine Bilanzen nicht offenlegt, können die Zahlen nicht überprüft werden. Das meistverkaufte Produkt ist laut Pater Katachal Hamolid, ein Mittel gegen Hämorridenbeschwerden, gefolgt von einer Wund- und Heilsalbe. «Natürlich verkaufen wir keine Produkte, die mit der katholischen Lehre nicht vereinbar sind», betont der Chefpharmazeut Seiner Heiligkeit. Also: Viagra und Verhütungsmittel sind tabu in der Apotheke des Pontifex. Sollte ein Vatikanarzt aus therapeutischen Gründen doch einmal ein Mittel verschreiben, das nach der Lehre der Kirche moralisch nicht vertretbar ist, müssen die Patienten in eine italienische Apotheke gehen. «Daher stellt sich bei uns das Problem nicht, dass wir ein Medikament aus Gewissensgründen verweigern müssen – weil es solche Produkte bei uns gar nicht gibt.»

Die Angebotspalette wird ständig erweitert. Im Frühjahr 2008 wurde der Bereich der Kosmetika und der Parfüms in einen benachbarten Verkaufsraum ausgelagert. Man habe damit der allgemeinen Entwicklung Rechnung tragen wollen, die auch in anderen Ländern und in Italien im Bereich der Apotheken festzustellen sei. Auch dort kämen zum rein medizinischen Bereich immer mehr Wellness-Produkte hinzu. Es gehe eben immer mehr um ein ganzheitliches Wohlbefinden des Menschen, so Pater Katachal. Die Flancons und Dosen der feinen Düfte und Make-ups von Esteé Lauder, Escada, Joop und Yves Saint Laurent glänzen in den edel gestalteten Vitrinen und Regalen. Davor junge Verkäuferinnen, die sich vom Laufsteg der Mailänder Modewoche auf den Marmor des Vatikanstaates verirrt zu haben scheinen. Ordensfrauen und Prälaten, die in der Apotheke nebenan in großer Zahl vertreten sind, finden nur selten den Weg in diesen Palast der Sinne. Und weil die Produkte, die hier natürlich ebenfalls günstiger sind als außerhalb der vatikanischen Mauern, bei den Frauen der Vatikanangestellten so reißenden Absatz finden, gibt es sogar eine Filiale im Shopping-Center des kleinen Staates, das sich im Bahnhofsgebäude befindet.

1874 hatte der damalige Kardinalstaatsekretär die Barmherzigen Brüder, die in der Nähe des Vatikans auf der Tiberinsel ein Krankenhaus unterhielten, gebeten, sich um die medizinische Versorgung des Papstes zu kümmern. Hintergrund waren die Probleme des Heiligen Stuhls mit Italien, nach dem Untergang des Kirchenstaats 1870. Der Papst saß gleichsam wie ein «Gefangener» in seinem kleinen Territorium rund um den Petersdom. Zunächst beschränkten sich die Barmherzigen Brüder auf ein kleines Lager mit wichtigen Medikamenten für den Papst und die Kurienspitze. 1894 bauten sie ihren Service aus und errichteten ein ständiges Büro. Neben Medikamenten kümmerten sie sich jetzt auch um die Gesundheitsvorsorge für die Prälaten und den Pontifex. 1917 zog die Apotheke in Räume gleich neben dem Sankt-Anna-Tor bei der Schweizergarde; denn mittlerweile hatte sich in Rom herumgesprochen, dass es im Vatikan Medikamente gibt, die in der Stadt sonst nicht bezogen werden können. Nach der Gründung des Staats der Vatikanstadt durch die Lateranverträge 1929 zog die Einrichtung an den jetzigen Standort um, den Palazzo del Belvedere. In den ersten Jahrzehnten arbeiteten nur Ordensbrüder in der «Farmacia». Seit Mitte der 1970er Jahre wurden immer mehr Laien in den Dienst aufgenommen. «Nur so konnte man der rasant wachsenden Nachfrage begegnen», betont Pater Katachal. Heute leitet der Inder ein Team von 44 Mitarbeitern. Fünf von ihnen sind Barmherzige Brüder, der Rest

Laien. Knapp die Hälfte hat eine pharmazeutische Ausbildung, die übrigen kümmern sich um die Verwaltung. Die Ordensbrüder wohnen gleich über der Apotheke im Belvedere-Palast. Vier von ihnen sind auch als Sanitäter im Einsatz. Zwischen 20 Uhr abends und 7 Uhr morgens übernehmen sie zusammen mit einem Arzt des Vatikanischen Gesundheitsdienstes den Notdienst. Bei allen Zeremonien des Papstes sind sie anwesend. Bruder Martin ist der «Papst-Sanitäter». Er steht für Fragen und Anforderungen aus der päpstlichen Wohnung immer zur Verfügung. Der 27-jährige Pole ist bei allen öffentlichen Auftritten des Pontifex im Vatikan und in Rom anwesend. «Früher haben wir bei dieser Aufgabe immer gewechselt», sagt Pater Katachal «Wir haben aber gemerkt, dass es besser ist, wenn es einen konkreten Ansprechpartner für den Leibarzt des Papstes und seine Mitarbeiter gibt.»

Eine weitere Baustelle von Katachal ist die Kindersozialstation Santa Marta, die er kostenlos mit Medikamente versorgt. «Es ist kaum bekannt, dass der Vatikan ganz praktische Hilfe für diejenigen bietet, die Not leiden hier in der Ewigen Stadt. Und das sind nicht gerade wenige.» Rund 700 Mütter mit Kleinkindern nehmen Leistungen der Stelle mehr oder weniger regelmäßig in Anspruch. 45 Ehrenamtliche, darunter auch Ärzte, bieten den Hilfesuchenden eine Grundversorgung mit Medikamenten, Lebensmitteln und Hygieneartikeln. Daneben bestückt die Apotheke die zehn Erste-Hilfe-Stationen im Vatikan mit Medikamenten. Den meisten ist nur die auf dem Petersplatz bekannt. Es gibt aber auch feste Stationen in der Audienzhalle, im Petersdom und bei den Audienzsälen im Apostolischen Palast sowie eine mobile Station. Außerhalb des Vatikans liefert die Apotheke in der Regel keine Medikamente. Einzige Ausnahme sind die Nuntiaturen, die diplomatischen Vertretungen des Heiligen Stuhls in aller Welt. Die Mitarbeiter dort können bei Pater Katachal und seinen Kollegen Produkte bestellen, die dann per Diplomatenpost zum Empfänger gelangen. Wie die Medikamente vor Ort eingesetzt werden, obliegt der Verantwortung des Nuntius. Im Einzelfall könne es sicher vorkommen, dass er damit auch bedürftigen Menschen hilft, die sich in ihrer Not an die Nuntiatur gewendet haben. Im großen Stil werde dies aber nicht betrieben. «Die Nuntiaturen sind keine Filialen der Apotheke. Was wir liefern, ist eigentlich für den Eigenbedarf dort vorgesehen», erklärt der Chefapotheker.

Mit der Apotheke hat Pater Joseph Großes vor. Bis 2010 soll sie komplett umgebaut und modernisiert sein. Die Auslagerung der Kosmetik- und Parfümabteilung war ein erster Schritt. Am Ende werden die endlosen Gänge der Apothekenschränke mit den unzähligen flachen Schubladen verschwunden sein. Die Ausgabe der Medikamente soll automatisiert werden: Der Apotheker ruft am Tresen das Produkt per Computer ab, Sekunden später liegt es im Ausgabeschacht. «Dann haben wir noch mehr Zeit für Beratung», sagt Katachal. Das sei schließlich die Aufgabe eines Apothekers und nicht Verwaltungsarbeit oder das ewige Einsortieren von Medikamenten in Schubladen. Dann drängt es den zurückhaltenden Pater auch schon wieder zu seinen Kunden, denn noch am späten Nachmittag steht der Laden voller Menschen mit Sorgen im Gesicht und einem Rezept in der Hand. Am Ausgang sieht man meist zufriedene Gesichter, denn kaum ein Wunsch bleibt unerfüllt in der «Farmacia del Papa».

Sonderangebote für Prälaten
Einkaufsparadies Vatikan

Ein Wunder im Vatikan? Ein großer Einkaufswagen, hoch beladen mit Nudelkartons und Kaffeepäckchen, bewegt sich scheinbar führerlos durch die Gänge des Supermarkts. Erst im letzten Augenblick erkennt man die kleine Ordensfrau, die versucht, das schwer steuerbare Gefährt in Richtung Kasse zu bewegen, ohne dabei gegen die Türme aus Tomatendosen zu stoßen oder im Regal mit edlem Wein zu landen. Nervös blickt sie nach links und rechts, um nicht mit einem der vielen anderen Wagen zu kollidieren, die ebenfalls beinahe unter der Last der Waren zusammenzubrechen drohen. Es scheint, als wollten die Käufer ganze Heerscharen mit Lebensmitteln versorgen. Ort des Geschehens ist die Annona – der vatikanische Supermarkt. Er ist einer der wenigen Verkaufsstellen im Einkaufsparadies Vatikan. Im Staate des Pontifex gibt es keine Mehrwertsteuer. Allerdings profitieren nur die Angestellten des Vatikans und des Heiligen Stuhls von diesem Privileg – und, wie das in Italien eben so ist, diejenigen, die jemanden kennen, der jemanden kennt, der eine Zugangsberechtigung besitzt.

In der Via della Tipografia – gleich neben der Vatikandruckerei, die der Straße den Namen gibt – liegt die Annona. Ortsunkundige laufen durchaus Gefahr, sie zu verfehlen. Denn weder Leuchtreklame noch Plakate mit den Sonderangeboten der Woche weisen darauf hin, dass sich in dem flachen Backsteinbau der Supermarkt befindet. Bis in die 1920er Jahre gab es dort eine Bäckerei, die den ganzen Borgo mit Brot versorgte. Geblieben ist noch der lateinische Name Annona, der eigentlich die Getreideversorgung bezeichnet. Inzwischen sind die Regale jedoch vielfältiger gefüllt: Nudeln, Kekse und Kaffee, alles feinste Markenware auf 1.000 Quadratmetern Fläche. Dazu gibt es Produkte der

Marke «Ville Pontificie»: Milch, Joghurt und an wenigen Tagen im Jahr Olivenöl vom päpstlichen Bauernhof in Castel Gandolfo. Seit einigen Jahren werden Produkte einiger Klöster aus der Umgebung von Rom verkauft: Marmelade, Honig, Schokolade und natürlich Likör. Das Angebot richtet sich nach den Bedürfnissen der Kunden, erklärt Sabatino Napolitano, der Leiter des Wirtschaftsdienstes des Vatikans. Früher sei die Nachfrage nach Butter besonders hoch gewesen, heute sei eher hochwertiges Olivenöl gefragt. «Während noch vor Jahren viel Hochprozentiges über den Ladentisch ging, sind es heute vor allem Liköre, etwa ein guter Limoncello oder Mirto», erklärt er. Berühmt ist die Annona für das Angebot an frischem Fleisch und Fisch. Die Schlangen vor den Theken sind lang. Doch für die Warterei entschädigt der eine oder andere gesparte Euro – und die unbezahlbaren neusten Tratsch- und Klatschgeschichten aus dem Vatikan.

Während in der Annona Lebensmittel feilgeboten werden, weht im Gebäude des vatikanischen Bahnhofs ein Hauch von Exklusivität mit Prada, Gucci und Channel. Wie schon beim Supermarkt weist bei dem seriösen Palazzo jenseits des Petersdoms von außen nichts darauf hin, dass sich im Innern ein kleines Einkaufsparadies verbirgt. Das Ambiente könnte vornehmer kaum sein. Die Kunden schlendern zwischen Marmorsäulen aus seltenem grünen Cipollinstein. Die Wände sind mit Marmor verkleidet. Ursprünglich sollte der Bahnhof einmal, neben der Abfertigung von Pilgerzügen, dem Empfang hoher Gäste des Papstes dienen. Dazu wurde er Anfang der 1930er Jahre mit einem Anschluss an das Schienennetz der italienischen Staatsbahn gebaut. Doch zum Einsatz kam er nie so richtig. Für Pilgerzüge ist die Lage des Bahnhofs ungünstig, weil die Massen nur schwer zu kontrollieren wären und die Gefahr bestünde, dass die Pilger auf Abwege kämen und den Vatikan unsicher machen würden.

Die Päpste nutzten die Station ebenfalls kaum, genau genommen nur dreimal. Am 4. Oktober 1962 brach Johannes XXIII. vom vatikanischen Bahnhof zu einer Fahrt nach Assisi und Loreto auf. Johannes Paul II. fuhr einmal vom römischen Hauptbahnhof Termini mit dem Zug zum Vatikan. Am 24. Januar 2002 brach der Wojtyla-Papst mit Vertretern anderer christlicher Kirchen und Religionen von hier nach Assisi zum Friedensgebet auf, als Antwort auf die Ereignisse vom 11. September 2001. Sonst blieb das Bahnhofsgebäude ungenutzt. Das brachte den ehemaligen Chef des Vatikanstaats, Kardinal Edmund Szoka, 2003 auf die Idee, die große Bahnhofshalle umzubauen und in ein kleines, aber exquisites Kaufhaus zu verwandeln. Er zog in der knapp 19 Meter hohen Haupthalle zwei Zwischendecken ein und verdreifachte damit die Nutzfläche auf fast 3.000 Quadratmeter. Entsprechend reichhaltig ist das Angebot: Schweizer Präzisionsuhren, italienische Markenschuhe und günstige Elektroartikel werden ebenso verkauft wie exklusive Damen- und Herrenbekleidung von Armani und Burberry. Alle Waren sind selbstverständlich elektronisch gesichert, denn auch im kleinen Reich des Stellvertreters Christi auf Erden gibt es Langfinger.

Ende 2007 wurde die Angebotspalette erweitert. Seitdem gibt es eine kleine Abteilung für religiöse Bedarfsartikel. Vom dunklen Hemd mit Priesterkragen, über Messgewänder, liturgische Geräte und Hostien finden Prälaten und Monsignori fast alles, was das Herz begehrt. Seitdem zieht es noch mehr Geistliche in das Shopping-Center, als das früher der Fall war. Besonders begehrt sind die günstigen Tabakwaren. Entsprechend lebhaft geht es in dem kleinen Laden zu. Teilweise sind die Zigaretten bis zu 30 Prozent billiger als in Italien. Denn neben der fehlenden Mehrwertsteuer gibt es im Vatikan auch keine Tabaksteuer. Wie für alle Läden im Vatikan gilt, dass jeder «zum persönlichen Bedarf» einkaufen kann. Doch entweder sind alle Damen und Herren Vatikanangestellte schwere Kettenraucher oder aber es ist doch das ein oder andere Geschenk für Bekannte mit dabei, wenn etwa ein älterer Herr gleich fünf Stangen in seine Tasche packt, bevor er sich noch kurz in der Zigarrenabteilung eine Havanna reichen lässt. Napolitano weist Wirtschaftsinteressen zurück. «Wir gehen hier nicht auf Kundenfang», beteuert er. Die Steuerfreiheit diene dazu, den Mitarbeitern zu helfen. «Wir sind Dienstleister und stehen nicht im Wettbewerb mit Konkurrenten.» Schmuggel? Davon will Napolitano nichts wissen. Andererseits werden die Kunden auch von keinem Zoll gefilzt – und schon gar nicht, wenn sie ein Bischofskreuz tragen oder ihr Wagen ein Diplomatenkennzeichen hat. Der Chef der Wirtschaftdienste legt Wert darauf, dass alle Geschäfte mit rechten Dingen zugehen. Von den Firmen bekommen wir nichts geschenkt, erklärt er. Für die sind die großen Ketten draußen viel interessanter. Und der Imagegewinn, wenn man damit werben kann, im Staate des Pontifex verkauft zu werden? Das sei kein Thema, denn die Konzerne schauten auf die Absatzzahlen, und da könne man mit den kleinen Umsätzen im Vatikan nicht mithalten. Wie hoch oder niedrig die sind, verrät der graumelierte Herr allerdings nicht. Die Oberen erwarteten, dass er ein positives Ergebnis am Ende des Jahres ausweise. «Das bedeutet natürlich nicht, dass am Ende nur eine schwarze Null herauskommt», stellt er mit ernster Miene fest.

Der Zugang zum Shopping-Center und zur Annona ist streng reglementiert. Nur Mitarbeiter des Vatikans sowie Angehörige von Ordensgemeinschaften mit Niederlassungen in Rom und die Mitglieder des beim Heiligen Stuhl akkreditierten Diplomatischen Corps bekommen die heißbegehrte Zugangskarte. Um Missbrauch vorzubeugen, wurde 2008 eine personalisierte «Tessera», so das italienische Wort für «Mitgliedskarte», in Scheckkartenformat eingeführt, auf der jetzt ein Foto des rechtmäßigen Inhabers prangt. So ist es nicht mehr so leicht möglich, einem Bekannten die Karte zu überlassen, damit auch er in den Genuss des steuerfreien Einkaufs kommt. Auf dem Weg zu den Verkaufsstellen werden die Ausweise zunächst von der Schweizergarde, anschließend von den vatikanischen Gendarmen überprüft. Selbst wer diese beiden Hürden überwunden hat, kann nicht einfach in den Supermarkt spazieren. Um die Eingangsschleusen dort zu öffnen, braucht man wieder das berühmte Kärtchen. So wird auch verhindert, dass Besucher der nahegelegenen vatikanischen Apotheke kurzerhand einen Abstecher in die Annona machen. Und als ob es nicht schon genügend Kontrollen gegeben hätte, geht an der Kasse beim Bezahlen wieder nichts ohne die kleine Tessera. Bevor der erste Artikel über das Lesegerät gezogen wird, muss die Karte gescannt werden. Ebenso streng geht es bei der Genehmigung für die Benutzung der vatikaneigenen Tankstellen zu. Der Berechtigungsschein wird stets für ein konkretes Auto ausgestellt. Damit will man verhindern, dass ein Mitarbeiter täglich mit einem anderen Fahrzeug aus der weiten Verwandtschaft an einer der vier Tankstellen vorfährt. Denn es lohnt sich: Immerhin kostet der päpstliche Sprit rund ein Drittel weniger als das Benzin italienischer Tankstellen, 90 Cent statt 1,30 Euro pro Liter Diesel – Preise wie im Orient. Das ist nicht nur für die autoverliebten Italiener, die noch immer die Mehrzahl der Vatikanmitarbeiter stellen, ein Wort.

Kostbare Möbel für Kardinäle und den Papst
Die Apostolische Floreria

Holzwurm? Der kritische Blick des Signore Buonamici

Beim Gang durch die vatikanischen Paläste zeigen sich Besucher meist beeindruckt von den kostbaren Fresken und Einrichtungsgegenständen. Teure Vasen stehen auf Beistelltischen aus feinen, mit Blattgold belegten Holzarbeiten. Die Wände sind mit edlen Stofftapeten bezogen, und die feinen Samtkissen der Stühle lassen manchen zweifeln, ob das antik anmutende Möbel wirklich zum Sitzen gedacht oder nicht eher ein Museumsstück ist. Wo keine Fresken die Wände zieren, hängen sorgfältig ausgewählte Bilder in dicken vergoldeten Rahmen. Die Räume sind stilvoll eingerichtet, oft bis ins Detail durchgestylt. Selbst Staatsgäste sind fasziniert von dem Ensemble, das sich ihnen bietet. Auf dem Weg zur Privataudienz beim Papst haben sie reichlich Zeit, die kleinen Schätze des Vatikans zu bewundern. Begleitet von mehreren Gentiluomini und dem Präfekten des Päpstlichen Hauses, schreiten sie im zweiten Stock des Apostolischen Palasts, der Seconda Loggia, durch ein halbes Dutzend prunkvoll eingerichteter Säle, bis sie schließlich in der Privatbibliothek des Pontifex ankommen, wo das Kirchenoberhaupt sie empfängt. Auch in den Vatikanbehörden außerhalb des Apostolischen Palasts wird Wert auf ein angemessenes Ambiente gelegt. Das ist dann zwar oft schlichter, aber dafür nicht weniger stilvoll. Der Besucher merkt, egal wo er hinkommt, dass er es hier mit einer alten traditionsreichen Institution zu tun hat.

Um die Einrichtung der vatikanischen Palazzi kümmert sich Paolo Sagretti. Er leitet die «Apostolische Floreria». Was sich zunächst anhört, als wäre es die päpstliche Gärtnerei, hat in Wirklichkeit nichts mit Blumen und Sträuchern zu tun. Die Floreria ist zuständig für das Mobiliar im Vatikan, für die Einrichtung und Gestaltung der Räume sowie für die Vorbereitung von päpstlichen Audienzen und Gottesdiensten, soweit es nicht den streng liturgischen Bereich betrifft. «Der schwierigste Part ist die Aufbewahrung und Restaurierung der Möbel und der anderen Einrichtungsgegenstände», erklärt Sagretti. Wie es zu dem Namen Floreria kommt, vermag der hagere, hochgewachsene Italiener nicht recht zu erklären. Ende des 14. Jahrhunderts werde ein «magister floreriae apostolicae» erwähnt. Der sei verantwortlich gewesen für die Vorbereitung und Ausschmückung der Kapelle im Papstpalast, in der Bonifaz IX. (1389–1404) im Jahr 1391 Brigitta von Schweden heiliggesprochen hatte. Von dem Wortstamm des lateinischen Wortes «florens» her könne man vielleicht auf die Bedeutung «glänzend ausstatten» schließen.

Sagretti ist somit der Chef-Innenarchitekt des Vatikans. Das Büro des Floriere befindet sich an prominentem Ort, dem Damasushof: Diesen Ehrenhof des Vatikans flankieren der Papst-Palast zur Rechten und die wichtigsten Ministerien des Heiligen Stuhls zur Linken. Über das Pflaster des Platzes schritten alle Mächtigen der Welt, hier fahren Staats- und Regierungschefs vor, wenn sie sich zur Audienz beim Papst begeben. In solchen hohen Momenten kann sich Sagretti zurücklehnen: Denn dann ist seine Arbeit getan, dann sind die Räume bereits hergerichtet.

Privataudienzen in der Seconda Loggia gehören noch zu den leichteren Aufgaben. Schwieriger wird es bei Zeremonien im Petersdom oder gar auf dem Petersplatz. In Zusammenarbeit mit den Sampietrini und der technischen Direktion ist der Floriere für die Vorbereitungen verantwortlich. Im Petersdom etwa dauern die Vorbereitungen für einen Gottesdienst mit dem Papst zwei Tage. Nicht nur die 9.000 Stühle für die Gläubigen müssen in Reih und Glied gerückt werden. Dazu kommen die Plätze für die Bischöfe und Kardinäle. Bei besonderen Anlässen wählt er die Stühle aus vergoldetem Holz mit Sitzflächen aus rotem Samt. 150 Exemplare hat Sagretti in seinem Lager. Allerdings, so erklärt er mit sorgenvoller Miene, möchte er sie am liebsten auch dort belassen, denn bei jedem Transport würden die wertvollen Stücke Schaden nehmen. Für die Veranstaltungen auf dem Petersplatz habe er die Verantwortlichen mittlerweile überzeugt, dass auch Kardinäle und Bischöfe auf Plastikstühlen sitzen können. Im Dom werden aber nach wie vor die goldenen Holzstühle verwendet. Nicht wenige von ihnen landen nach dem Gottesdienst bei Massimo Buonamici, einem der 35 Mitarbeiter des Floriere. Buonamici ist Restaurator. Mit Hingabe und viel Geduld widmet er sich in seiner Werkstatt den antiken Patienten. Den wackelnden Stühlen der Kardinäle gibt er wieder festen Halt. Den grauen Stellen, die durch Abschürfungen beim Transport der güldenen Sitzgelegenheiten entstanden sind, verleiht er neuen Glanz. Zunächst werden die defekten Stellen ausgebes-

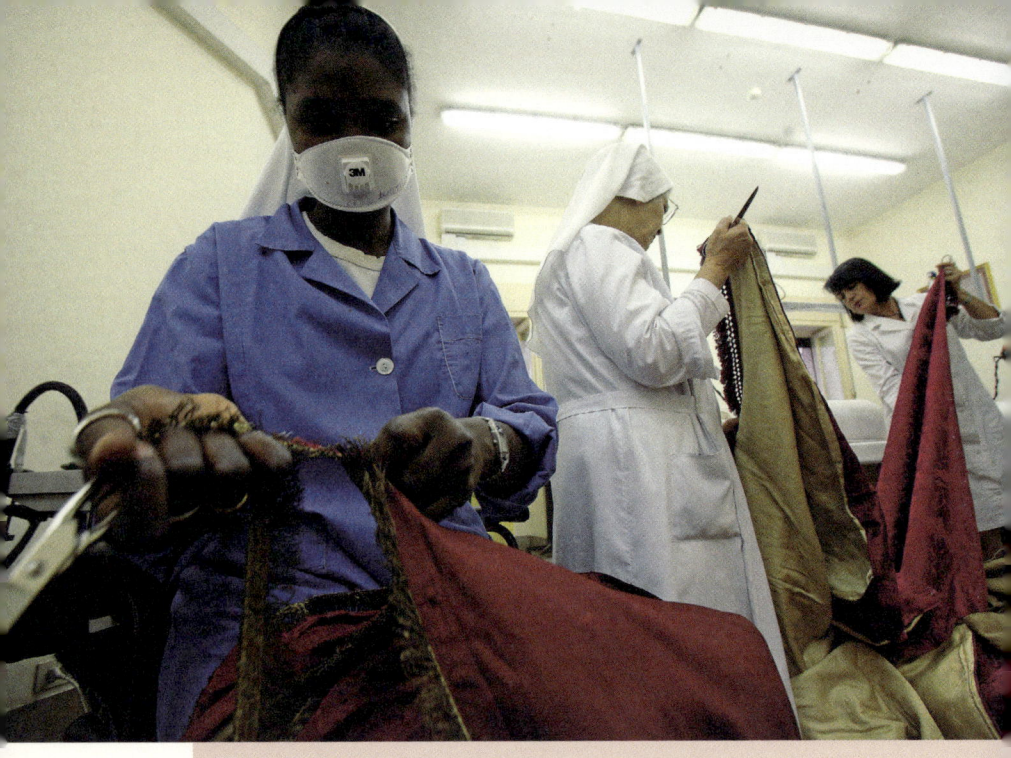

In der Wäschekammer des Apostolischen Palasts

sert, etwa durch Einsetzen eines neuen Holzstückes. Dann wird die Oberfläche zur Vergoldung vorbereitet. Mit kleinen Pinseln trägt der Restaurator verschiedene Leimschichten in Verbindung mit Schlämmkreide auf, die das Gold nachher tragen. Die genauen Mischungsverhältnisse sind natürlich Betriebsgeheimnis. Buonamici fährt sich mit einem feinen Pinsel über die Wange, um die Borsten elektrisch aufzuladen. So kann er mühelos das feine, nur 0,0001 Millimeter «dicke» Stückchen Florentiner Blattgold von der Unterlage lösen und an der vorgesehenen Stelle auf den Rahmen des Stuhls «aufschießen». Präzisionsarbeit auf kleinstem Raum. Die Blättchen überlappen sich ein bis zwei Millimeter. Nach einer Trocknungszeit von mehren Tagen poliert der Vergolder die ausgebesserte Stelle mit einem Achatstein auf Hochglanz. Jetzt muss sie nur noch der Patina der Umgebung angepasst werden, etwa durch leichten Abrieb des Goldes oder Tönung. Selbst bei genauem Hinsehen ist nicht mehr zu erkennen, wo der Defekt war. Buonamici fühlt sich wohl in seinem kleinen Reich. «Wir haben hier äußerst wertvolle Möbelstücke, zum Teil aus dem 17. und 18. Jahrhundert. Das finden Sie außerhalb des Vatikans in dieser Menge kaum mehr.» Dass er dazu auch noch für den Papst arbeiten darf, erfüllt ihn mit besonderem Stolz. Allerdings bringen die künstlerisch und antiquarisch wertvollen Stücke auch viel Arbeit, gibt der Restaurator zu. Vor allem, wenn einmal irgendwo der Wurm drin ist.

Diese Sorge hat sein Kollege Mauro Viscontini nicht. Er fürchtet eher die Motten, die er aber bisher von seinen Schätzen fernhalten konnte. Viscontini ist Herr über die wertvollen Textilien und Gewebe, die für Vorhänge, Wandbespannungen und Polster im Vatikan verwendet werden. In seinem Lager finden sich alte, schwere Brokatstoffe, Gold durchwoben und aus reiner Seide. Überall leuchtet und glitzert es. Sauber aufgerollt liegen die Ballen in den Regalen, die bis zur Decke des hohen Raumes reichen. Die ältesten Stücke stammen aus der Zeit Pius' IX. in der zweiten Hälfte des 18. Jahrhunderts. Neue Materialien bezieht die Floreria aus Manufakturen in Norditalien und Frankreich. Wenige Meter weiter wird ebenfalls mit Stoffen gearbeitet. Ordensfrauen kümmern sich um die anfallende Wäsche aus dem Apostolischen Palast. Dazu gehören die Bettlaken des Papstes und die unzähligen Vorhänge der vatikanischen Palazzi. Sie werden hier genäht, ausgebessert und gereinigt. Wie viele Kilometer Bahnen das sind, vermag niemand zu schätzen. Fest steht aber, dass die Vorhänge in den privaten Räumen des Papstes, die den Pontifex vor den neugierigen Blicken der Außenwelt schützen sollen, nicht etwa zur Reinigung in eine Großwäscherei kommen, sondern hier von den Schwestern gewaschen und gebügelt werden.

Das Handy des Chef-Innenarchitekten klingelt. Der Sekretär eines Kardinals möchte einen Termin für eine Wohnungsbegehung vereinbaren. Sagretti und sein Team sind für die Ausstattung der Wohn- und Amtsräume der Kardinäle und Prälaten zuständig. Im kleinen Land des Papstes herrschen beinahe biblische Verhältnisse. «Keiner nannte etwas von dem, was er hatte, sein Eigentum, sondern sie hatten alles gemeinsam» (Apg 4,32). Der Vatikan sorgt für die Einrichtung von Büro und Privatwohnung der führenden Kurienmitarbeiter. «Das schließt natürlich nicht aus, dass ein Kardinal seine Wohnung selbst ausstattet, aber er muss es nicht tun», erklärt Sagretti. In der Regel beginnt die ganze Prozedur mit einem Vor-Ort-Termin. Der Innenarchitekt trifft sich mit dem neuen hochwürdigen Mieter, dessen Sekretär oder der Haushälterin in der Wohnung. Die notwendigen Renovierungsarbeiten werden besprochen, Tapeten und Wandfarben ausgesucht. Sind sich die Beteiligten hier oft schnell einig, wird es bei der Möblierung meist schwieriger. Sagretti versucht beim ersten Treffen, mit gezielten Fragen möglichst viel über den Geschmack des Gegenübers herauszubekommen, um bei der nächsten Begegnung schon die richtigen Vorschläge machen zu können. Mit den Informationen steigt Sagretti dann in sein Magazin. Dort finden sich Schlafzimmer, Ess- und Wohnzimmer, Couchgarnituren in allen Farben, kleine Tische, große Tische, niedere und hohe, Stühle mit geschwungenen Rückenlehnen und solche mit geraden, Kommoden mit wertvollen Intarsien sowie Schränke mit vergoldeten Türknäufen; dazu das notwendige Beiwerk an Vasen, Bildern und Kruzifixen; für die Hauskapelle des Prälaten Kniebänke, Heiligenfiguren und Kandelaber, alles aus unterschiedlichen Stilepochen in mehreren Ausführungen. Obwohl ständig hunderte Wohnungen gleichzeitig bestückt werden, platzen die Magazine aus allen Nähten. Einige kleinere Unterstellmöglichkeiten hat die Floreria direkt im Vatikanstaat. Die meisten Stücke befinden sich allerdings auf dem großen Sendegelände von Radio Vatikan 40 Kilometer nordwestlich von Rom in einer Lagerhalle von rund 5.000 Quadratmetern Fläche. Die digitale Technik hat die Arbeit des obersten vatikanischen Raumausstatters erheblich erleichtert. Alle Einrichtungsgegenstände wurden bei der Lagerung fotografisch erfasst. So kann Sagretti mit dem neuen Mieter anhand von Fotos eine erste

Bestens geschützt – auch im Magazin der Floreria

Auswahl treffen. Früher mussten die Mitarbeiter der Floreria oft drei oder vier Wohnzimmer aus dem Lager herausräumen und aufbauen, damit der Kunde auswählen konnte. «Meistens waren die Stücke im gewünschten Stil ausgerechnet ganz hinten im Lager und wir mussten einen riesigen Aufwand betreiben, um sie hervorzuholen. Am Ende entschied sich der Prälat dann doch für ein anderes Wohnzimmer.» Ist die Auswahl getroffen, werden die Möbelstücke noch einmal aufgearbeitet. An den Kosten für Transport und Restaurierung müssen sich die Geistlichen beteiligen. Gelegentlich wird der Bestand mit dem Ankauf neuer Möbel im klassischen Stil ergänzt. Bäder und Küchen bietet die Floreria nicht an. Die müssen die Monsignori von italienischen

Möbelhäusern beziehen. Selbstverständlich hat Sagretti auch bei der Einrichtung des päpstlichen Appartamento mitgewirkt. Doch dazu kommt ihm keine Silbe über die Lippen. Sicher ist nur, dass nach dem langen Pontifikat Johannes Pauls II. eine gründliche Renovierung in der Terza Loggia des Apostolischen Palasts notwendig war, die sich über mehrere Monate hinzog.

Der Bestand der Floreria wächst nicht nur durch Neuankäufe, sondern auch der Papst selbst trägt dazu bei. Bekommt der Pontifex auf seinen Reisen, von Besuchern oder per Post Geschenke, werden diese zum Teil an Sagretti übergeben – zumindest wenn es sich um Einrichtungsgegenstände handelt wie Vasen oder Bilder. Lebensmittel bekommen die Mutter-Teresa-Schwestern für die Armenküche des Vatikans, die sich neben dem gewaltigen Palazzo des Heiligen Offiziums, der Glaubenskongregation, nahe des Petersplatzes befindet.

Krippenbau und Stanzmaschinen
Im Industriegebiet des Vatikans

Sie sind die Heinzelmännchen des Vatikans: Selten sind sie zu sehen, doch ohne sie würde gar nichts mehr laufen – die rund 250 Mitarbeiter der Technischen Dienste: Schreiner, Klempner, Maler und Industrieschlosser, Ingenieure und Elektrotechniker. Sie sorgen für die Strom- und Wasserversorgung im Ministaat, genauso wie für den Schlüsseldienst, sollte sich ein Prälat ausgesperrt haben. Rund um die Uhr sind sie abrufbar. Eine kleine Gruppe kümmert sich um besondere Aufgaben, von der Planung der Krippe auf dem Petersplatz bis zu den Großprojekten rund um erneuerbare Energien. «Wir sind Mädchen für alles!», erklärt der zuständige Direktor Pier Carlo Cuscianna. In seinem Büro im Palast des Governatorats laufen alle Fäden zusammen. Die Tische liegen voller Skizzenzeichnungen und Baupläne. Das Telefon klingelt beinahe im Minutentakt. «Unsere Statuen auf den Kolonnaden des Petersplatzes beginnen zu leben. Sie werfen mit Steinen», sagt Cuscianna scherzhaft; doch sofort verfinstert sich sein Blick, denn die Sache ist ernst. Immer öfter fallen Teile der Travertinstatuen ab. «Gott sei Dank ist noch kein Pilger getroffen worden», stellt der Endfünfziger mit besorgter Miene fest und richtet die Augen – eher dankbar als verzweifelt – gen Himmel. «Das ist unser nächstes großes Projekt: die Restaurierung der über 140 Figuren.»

Dabei kann sich Cuscianna nicht über Mangel an Arbeit beklagen. Neben dem Vatikanstaat ist er für die Infrastruktur und baulichen Maßnahmen in den extraterritorialen Gebäuden und in der Päpstlichen Sommerresidenz Castelgandolfo zuständig. Dazu kommen noch die unter päpstlicher Verwaltung stehenden Heiligtümer in Padua und Pompeji. Dort ist man allerdings nur beratend tätig; die Arbeiten werden von lokalen Firmen ausge-

Heizen, damit der Papst nicht friert

69 · KRIPPENBAU UND STANZMASCHINEN

führt. Im Vatikan können auch nur die kleineren Alltagsarbeiten wie die Reinigung der Brunnen auf dem Petersplatz oder Installationen in den Palazzi selbst durchgeführt werden; größere Aufträge werden an fremde Firmen und Spezialisten vergeben. Allerdings gibt es einige «sensible» Bereiche, zu denen nur die Mitarbeiter von Cuscianna Zugang haben. So dürfen etwa in das Herzstück der Gendarmerie, die Sicherheitszentrale, nur vatikanische Bauarbeiter. Das gilt ebenso für die Wohnungen des Papstes im dritten Stock des Apostolischen Palasts im Vatikan und in Castelgandolfo. Als nach dem Tod Papst Johannes Paul II. das Appartamento nach 25 Jahren grundlegend renoviert werden musste, leisteten dies die Mitarbeiter von Cuscianna. In der Schreinerei des Vatikans etwa wurden die Bücherregale gefertigt, die für die große Privatbibliothek von Papst Benedikt XVI. notwendig waren. Zuvor musste die Statik nachberechnet werden, denn es war durchaus nicht klar, ob die alten Renaissance-Mauern die Last des Wissens des Professorenpapstes würden tragen können. Auch sonst prüfen Cusciannas Leute alle drei bis vier Jahre die ehrwürdigen Paläste im Vatikan auf ihren baulichen Zustand. Immerhin liegt die Ewige Stadt in einer Region Italiens, in der mit steter Regelmäßigkeit die Erde bebt, zum anderen setzen Umwelteinflüsse den zum Teil jahrhundertealten Bauten zu.

Die größeren Bauvorhaben werden alle in der Projektabteilung der Technischen Direktion vorbereitet. Dort liefen über gut zwei Jahre die Planungen für die Photovoltaik-Anlage auf dem Dach der Vatikanischen Audienzhalle, die im Spätherbst 2008 installiert wurde. Auf der 5.000 Quadratmeter großen Fläche wurden 2.400 Solar-Module angebracht, die im Jahr bis zu 300 Megawattstunden Strom produzieren. Damit kann sie ein Sechstel des Energiebedarfs des Gebäudes decken. In Zeiten, in denen die Halle nicht genutzt wird, wird die Energie ins Netz des Vatikanstaats eingespeist. Es ist das erste einer ganzen Reihe von innovativen Projekten im Bereich regenerativer Energien, erklärt Pier Paolo Cuscianna. Man prüfe derzeit, ob auch Erdwärme in Frage käme oder etwa Biomasse in den Päpstlichen Villen in Castel Gandolfo. Außerhalb Roms in Santa Maria di Galeria, wo die Sendeanlagen von Radio Vatikan stehen, könnte in fernerer Zukunft sogar einmal eine der größten Solarfabriken Italiens entstehen. Benedikt XVI. spreche immer wieder von der Verantwortung des Menschen für die Schöpfung. «Da muss der Vatikan den Worten auch Taten folgen lassen», erklärt Cuscianna das Engagement.

Die Mitarbeiter in der Projektabteilung planen aber nicht nur große Bauvorhaben. Jedes Jahr im Sommer entwirft dort Architekt Giuseppe Facchini die Krippe, die zu Weihnachten den Petersplatz ziert. 1982 wurde zum ersten Mal auf Anregung von Papst Johannes Paul II. die Geburtsszene mit monumentalen Figuren dargestellt. Über viele Jahre war das Ambiente in einem toskanischen Stil gehalten. Seit einiger Zeit variiert Facchini die Szenerie. Zum einen will er den Römern ein wenig Abwechslung bieten, zum anderen ließ der Ehrgeiz der Mitarbeiter es nicht zu, auf alle Ewigkeit immer die gleiche Krippe zu bauen. Jedem Italiener fließt Künstlerblut in den Adern, das ihn zu immer neuen Höchstleistungen antreibt. So entführte Facchini 2006 mit einem typisch palästinensischen Ambiente die Besucher des Petersplatzes nach Bethlehem; 2007 stellte die Krippe gar das Haus des Josef in Nazareth dar, was den Vatikan sofort zu einer offiziellen Stellungnahme veranlasste, um keine Irritationen aufkommen zu lassen: Man halte trotz der aktuellen Krippendarstellung auf dem Petersplatz selbstverständlich an der Geburt Jesu in Bethlehem fest.

Die Krippe ist jedes Mal ein kleines Kunstwerk: rund 400 Quadratmeter Fläche werden bebaut, die Front misst 25 Meter in der Breite. Anfang November wird zunächst in der Mitte des Petersplatzes beim Obelisken ein Gerüst aus Stangen errichtet, das später mit Holz und Gipselementen umbaut wird. Die Arbeiten finden vor neugierigen Blicken abgeschirmt hinter einem dichten Vorhang aus Jute statt. 30 Arbeiter, Schreiner, Klempner,

Elektriker und Gärtner sind acht Wochen lang im Einsatz. Am Ende kommen die Maler und geben dem ganzen Bauwerk den richtigen Anstrich, bevor in einem letzten Akt die Figuren in der Szenerie platziert werden. Mancher unbedarfte Pilger wundert sich, wenn plötzlich Mitte Dezember ein Traktor mit Anhänger über den Petersplatz fährt, aus dem ein großer Eselskopf herausragt oder eine einzelne überdimensionale Hand. Für den Kenner ist es ein Zeichen, dass das Werk kurz vor der Vollendung steht und es jetzt nur noch darum geht, den richtigen Kopf dem richtigen Rumpf und den passenden Händen zuzuordnen. Diese Aufgabe übernehmen Ordensfrauen, die vor der Einkleidung der zwischen 2,50 und 3 Meter großen Figuren die historischen Gewänder jedes Jahr etwas aufbessern. Neun Figuren, darunter die Heilige Familie, stammen aus dem 18. Jahrhundert. Sie waren für die römische Altstadtkirche Sant' Andrea della Valle geschaffen worden. Die übrigen hölzernen Darsteller, meist rund zwei Dutzend, wurden vor einigen Jahren von der Region Trient gestiftet. Erst bei der Einweihung der Krippe am Vormittag des 24. Dezember zeigt sich die ganze Pracht. Bis zum 2. Februar können die Pilger das Kunstwerk bestaunen. Mit Foto und Fernglas wird jedes Detail studiert, und mit nahezu kindlichem Staunen beginnt ein Wetteifer darum, wer die meisten biblischen Figuren und Symbole in der Szenerie entdeckt.

Gefertigt werden die einzelnen Bauteile für die Krippe in den Werkstätten der technischen Direktion. Die liegen im Industriegebiet des Vatikans. Dass es so etwas gibt, wissen die wenigsten. Obwohl ein großer Teil der Pilger schon einmal dort war – zumindest am Anfang der «Zona industriale». Die beginnt gleich hinter dem Gebäude der Vatikanzeitung L'Osservatore Romano. Bis zu dessen Fotobüro strömen die Pilger, Prälaten, Ordensfrauen und Bischöfe, um sich die Schnappschüsse der Generalaudienz mit dem Papst abzuholen. Wer einen Blick um die Ecke des Gebäudes wirft, findet sich in einer anderen Welt wieder. Nicht mehr Ordensgewänder, schwarze Soutanen und dunkle Anzüge bestimmen das Straßenbild, sondern Blaumänner, statt großen Limousinen stehen kleine blaue Fiat Uno und Transporter auf den Parkplätzen. Betritt man gleich das erste Gebäude durch eines der großen Rolltore, steht man mitten in der Schlosserei. Hier werden einfache Schmiedearbeiten verrichtet; aber auch größere Projekte. Das Tor, das an der Porta Sant' Anna am Abend ab 23 Uhr bis um 6 Uhr am Morgen den Haupteingang des Vatikans verschließt, wurde hier gefertigt. Gleich nebenan ist die Schreinerei, in der die Regale für die neue Bibliothek von Papst Benedikt XVI. gezimmert wurden, als er nach seiner Wahl in den Apostolischen Palast gezogen ist. Nach den Umbauarbeiten bedankte sich der Pontifex eigens bei den Arbeitern mit einer kleinen Sonderaudienz: «Ich kann nur bewundern, was ihr geschaffen habt, wie diesen schönen Fußboden. Ganz besonders gut gefällt mir meine neue Bibliothek mit der alten Decke. Nun, da die Regale mit den Büchern angekommen sind, ist es für mich, als wäre ich von Freunden umgeben.» Defekte Kniebänke aus dem Petersdom zu reparieren, gehört ebenso zum Repertoire wie der Innenausbau und die Renovierung der zahlreichen Vatikanwohnungen für Prälaten, Bischöfe und Kardinäle.

Das Herzstück des kleinen Industrieviertels ist allerdings die Elektro- und Heizungszentrale des Vatikanstaats. Hier laufen die wichtigsten Versorgungsleitungen zusammen. Auf einer großen Tafel blinken die Schaltkreise der Stromversorgung. «Flaminia ist auf Null!» – ruft ein Mann im Blaumann hinter seinem Computer. Carlo D'Alessandris, die rechte Hand des Technischen Direktors, bleibt ganz ruhig. «Flaminia» ist der Name einer von drei Verbindungen zum italienischen Stromnetz. «Gianicolo ist ebenfalls auf Null», stellt D'Allessandris fest. Am späten Vormittag reicht die Verbindung über «Monte Mario» völlig aus. Und für den Notfall stehen noch Dieselaggregate zur Verfügung. Diese können bei einem totalen Blackout zwar nicht im gesamten Vatikanstaat die Versorgung mit Strom aufrechterhalten; aber für die sogenannten sensiblen Bereiche langt es allemal. Dazu gehören der Apostolische Palast und einige andere sicherheitsrelevante Bereiche wie die Zentrale der Gendarmerie und die Kaserne der Schweizergarde. Allerdings kommen im Notfall nicht die großen Dieselmotoren zum Einsatz, die beim Blick in die Hallen zunächst ins Augen stechen, sondern kleinere Einheiten. Zwar werden die großen Dieselaggregate aus der Mitte des vergangenen Jahrhunderts noch regelmäßig gewartet; doch sie wurden schon lange nicht mehr getestet. «Die Oberen geben leider dazu nicht die Erlaubnis», erklärt Carlo D'Alessandris, und Chefingenieur Cuscianna fügt mit einem Schmunzeln hinzu: «Als wir die Maschinen das letzte Mal in den 80er Jahren angeworfen haben, gab es eine riesige dunkle Rauchwolke über der Versorgungszentrale und es machte einen wahnsinnigen Lärm. Die Nachbarn waren ganz besorgt; sie dachten, im Vatikan brennt es, und riefen die Feuerwehr.» Heiß geht es lediglich in der Heizzentrale zu. Dort stehen drei riesige Heizkessel, die den Apostolischen Palast und viele andere Gebäude des Vatikanstaats mit Fernwärme und heißem Wasser versorgen. «Einen Ausfall des Warmwassers im Päpstlichen Apartment?» Dem Blick des Technischen Direktors nach zu urteilen ist die Frage beinahe schon eine Beleidigung. Soweit er sich erinnern kann, gab es das noch nicht. «Immerhin gibt es ja mehrere Kessel, und im Falle eines Engpasses geht natürlich der Apostolische Palast immer vor.»

Der Papst fährt Mercedes
Im Fuhrpark des Pontifex

Lourdes, Paris, Sydney, New York und Genua – überall dieselben Bilder. Die Menschen stehen am Straßenrand und jubeln dem Papst zu. Der fährt mit dem weißen Papamobil durch die Massen, lächelt, winkt und genießt den Zuspruch. Das weiße Gefährt gehört mittlerweile zum Papst beinahe wie der Fischerring und die roten Schuhe. Im Vatikan wacht Giovanni Amici über das perlmuttweiße Gefährt. Er ist Chef des päpstlichen Fuhrparks. Zusammen mit seinen 40 Mitarbeitern sorgt er dafür, dass die rund 500 Staatsfahrzeuge sicher durch den vatikanischen und römischen Straßenverkehr kommen: angefangen von den Traktoren der Floreria und der Gärtnerei über die Limousinen für Prälaten und Kardinäle bis zum Kleintransporter der Bauarbeiter und natürlich den Papamobilen. Zu erkennen sind die Fahrzeuge am Kennzeichen: SCV – Stato della Città del Vaticano. Im Volksmund hält sich hartnäckig eine etwas andere Deutung des Kürzels, vor- und zurückgelesen: «Se Cristo vedesse, vi cacerebbe subito. – Wenn Christus das sähe, würde er euch sofort verjagen.»

Im Büro des obersten Fahrzeugführers des Papstes sieht es beinahe aus wie bei einem Autohändler. Stapelweise liegen Prospekte der neusten Modelle verschiedener Autohersteller im Regal. Streng genommen umfasst der zentrale Fuhrpark von Giovanni Amici neben den Autos des Papstes nur knapp 50 weitere Fahrzeuge; doch in seiner Werkstatt lassen auch die anderen Behörden des Vatikans ihre Fahrzeuge warten. «Wenn etwa Radio Vatikan neue Autos braucht, dann organisieren wir hier die Angebote. Bezahlen muss das Radio dann aber aus seinem Budget. Das gilt auch für die anderen Dikasterien. Gibt es dann Probleme mit den Wagen, haben wir hier Spezialisten», erklärt der oberste Fahrdienstleiter des Papstes. Über mangelnde Arbeit können sich seine Kollegen nicht beklagen. Und wenn gerade keine aktuellen Reparaturen anliegen, betätigen sich die Mitarbeiter als Restauratoren alter Papamobile. In der Werkstatt stehen gerade zwei Modelle, an denen seit Monaten fleißig gebastelt wird: ein Peugeot aus den 1930er Jahren und ein Mercedes aus den 1960ern. Beide sollen wieder fahrtüchtig gemacht werden. Für den Peugeot sei eigens ein Mitarbeiter des französischen Herstellers zur Unterstützung nach Rom gekommen, erklärt Amici. Edel sieht er aus. Die Türgriffe und Scheinwerfer sind vergoldet, im Innern alles mit dunkelrotem Samt überzogen, an dem allerdings an einigen Stellen sichtlich der Zahn der Zeit genagt hat. Gleich daneben steht ein hellblauer VW-Käfer, einer der letzten seiner Art. Mexikanische Volkswagenhändler hatten ihn Papst Johannes Paul II. geschenkt. Er stammt aus der Nostalgie-Edition, die 2003 in Puebla gefertigt wurde, nachdem VW die Produktion des Käfers eingestellt hatte.

Das Hauptaugenmerk gilt dem aktuellen Fuhrpark, versichert Amici. In der großen Fahrzeughalle parken ein Feuerwehrauto mit einer 30-Meter-Leiter, Lastwagen mit Hebebühnen, um die hohen Fassaden der Palazzi erklimmen zu können, sowie mehrere Busse. Im Keller stehen Krankenwagen und das Fahrzeug der Antiterroreinheit jederzeit zum Einsatz bereit. Daneben die Limousinen, die von den Prälaten und Kardinälen für Dienstfahrten in Rom und Italien geordert werden können. Die Wagen der zentralen Fahrbereitschaft werden immer mit Fahrer gestellt. Ein Drittel seiner Mitarbeiter stünde immer auf Abruf zur Verfügung, um auch kurzfristige Anfragen bedienen zu können. Feste Zuteilungen gibt es nur für vier Kollegen: zwei sind die Fahrer des Papsts, einer steht für den Kardinalstaatssekretär zur Verfügung sowie ein weiterer für die Mitglieder des Päpstlichen Hauses.

Wer einen Wagen mit SCV-Kennzeichen steuern will, braucht einen vatikanischen Führerschein. Das kreditkartengroße Dokument erhält allerdings ohne zusätzliche Prüfung, wer im Besitz eines gültigen Führerscheins ist. Für die zuständige KFZ-Behörde zeichnet Amici ebenfalls verantwortlich. Hier sind auch die rund 250 Fahrzeuge der Vatikanbürger registriert, die das Kennzeichen CV – Città del Vaticano – führen dürfen. Länderkennzeichen ist übrigens «V».

Das Herzstück des Fuhrparks ist die «Garage nobile». Auf dem Boden gibt es keine kalten blauen Fliesen mit Ölflecken sondern vornehmen dunklen PVC. Eine Klimaanlage sorgt für angenehme Temperaturen. Hier warten die Papamobile auf ihren Einsatz. Links stehen die bekannten weißen Mercedes Benz ML430 mit dem knapp drei Meter hohen Aufbau aus schusssicherem Glas. Zwei Stück gibt es, jedes drei Tonnen schwer. Mit knapp 280 PS schaffen sie es immerhin auf rund 80 Stundenkilometer Höchstgeschwindigkeit. Doch die besondere Herausforderung für die Fahrer ist weniger die hohe Geschwindigkeit als vielmehr das langsame Fahren. Dafür wurde eigens eine besondere Getriebeabstufung konstruiert, damit auch bei Schrittgeschwindigkeit das schwere Gefährt nicht ins Ruckeln kommt und der Pontifex Gefahr läuft, von seinem weißen Thron zu fallen, denn einen Sicherheitsgurt gibt es nicht. Die beiden Papamobile sind allradbetrieben, damit sie auch auf unwegsamem Gelände, wie es sich an so manchem Gottesdienstort bietet, ohne Probleme fahren können. Der Thron des Papstes ist höhenverstellbar, damit der Papst beim Einsteigen nicht so hoch klettern muss. Im Heckaufbau gibt es zudem zwei weitere kleine Sitze, die mit dem Rücken zur Fahrtrichtung angebracht sind. In der Regel nehmen diese Plätze der Sekretär des Papstes und der Ortsbischof der besuchten Diözese ein. Bei den Reisen des Papstes kommen oft beide Papamobile zum Einsatz; denn der Pontifex wechselt mitunter so schnell zwischen verschiedenen, weit entfernten Städten, dass ein Transport des Gefährts in der kurzen Zeit von A nach B nicht möglich ist. Ganz gleich, wo die weißen Papamobile zum Einsatz kommen, sie haben immer das Kennzeichen «SCV 1». Das gilt auch für die übrigen Wagen in der «Garage nobile». Da ist die schwarze Limousine vom gleichen deutschen Hersteller in der Ausführung eines S500, rundum gepanzert. Sie nutzt der Pontifex innerhalb des Vatikanstaats oder bei Fahrten in Rom und zur Sommerresidenz nach Castel Gandolfo. Seit Dezember 2007 gehört noch ein viertes Fahrzeug aus schwäbischer Fabrikation zum persönlichen Fuhrpark des Papstes: ein umgebauter Mercedes-Geländewagen in perlmutweiß. Mit dem offenen Jeep fährt das Kirchenoberhaupt bei der wöchentlichen Generalaudienz über den Petersplatz. Zwei Jahre lang haben die Ingeneure der Stuttgarter Autobauer an dem neuen Freiluft-Papamobil getüftelt. Für leichten Regen lässt sich sogar ein Glasdach aufsetzen, das in einer Ecke der Garage liegt, gleich neben dem alten Freiluft-Jeep, einem Fiat Campagnola, den Benedikt XVI. von seinem Vorgänger übernommen hatte.

Jüngste Nobelkarosse in der Garage des Papstes ist ein Lancia Thesis Giubileo. Bei der über fünf Meter langen schwarzen Limousine lässt sich das Verdeck öffnen, so dass der Pontifex von seinem Sessel, der sich im Fond in der Mitte befindet, aufstehen und grüßen kann. So steht in der päpstlichen Garage für jede Gelegenheit und jedes Wetter das passende Gefährt bereit. Die Wartung der Papamobile erfolgt in enger Kooperation mit den Herstellerfirmen, erklärt Giovanni Amici. «Sie können sich vorstellen, dass da eine ganze Menge Technik und Elektronik drinsteckt; aber die Zusammenarbeit ist vorbildlich.» Die beiden Fahrer des Kirchenoberhaupts haben eine spezielle Ausbildung bei den Herstellern erhalten, um den wichtigen Fahrgast auch im Notfall gut und sicher ans Ziel zu bringen. Bei den Auslandsreisen des Pontifex werden die beiden vatikanischen Papamobile von Sicherheitskräften des Gastlandes gefahren. Die Limousinen stellt das jeweilige Land bereit, mit eigenen Fahrern. Die Tatsache, dass in der «Garage nobile» gleich vier Fahrzeuge aus Deutschland stehen, habe nichts mit der Herkunft des Papstes zu tun, unterstreicht der Chef des vatikanischen Fuhrparks. Vielmehr gebe es mit Mercedes eine lange Zusammenarbeit. Pius XI.

habe 1930 erstmals von der Stuttgarter Firma eine Limousine geschenkt bekommen. Seitdem gebe es enge Kontakte. Behutsam schließt Giovanni Amici die «Garage nobile». Zutritt haben nur eine Handvoll Mitarbeiter. Schließlich gilt Sicherheitsstufe eins für die Fahrzeuge des Papstes.

L'OSSERVATO

UNICUIQUE SUUM

Redaktion: I-00120 Vatikanstadt
38. Jahrgang – Nummer 49 – 5. Dezember 2008   Wochenausg

Pastoralbesuch von Papst Benedikt XVI. in »San

Erinnerungen an historisc

Rom/Vatikanstadt. Papst Benedikt XVI. hat bei einem Pastoralbesuch in »San Lorenzo fuori le mura« an den Einsatz von Pius XII. während des Zweiten Weltkriegs erinnert. Bei der heiligen Messe in der Basilika erinnerte er an den Besuch des Pacelli-Papstes am 19. Juli 1943 im von den Alliierten bombardierten Stadtviertel im Osten Roms. Damals verließ der Papst zum erstenmal den Vatikan und begab sich an die Schreckensstätte, um die betroffene Bevölkerung zu trösten und den Opfern den Segen zu spenden. Rund 6000 Menschen sind bei dem Bombenanschlag getötet und Teile des Quartiers, darunter die Basilika, zerstört oder beschädigt worden. »Diese Geste des Papstes kann niemals aus dem historischen Gedächtnis ausgelöscht werden«, betonte der Heilige Vater.

Gleichzeitig verwies Papst Benedikt XVI. auf den in der Vorhalle der Basilika beigesetzten italienischen Ministerpräsidenten und Europa-Politiker Alcide De Gasperi (1881–1954). Als weiser und ausgewogener Politiker habe er Italien in den schwierigen Nachkriegsjahren geprägt und die

Papst Benedikt XVI. vor der Basilika »San L

DIE MEDIEN

Zu den größten Investitionen des Vatikans gehören die Medien. Ein eigenes Radio, verschiedene Internetangebote sowie ein Fernsehzentrum gehören ebenso dazu wie eine Tageszeitung. Auf Italienisch erscheint der Osservatore Romano sechsmal die Woche in einer Auflage von 15.000 Exemplaren. Trotz der geringen Auflagenzahl hat der Osservatore Romano Gewicht, ist er doch offizielles Mitteilungsorgan der Kurie. Er findet daher große Beachtung in der Weltpresse. Wochenausgaben gibt es unter anderem in Deutsch, Englisch und Französisch. Gedruckt wird die Tagesausgabe, wie auch die meisten Bücher der Vatikanischen Verlagsbuchhandlung, in der staatseigenen Druckerei. Der Verlag hat zudem die Aufgabe, die Rechte sämtlicher Texte des Papstes zu verwalten. Möchte ein Verlag eine Rede von Benedikt XVI. oder einen Text des Joseph Ratzinger aus der Zeit vor der Wahl zum Papst abdrucken, geht das nur mit der Zustimmung des Vatikanverlags und gegen Zahlung eines entsprechenden Entgelts. Ziel des Medienengagements ist es, die Botschaft des Papstes möglichst effektiv zu verbreiten.

Die Stimme des Papstes
Radio Vatikan

Montagmorgen, kurz vor zehn Uhr. Die Engelsburg wird von Touristen belagert. Auf der Brücke davor halten junge Afrikaner falsche Luxus-Accessoires feil: Gucci-Handtaschen, Ray ban-Sonnenbrillen, echt gefakte Rolex. Doch das Gros der Passanten strömt unbeeindruckt von dem Tand zur Via della Conciliazione, der großen Prachtstraße zum Vatikan. Die einzige Hürde für die Massen: eine vierspurige Straße. Doch die Menge drängt und schiebt ungeachtet der kurzen Grünphase in Richtung Petersplatz. Dann erhebt sich ein Hupkonzert, bis sich wieder Autos und Motorini den Weg bahnen. Es ist ein gewohntes Chaos für Birgit Pottler, Theologin aus Würzburg. Die 30-Jährige hat ihren Arbeitsplatz im angrenzenden Funkhaus von Radio Vatikan. Von hier aus geht die Botschaft des Papstes in die Welt. 400 Mitarbeiter sorgen dafür, dass in rund 40 Sprachen die Stimme von Benedikt XVI. überall auf dem Globus vernommen werden kann.

Birgit Pottler arbeitet in der deutschsprachigen Redaktion des Papstsenders. Sie ist heute für die Nachrichtensendung «Treffpunkt Weltkirche» um 16 Uhr verantwortlich. Der erste Weg führt in die Bibliothek. Die tägliche Zeitungslektüre ist auch für die Vatikanjournalisten unerlässlich: Le Monde, Herald Tribune, Frankfurter Allgemeine Zeitung und Neue Zürcher, dazu die italienischen Blätter. Die leisten sich fast alle einen eigenen Vatikanjournalisten, der dann auch jeden Grashalm im Vatikan wachsen hört. Nach dem Blick in die Journale geht es an die Nachrichtenrecherche. Auf dem PC laufen die Meldungen der internationalen Nachrichtenagenturen ein. «Wir haben hier rund 20 Quellen, darunter viele kirchliche Agenturen, aus denen wir Informationen beziehen, und natürlich die Kollegen aus dem Haus, die ja wiederum ihre Kontakte in alle Welt haben», führt Pottler aus. Wie der Sender international ausgerichtet ist, so müssen auch die Mitarbeiter möglichst mehrsprachig sein.

Die ersten Meldungen sind ausgedruckt. Die Themen liegen auf der Hand: Vatikan, Weltkirche, Soziales und Menschenrechte. «Was die Menschen morgens in der Zeitung lesen, sollte bei uns auch vorkommen, aber eben durch die kirchliche Brille betrachtet, ohne dass es aufgesetzt wirkt», erklärt die Theologin. Dabei liegt ein Schwerpunkt auf den Entwicklungen in den Ländern des Südens, die sonst in den deutschsprachigen Medien wenig vorkommen. Die Informationen bekommen die Redakteure von Radio Vatikan oft aus erster Hand. Bis in die letzten Ecken der Erde gibt es Vertreter katholischer Organisationen und Pfarreien. «Missionare in Afrika sind oft näher dran als ein Korrespondent in der Hauptstadt des Landes.» Gibt es Fragen, geht man einfach ein paar Zimmer weiter und fragt bei den zuständigen Kollegen nach. Gegenüber wird das brasilianische Programm gemacht, nebenan Englisch für Afrika und wieder eine Tür weiter ist die arabische Abteilung. «Diese Internationalität findet man bei keinem anderen Arbeitgeber; vielleicht noch bei der UNO», stellt die Journalistin mit einem Schmunzeln fest.

Montags um 11 Uhr ist Wochenkonferenz. Vertreter aller Redaktionen kommen zur Planungssitzung zusammen. Der Programmdirektor informiert über die Neuigkeiten aus dem Vatikan. Es gibt einen ausführlichen Ausblick auf die wichtigsten Ereignisse der bevorstehenden Woche und Analysen zu Vergangenem. Der Leiter der chinesischen Abteilung erklärt die Auswirkungen der Olympischen Spiele auf die Menschenrechtssituation im Land, die Chefin von «Englisch für Afrika» ordnet den Rücktritt von Südafrikas Regierungschef Thabo Mbeki ein. Dabei geht es immer um die Frage: Was bedeutet das für die Menschen im jeweiligen Land? Die deutsche Redaktion wird heute von ihrem Leiter vertreten, dem Jesuitenpater Eberhard von Gemmingen. Birgit Pottler versucht unterdessen, die ersten Interviewpartner zu organisieren. Da diese über den ganzen Globus verstreut leben, gibt es kaum Gelegenheit für persönliche Begegnungen; meist sind nur Telefoninterviews möglich, bedauert die Journalistin. Eine wahre Fundgrube für Informationen und Interviews ist der Programmaustausch zwischen den Redaktionen des Hauses. Alle speisen ihre Interviews in das zentrale digitale Tonarchiv ein. Jeder hat auf alle Töne Zugriff. Erreicht man also in einem Fall keinen deutschsprachigen Experten, kann man auf das Angebot der Kollegen zurückgreifen. Im Intranet gibt es die wichtigsten Informationen aus dem Vatikan: die Liste der Privataudienzen des Papstes für den Tag, die Bischofsernennungen, Reden und Texte des Papstes und der verschiedenen Dikasterien. Punkt 12 Uhr schallt das Angelusgebet über die zentrale Lautsprecheranlage des Funkhauses. Unten in der Studiokapelle, aus der am Morgen die lateinische Messe und jeden Abend das Rosenkranzgebet übertragen werden, haben sich Kollegen versammelt. Wer nicht dabei sein kann, soll wenigstens vom Büro aus mitbeten können.

Eine Viertelstunde später trifft sich die deutschsprachige Abteilung zur täglichen Konferenz. Sieben Redakteure, ein Praktikant und eine Redaktionsassistentin sind mittlerweile eingetroffen. Die Runde ist komplett. Birgit Pottler informiert über die Themen der 16 Uhr-Sendung. Der Chef vom Dienst gibt einen Ausblick auf die Ereignisse, die für das deutschsprachige Programm in den nächsten zwei Wochen wichtig sind. Er ist für die langfristige Planung verantwortlich: Eine Lücke im Terminkalender eines Bischofs, Politikers oder Experten zu finden, ist nicht immer einfach; und die Kontaktaufnahme mit Missionaren im Amazonasgebiet oder den Weiten Afrikas braucht mitunter seine Zeit. Nach der Sitzung packen alle freien Kräfte mit an. Agenturmeldungen werden übersetzt und redigiert, weitere Interviews geführt. Sobald die Nachrichten geschrieben sind, gehen sie sofort online. Für die deutschsprachige Abteilung ist das Internet wichtig, unterstreicht Birgit Pottler, denn Radio Vatikan ist in Deutschland, Österreich und der Schweiz, von wenigen Ausnahmen abgesehen, nur über Mittelwelle und Kurzwelle zu empfangen. Die Qualität ist für die UKW-Stereo-verwöhnten Ohren schlecht. Es kratzt und rauscht im Äther. Die notwendige Geduld bringen nur wenige Hörer auf. Im Internet sind die Sendungen des Papstradios rund um die Uhr live oder auch zeitversetzt als Podcast, d.h. als eine Abrufdatei hörbar – in allen 40 Sprachen. «Das ist für uns super; vor allem können wir damit auch jüngere Menschen erreichen», so die Redakteurin.

Andere Abteilungen haben da andere Prioritäten. Für die afrikanischen Kollegen und in weiten Teilen Asiens sind Mittel- und Kurzwelle nach wie vor die wichtigsten Übermittlungswege. Ausgestrahlt wird vom großen Sendegelände Santa Maria di Galeria rund 40 Kilometer nordöstlich von Rom. Dort stehen riesige Antennen, die die Worte des Pontifex rund um den Globus schicken können. Zwei Kurzwellenanlagen sind auf Schienenbogen montiert, so dass sie genau auf das Zielgebiet ausgerichtet werden können. Die kleinen Sendeanlagen in den Vatikanischen Gärten werden vor allem für die Ausstrahlung in Rom und Europa genutzt. In den Gärten steht auch das Gebäude, in dem 1931 alles begann. Papst Pius XI. hatte einen der Pioniere der drahtlosen Übertragung, Guglielmo Marconi, damit beauftragt, ein Radio für den erst zwei Jahre zuvor neu entstandenen Vatikanstaat aufzubauen. Das Kirchenoberhaupt wollte für die Verkündigung der christlichen Botschaft die modernsten Mittel der Zeit nutzen. Zur Eröffnung kam er persönlich in das Sendehaus beim Johannesturm. Seitdem sendet das Radio ohne Unterbrechung, auch wenn es in der Geschichte immer wieder Versuche gab, die Stimme des Papstes zum Verstummen zu bringen. Anfangs waren es die Gefolgsleute Hitlers in Deutschland und die Schergen Stalins in Russland. Als der Eiserne Vorhang nach Ende des Zweiten Weltkriegs immer undurchlässiger wurde, eröffnete man immer mehr Abteilungen in den Sprachen Osteuropas und sendete ab Mitte der 50er Jahre mit den eigenen Sendeanlagen über die Mauer hinweg. Wenn der Papst über die Einhaltung der Menschenrechte, von Religions- und Meinungsfreiheit spricht, ist die Botschaft nicht überall willkommen. Gerade deswegen wurden in den letzten Jahren die Angebote vor allem in Chinesisch und Arabisch stark ausgebaut. Die Menschen dort sollen Informationen direkt von der Quelle bekommen und nicht vermittelt über andere Organe. Darauf legt der Vatikan nicht zuletzt seit den Ereignissen im Nachklang zur Regensburger Rede von Benedikt XVI. im September 2006 wert. Aus vatikanischer Sicht führte damals eine verkürzende Wiedergabe eines von Benedikt XVI. verwendeten Zitats über Mohammed zu «Missverständnissen», deren Folge antichristliche Proteste in der islamischen Welt waren.

16 Uhr – «Laudetur Jesus Christus, hier ist Radio Vatikan», ertönt es aus den Lautsprechern. Im Studio herrscht Konzentration. Es geht los. Das letzte Interview wurde gerade noch vor 20 Minuten aufgezeichnet. Die Telefonleitung nach Kinshasa war ständig zusammengebrochen. Doch die Geduld hatte sich in diesem Fall ausgezahlt. «Tutto a posto? – Alles okay?» Die Frage des Technikers beim Betreten des Studios war eher rhetorischer Art. Neben der Moderatorin der Sendung, Birgit Pottler, sitzt Stefan von Kempis. Er wird später die Nachrichtenblöcke verlesen. Auf dem Bildschirm blinkt gelb ein Kästchen «Papst – Lebensschutz». Das ist der erste kleine Beitrag, den der Techniker in der Regie auf Handzeichen hin startet. Er ist Italiener, wie die meisten Technikkollegen. Was gerade über den Sender geht, versteht er nicht. Englisch, Französisch und natürlich Italienisch – das sind seine Sprachen; die übrigen knapp 40 kennt er nicht, verständlicherweise. Das erfordert besondere Aufmerksamkeit der Redakteure im Studio, denn nur sie erkennen, wenn die falsche Tondatei abgerufen wird und statt dem Papst über Lebensschutz plötzlich ein deutscher Theologe über Bioethik spricht. Nach der Sendung gibt es gleich Manöverkritik. Wie war die Themenauswahl? Wie die Moderation und Präsentation? Nach zehn Minuten richtet

sich der Blick nach vorne. Um 18 Uhr läuft die nächste Sendung. Die Themen werden kurz diskutiert. Birgit Pottler macht das Sendungsprotokoll. Eine Zensur der Berichterstattung gibt es nicht. Aber nach getaner Arbeit möchten die Oberen doch gerne wissen, was über den Äther gegangen ist. Wenige Minuten später geht der Newsletter mit den Nachrichten des Tages an die 10.000 Abonnenten, die sich täglich vom Sender des Papstes über die Ereignisse in der Weltkirche informieren lassen.

Für die Redakteurin ist allerdings noch lange kein Feierabend. Am nächsten Tag gibt es einen Gottesdienst mit Papst Benedikt XVI. im Petersdom. Der wird live im Radio übertragen mit deutschem Kommentar. Birgit Pottler ist dieses Mal an der Reihe. Im Intranet findet sie die liturgischen Texte, die sie noch übersetzen muss. Das gilt auch für die Predigt des Papstes, die meist erst wenige Stunden vor dem Gottesdienst zur Verfügung steht. Eine Live-Übetragung im Radio will sorgfältig vorbereitet sein. Radio Vatikan ist nicht irgendeine Station, sondern der Sender des Papstes, da müssen die Informationen auch korrekt sein. Trotz der aufwendigen Vorbereitung ist eine Gottesdienstübertragung immer etwas Besonderes. Schon alleine des Ambientes des Kommentatorenplatzes wegen. Der befindet sich nämlich im hinteren Teil des Petersdoms in der Nähe des Glockenturms. Aus einem Dutzend Kabinen, kaum größer als eine Telefonzelle, verfolgen die Redakteure den Gottesdienst am Bildschirm mit und kommentieren das Ereignis. Der Weg dorthin könnte erhabener kaum sein: Er führt durch die Seconda Loggia des Apostolischen Palasts mit ihren Renaissance-Fresken. Ein freundlicher Schweizergardist in Galauniform weist den Weg. Durch die Sala Ducale, an deren Decke ein aus Stein nachempfundener Gobelin-Teppich hängt, in seiner Ausarbeitung so fein geschlagen, als könnte ein leichter Windhauch die Falten in Bewegung bringen, führt der Weg in die Sala Regia. Das Tor zur Cappella Paolina steht meistens offen. Hier versammeln sich die Kardinäle vor dem Konklave, um feierlich in die Sixtinische Kapelle einzuziehen. Die liegt gleich hinter der gewaltigen braunen Holztür, vor der ein Schweizergardist dezent den Weg weist, um auch erst gar nicht die Versuchung aufkommen zu lassen, in die berühmteste Kapelle der Welt eindringen zu wollen. Vorbei an dem eindrucksvollen Fresko, das die Schlacht von Lepanto zeigt, geht es zur Benediktionsaula, einem langgestreckten Saal, der sich genau über dem Atrium des Petersdoms befindet. Zur Rechten geben die großen Fenster den Blick ins Innere der Basilika frei; zur Linken verdecken dünne weiße Vorhänge den Blick auf den Petersplatz. Genau in der Mitte der Aula liegt die Tür zu der berühmten Mittelloggia des Petersdoms, von dem aus der neue Papst nach der Wahl verkündet wird und von dem das Kirchenoberhaupt an Weihnachten und Ostern seinen Segen Urbi et Orbi spendet. Papst Johannes Paul II. nutzte meist die Gelegenheit, nach dem Segen den Radiokommentatoren ein frohes Weihnachtsfest zu wünschen. Direkt hinter der Aula befinden sich die Kommentatorenkabinen. Passiert man den schweren Vorhang, ist es vorbei mit der glanzvollen Umgebung. Hier herrscht Arbeitsatomsphäre. Der Staub der Jahrhunderte liegt auf den Balken und Säulenbasen. Doch das stört bei der Gottesdienstübertragung wenig. Die ganze Aufmerksamkeit gilt dem Geschehen im Petersdom. Das Drumherum ist schnell vergessen.

Doch noch ist es nicht so weit. Birgit Pottler übersetzt die Fürbitten, als es plötzlich laut wird auf dem Flur. Pater von Gemmingen führt eine Besuchergruppe durchs Haus. «Das Interesse wird immer größer», berichtet die Redakteurin. Regelmäßig wollen Pilger aus dem deutschen Sprachraum das Radio des Papstes aus nächster Nähe erleben. Im Gänsemarsch geht es durch die beiden Redaktionsräume. Ein freundliches Lächeln, nach wenigen Minuten ist es wieder still. Doch dann das ewige Telefon. Im Notfall immer zu Radio Vatikan, scheint die Devise zu sein, wenn die Ordensschwestern in der vatikanischen Telefonzentrale nicht weiterwissen. So wird die Redakteurin noch kurzerhand zur Seelsorgerin, weil ein Katholik vom Rhein sich von seinem Pfarrer nicht verstanden fühlt und eben einmal mit dem Papst darüber sprechen wollte. Um kurz vor sieben schaltet die Redakteurin endlich den PC ab. Noch schnell ein Blick in die Fernsehnachrichten, und dann geht es zum gemütlicheren Teil des Arbeitsalltags: ein Hintergrundgespräch mit Erzbischof Gianfranco Ravasi, dem Kulturminister des Heiligen Stuhls. Nur wer Hintergründe kennt, kann Nachrichten auch einordnen. Deshalb trifft sich die Redaktion regelmäßig mit Prälaten, Bischöfen und Kardinälen aus dem deutschen Sprachraum, der Weltkirche und dem Vatikan. Das kann beim Abendessen in einer römischen Trattoria sein oder bei einem Ausflug an den nahegelegenen Bracciianer See. An lauen Sommerabenden diskutieren die Redakteure direkt am Ufer lange über Ökumene, Interreligiösen Dialog und die Grundlinien des Pontifikats. Spät am Abend steigt Birgit Pottler auf ihr Motorino. Wenigstens hat sich der Stau vor dem Funkhaus aufgelöst.

Hintergrund statt Schlagzeilen
Das Vatikanische Presseamt

«Bollettino, Bolletino» — dröhnt die Stimme des Pförtners aus den Lautsprechern im Vatikanischen Presseamt. Pünktlich um 12 Uhr mittags gibt es das tägliche Pressekommuniqué. Die Journalisten stürzen zum Tresen neben dem Eingang. Dort liegen auf mehrere Papierstapel verteilt die wichtigsten Informationen des Tages: die Liste der Papstaudienzen, die Reden des Pontifex oder von Vertretern des Vatikans bei internationalen Organisationen und vor allem: die Rücktritte und Ernennungen. Die Spannung ist meist groß, denn ständig werden irgendwo Personalveränderungen erwartet. Eine ganze Reihe von führenden Vertretern der Kurie etwa hat die Pensionsgrenze von 75 Jahren bereits überschritten und könnte täglich abgelöst werden. «Personalentscheidungen sind immer auch Indikatoren für die inhaltliche Ausrichtung des Pontifikats», erklärt Isabelle de Gaulmyn, Korrespondentin der französischen katholischen Tageszeitung La Croix. Wie ihre Kollegen überfliegt sie eilig ein erstes Mal die Papiere, um sich einen Überblick zu verschaffen. Heute keine Sensation. Da bleibt noch etwas Zeit für ein Gespräch mit Kollegen, bevor die Journalistin an ihren Arbeitsplatz zurückkehrt. In einem Raum direkt neben dem großen Saal für die Pressekonferenzen gibt es kleine Arbeitskabinen. Auf 2 x 2 Meter haben sich Nachrichtenagenturen wie AFP, Reuters und AP ebenso eingemietet wie Le Figaro oder eben La Croix. Die Kabine ist mit einem kleinen Fernseher ausgestattet, über den Isabelle die Papstzeremonien verfolgen kann. Das ist bei Benedikt XVI. wichtig, denn hin und wieder weicht er vom Redetext, den die Journalisten mit Sperrfrist vorher erhalten haben, ab. In ihrem Minibüro tippt de Gaulmyn schnell ein paar Zeilen über die Papstrede an Bischöfe aus Brasilien, die er in Audienz empfangen hatte, und schickt sie nach Paris. Vor der Kabine betreiben an einem rund acht Meter langen Tisch noch einige Kollegen Textexegese an der Papstrede. Die erfahrenen Hasen wissen, dass die entscheidenden Aussagen meist zwischen den Zeilen stehen.

In den letzten Monaten ist es ruhiger geworden im Presseamt, beobachtet die Französin. «Benedikt XVI. hat nicht so viele öffentliche Auftritte wie sein Vorgänger. Er hat alles ein wenig entschleunigt.» Das bedeutet, es gibt weniger Reden und auch weniger Pressekonferenzen. Was nicht zugleich heißt, dass es weniger Bedarf an Diskussionen über die Aussagen und Schwerpunkte des Pontifex gibt, stellt die Journalistin gleich klar. Der Meinung einiger Kollegen angesichts flauer Nachrichtenlage in manchen Wochen, das Presseamt befinde sich unter Papst Benedikt XVI. im Dornröschenschlaf, möchte sie sich nicht anschließen. Es bleibe mehr Zeit für Hintergrundgeschichten, auch wenn die oft nur schwer der Heimatredaktion zu verkaufen seien. Das hört der Leiter des Presseamts gerne. Jesuitenpater Federico Lombardi liebt nicht so sehr die schnelle und plakative Schlagzeile. Er wünscht sich mehr Tiefe in der Berichterstattung über den Papst und den Vatikan. Deshalb ist er bemüht, möglichst viele Hintergrundinformationen anzubieten. Dabei kann er auf den reichen Wissensfundus seiner Mitarbeiter der Informations- und Dokumentationsabteilung (Sedoc) von Radio Vatikan zurückgreifen; denn Lombardi ist zugleich der Chef des päpstlichen Radios und auch des Vatikanischen Fernsehzentrums. Wann immer es geht, sucht er Synergien herzustellen. Davon profitieren nicht zuletzt die beim Presseamt akkreditierten Journalisten. Zu den Papstreisen etwa erstellt der Sedoc umfangreiche Dokumentationen über Land und Leute sowie die Situation der Kirche, die Lombardi den Presseleuten zur Verfügung stellt. Die haben damit einen soliden Grundstock an Informationen, der natürlich nicht von der eigenen Recherche entbindet, denn, kaum verwunderlich, die kritischen Stimmen fehlen in den vatikanischen Dossiers. Vor schwierigen Fragen schreckt der Jesuitenpater allerdings nicht zurück. Geduldig erklärt er auch zum x-ten Mal in das Mikrofon eines Fernsehsenders, warum der Vatikan keine Notwendigkeit für eine weitere Erklärung zum Thema «Karfreitagsfürbitte im sogenannten tridentinischen Ritus» sieht, obwohl Kritiker aus aller Welt entsprechende Forderungen stellen. Dass die Vatikanjournalisten zu unkritisch seien, findet Isabelle nicht. Die Beziehungen oder Verflechtungen zwischen der Presse und dem Objekt der Berichterstattung seien weit weniger eng, als es etwa im Bereich der Politik und der Wirtschaft sei, erklärt de Gaulmyn. Dabei spricht sie aus eigener Erfahrung. Denn bevor sie nach Rom kam, hat sie für La Croix in Paris in den beiden Bereichen gearbeitet.

Knapp 20 Mitarbeiter hat das Vatikanische Presseamt. Sie sind Ansprechpartner für die rund 400 permanent akkreditierten Korrespondenten und Vaticanisti. Je nach Ereignis kommen zeitweise noch hunderte Journalisten hinzu, etwa bei Bischofssynoden, Heiligsprechungen oder den Konsistorien zur Kreierung neuer Kardinäle. Die großen italienischen Tageszeitungen und Agenturen leisten sich eigene Vatikankorrespondenten. Diese Vaticanisti sind oft wandelnde Enzyklopädien, weil sie über Jahre, manche sogar über Jahrzehnte die Päpste journalistisch begleitet haben. Während sie untereinander in einem gewissen Konkurrenzverhältnis stehen, sind sie für ausländische Kollegen oft wichtige Informationsquellen. Kaum betreten etwa Luigi Accattoli vom Corriere della Sera oder Marco Politi von La Repubblica das Presseamt, bildet sich eine kleine Menschentraube um sie herum. Man hört gespannt, was sie zu berichten haben, und fragt nach Einschätzungen, um die eigene Position etwa zu einer Papstrede oder einer Personalentscheidung zu überprüfen. «Natürlich könnte ich auch viele Dinge von zu Hause aus machen; aber das Presseamt ist ein wichtiger Umschlagplatz für Informationen. Obwohl weniger los ist, ist die regelmäßige Anwesenheit unverzichtbar», erklärt de Gaulmyn. Bleiben am Ende Fragen offen, helfe mitunter ein Anruf bei Pater Lombardi oder seinem Stellvertreter Pater Benedettini. Die sind auch außerhalb der Öffnungszeiten des Presseamts zu erreichen. Denn woran sich die Heimatredaktionen der Korrespondenten nur schwer gewöhnen, ist, dass in den vatikanischen Büros in der Regel bis 14 Uhr gearbeitet wird; entsprechend schließt das Presseamt um 15 Uhr seine Pforten, im Sommer sogar noch eine Stunde früher. Alle Fragen, die bis zu diesem Zeitpunkt nicht geklärt sind, müssen im Normalfall bis zum nächsten Tag auf eine Antwort warten. Deshalb ist es für die Vatikanjournalisten unumgänglich, sich ein möglichst weitverzweigtes Netz an Kontakten in den Behörden des Heiligen Stuhls aufzubauen. So können sie auch nach Dienstschluss noch den einen oder anderen Monsignore per Handy erreichen, um entsprechende Informationen zu erhalten. Aber selbst während der Bürozeiten bekommt man meist nur dann eine Antwort auf seine Frage, wenn der Journalist dem Prälaten persönlich bekannt ist. Der Vatikan denkt in Jahrhunderten, da glaubt so mancher Monsignore, dass es bei Interviewanfragen auf zwei oder drei Tage nicht ankommt; zum Leidwesen der Korrespondenten, deren Redaktionen in der Heimat in Stunden rechnen. Ganz schwierig wird es, wenn auch noch ein Foto oder gar Fernsehaufnahmen gemacht werden sollen. Diese müssen jedes Mal eigens genehmigt werden. Dafür ist allerdings nicht das Presseamt zuständig, sondern der Päpstliche Rat für die Sozialen Kommunikationsmittel. Dort muss laut Vorschrift mindestens 48 Stunden vor der Aufnahme ein Antrag gestellt werden. Auch hier gilt: Kontakte zahlen sich aus. Wer den Mitarbeitern des Medienrats bekannt ist, bekommt auch einmal kurzfristig eine Drehgenehmigung.

Bei wichtigen Ereignissen wie Staatsbesuchen oder Bischofssynoden wird es mitunter eng für die Journalisten. Meist darf eine kleine Gruppe direkt am Ereignis teilhaben. Um die wenigen so genannten Pool-Plätze kann man sich bewerben. Am Tag vor dem Ereignis erhalten die auserwählten Journalisten einen Anruf von Schwester Giovanna. Die kleine, stets freundlich lächelnde Ordensfrau ist im Presseamt für Akkreditierungen zuständig. Sie begleitet die Gruppe dann auch zum Ereignis. Beim Gang durch die Paläste mustert sie unauffällig die Kleidung der Journalisten. Bedeckte Schultern und Knie bei Frauen sowie Anzug oder Kombination bei Herren, in gedeckter Farbe, sind selbstverständlich und gehören zur Grundausstattung der am Vatikan akkreditierten Journalisten. Selbst Kameramänner erscheinen in Anzug und Krawatte. Da wird nicht nur im Sommer das Handwerk zu einer schweißtreibenden Angelegenheit. Heute ist ein Staatschef zu Besuch bei Papst Benedikt XVI. Im Zimmer vor der Privatbibliothek haben sich die Fotografen und Kameraleute postiert. Pünktlich um 11.30 Uhr öffnet sich die Tür zur Privatbibliothek. Die Fotografen richten die Kameras ein. Doch niemand erscheint. Von der anderen Seite nähert sich der Tross mit dem hohen Gast. Kaum hat der das Vorzimmer zur Bibliothek betreten, eilt ihm von der gegenüberliegenden Seite der Papst entgegen. Hände werden geschüttelt, ein Blick in Richtung Kameras, lächeln bitte. Die Journalisten spitzen die Ohren, um die Worte des Pontifex und seines Gastes genau zu verstehen – beim Klicken der Kameras kein einfaches Unterfangen. Dann führt der Papst den Gast in die Bibliothek, sie setzen sich an den mächtigen Schreibtisch aus schwerem dunklem Holz. Schnell rücken die Journalisten auf, um möglichst keine Geste und kein Wort zu verpassen. Ein Dutzend Kollegen drängen in einen engen Türrahmen; denn den Raum dürfen sie eigentlich nicht betreten. Dann schließt sich die Tür. Das Vier-Augen-Gespräch beginnt. Jetzt werden Eindrücke ausgetauscht. Wer hat was verstanden von den Worten der beiden Staatsoberhäupter. Nach 20 Minuten öffnet sich die Tür wieder. Die Delegation des Gastes wird hereingerufen und dem Pontifex vorgestellt. Jetzt dürfen auch die Journalisten in die Privatbibliothek. Möglichst unauffällig halten sie sich im Hintergrund, die Ohren gespitzt, die Feder gezückt: Worte, Gesten und dann die Geschenke. Später Anlass für manche Spekulationen. Am Ende noch ein kurzer

Händedruck Seiner Heiligkeit, dann geht es wieder zurück zum Presseamt. Dort warten die Journalistenkollegen, die über jede Einzelheit informiert werden möchten. Oben in der Seconda Loggia spricht Pater Lombardi mit dem Papst über die Inhalte des Treffens mit dem Staatsgast. Schnell formuliert er eine Erklärung, die später über das Presseamt verbreitet wird. Vor der Veröffentlichung wird der Text noch mit dem Staatssekretariat abgestimmt, der Staatskanzlei des Heiligen Stuhls. Isabelle de Gaulmyn notiert sich eilig die Details über die Begegnung. Sie wird sie nicht für einen Bericht nutzen können, denn die Redaktion in Paris hat sich gegen eine Nachricht über den Besuch entschieden. Doch für ein zukünftiges Hintergrundstück sind die Informationen nützlich.

Bilder, die Geschichte machen
Das Vatikanische Fernsehzentrum

Oscars und Bambis sind es nicht, die bei der päpstlichen Fernsehtruppe in den Regalen stehen, aber Fußballpokale von Vatikan-Turnieren, immerhin. Vielleicht geben die am deutlichsten Kunde davon, wie viel bei der täglichen Arbeit von Mannschaftsgeist und Kondition abhängt. Denn das kleine Team des «Centro Televisivo Vaticano», des vatikanischen Fernsehzentrums CTV, hat dafür zu sorgen, dass das Bild des Papstes gut in die Welt kommt. Bei einer Besetzung mit gerade einmal 20 Mitarbeitern ist das, je nach Anlass und öffentlichem Interesse, auch mal ein Nervenspiel und ein Knochenjob. Selten sind zum Glück solche Rekord-Aktionen wie beim Tod von Johannes Paul II. Damals stemmte CTV eine der längsten Übertragungen der Fernsehgeschichte überhaupt. Mehrere Tage am Stück, rund um die Uhr, sendeten die Kollegen, wie Millionen Menschen am Sarg vom verstorbenen Pontifex Abschied nahmen – zunächst aus der Sala Clementina im Apostolischen Palast, dann aus dem Petersdom. Seit den behäbigen Anfängen vor 25 Jahren hat sich das kleine TV-Zentrum gemausert. Mittlerweile bietet es seine Produktionen im neuesten technischen Standard in High-Definition-Qualität an.

«Die Jungs kennen sich zum Teil schon seit 20 Jahren. Das ist eine eingeschworene Gemeinschaft», sagt Pater Federico Lombardi, der CTV-Chef. Der hagere Jesuit ist zugleich Direktor von Radio Vatikan und Leiter des Presseamts des Heiligen Stuhls, also eine Schlüsselfigur im vatikanischen Medienbetrieb. «Jeder kennt die Stärken und Schwächen des anderen; man vertraut sich blind. Nur so können wir die Herausforderungen meistern, vor denen wir immer wieder stehen.» Die tägliche Herausforderung beginnt an einem normalen Mittwochmorgen mit der

Planungskonferenz im Redaktionsgebäude in der Via del Pellegrino, gleich hinter dem Anna-Tor. Um acht Uhr treffen sich die Mitarbeiter, um die Aufgaben zu verteilen. An diesem Tag stehen die wöchentliche Generalaudienz des Papstes, eine kurze Privataudienz und eine Pressekonferenz an – eher Routine. Die Techniker bauen die Kameras auf dem Petersplatz auf: fünf kommen bei einer normalen Generalaudienz zum Einsatz. Eine ist fest auf der linken Kolonnadenreihe installiert. Sie wird aus dem Regieraum im 4. Stock des kleinen Fernsehzentrums ferngesteuert. Eine weitere Kamera kommt über die rechten Kolonnaden, zwei direkt vor den Sagrato, den bühnenartig hoch gelegenen Vorplatz des Petersdoms. Nummer fünf macht, drahtlos, Bilder aus nächster Nähe des Pontifex. Um kurz vor zehn Uhr sind technische Proben. Alles funktioniert. In der Regie, 200 Meter Luftlinie vom Geschehen, haben weitere Kollegen Platz genommen. Einer übernimmt die unbemannte Kolonnadenkamera; ein Kommentator sitzt in der Sprecherkabine, um bei den fremdsprachigen Teilen der Generalaudienz zu übersetzen. Simone kümmert sich darum, dass die Bilder ordentlich aufgezeichnet werden, um sie für die Nachwelt im Archiv zu erhalten. Stefano übernimmt die Regie; er entscheidet, welches Bild über die große Satellitenschüssel auf dem Dach des Palazzo nach Nord- und Südamerika geht. Europa und Asien werden über einen Satellitenkanal des katholischen italienischen Privatsenders Telepace abgedeckt. So erreicht der Papst via Weltraum katholische Sendeanstalten rund um den Globus. Die Glocken von Sankt Peter schlagen halb elf, als der Jeep des Pontifex auf den Petersplatz rollt. Benedikt XVI. lächelt von den Großbildschirmen. Die Menge jubelt. Einstellung für Einstellung folgen die Männer von CTV dem Corso über den Platz. Einmal springt der Kollege mit der drahtlosen Kamera von hinten auf den offenen Geländewagen, sein gut zwölf Kilogramm schweres Gerät auf der rechten Schulter. «Super», hört er die Stimme von Stefano aus der Regie über seinen Knopf im Ohr. Er filmt den Pontifex aus nächster

Nähe, wie er ein kleines Kind auf die Stirn küsst, dass ihm ein Sicherheitsbeamter gereicht hat.

Selbst TV-Giganten scheitern an dem katholischen Zwergstaat, wenn es um Aufnahmen mit dem Papst geht. Da hat CTV das Monopol. Allerdings sind Kooperationen möglich. Die gibt es regelmäßig bei der Übertragung der großen Gottesdienste zu Ostern und Weihnachten mit dem italienischen Fernsehen RAI, in Einzelfällen je nach Ereignis auch mit anderen Anstalten. Innerhalb des Vatikans hat CTV in den vergangenen Jahren die wichtigsten Veranstaltungsorte mit einem festen Kabelnetz verbunden: Petersplatz, Petersdom, die Audienzhalle und die Sala Clementina, wo der Papst oft kleinere Gruppen empfängt. Zur Sommerresidenz Castelgandolfo eine knappe Autostunde südlich von Rom gibt es eine Standleitung. Alle Fäden laufen im Master-Kontrollraum in der Zentrale in der Via del Pellegrino zusammen. Für Außenübertragungen stehen zwei Übertragungswagen mit bis zu zehn Kameras zur Verfügung sowie eine mobile Produktionseinheit mit bis zu vier Kameras. Diese kommen bei den Gottesdiensten in den Papstbasiliken in Rom zum Einsatz oder bei inneritalienischen Reisen des Kirchenoberhaupts. Dabei versucht CTV immer mehr, alle Stationen mit eigenen Kameras abzudecken. Bei der Papstreise nach Genua im Sommer 2008 mit Programmpunkten an sieben verschiedenen Orten kam das Team an seine logistischen Grenzen, wie Lombardi einräumt. Früher sei bei den Reisen in Italien meist nur die Sonntagsmesse von der RAI übertragen worden. Jetzt geht der Trend bei CTV zur kompletten Live-Abdeckung. Dafür sucht der Vatikan auch die Kooperation mit anderen katholischen Sendern oder Produktionsfirmen, etwa mit den Salesianern Don Boscos aus Turin. Die Ordensbrüder des Kardinalstaatssekretärs besitzen einen Ü-Wagen mit modernster HD-Technik und bis zu 16 Kameras. Den stellen sie auch bei großen Gottesdiensten im Vatikan zur Verfügung.

CTV dokumentiert alle öffentlichen Aktivitäten des Papstes. Dementsprechend ist der größte Schatz der vatikanischen Fernsehmacher das Archiv. Über 16.000 Bänder lagern dort mittlerweile. Jedes Jahr kommen etwa 600 neue Kassetten dazu. «Ab 1983 haben wir alles», erklärt Roberto Romolo, Verwaltungschef und Faktotum bei CTV. Generalaudienzen und Gottesdienste, Audienzen von Politikern und Prominenten, Reisen des Pontifex in Italien und im Ausland – überall war CTV dabei. Dessen Kameramann ist der einzige, der sich in unmittelbarer Nähe des Papstes frei bewegen darf. Für die Berichterstattung der Fernsehsender aus aller Welt liefert er damit oft wichtige Detailbilder. Die können die Aufnahmen von CTV gegen Bezahlung erwerben. Der Preis richtet sich nach Größe der Sender und dem erwarteten Verbreitungsgebiet. Kirchliche TV-Stationen bekommen in der Regel Sonderkonditionen. Für Autoren von Dokumentationen über den Vatikanstaat und den Papst ist das Archiv eine Goldgrube. Nach und nach hat CTV auch bewegte Bilder wichtiger kirchlicher Ereignisse vor der eigenen Gründung 1983 aufgekauft. Allerdings werden nicht alle Bilder zum Handel freigegeben, erklärt Romolo. Aufgezeichnet wird zwar möglichst umfassend, aber nicht alles ist für die Öffentlichkeit bestimmt, zumindest nicht sofort. So sei es beispielsweise beim Tod von Papst Johannes Paul II. gelungen, bewegende Bilder vom Abschied des privaten Umfelds zu drehen oder bei der Schließung des Sargs unmittelbar vor der Beerdigungsfeier. Vorerst bleiben diese Zeitdokumente unter Verschluss – bis ein Papst entscheidet, sie zu publizieren. Romolo verweist auf die Praxis beim Fotodienst des Osservatore Romano: Auch dort existiert ein Magazin verborgener Bilder mit Sperrvermerken des Päpstlichen Hauses selbst oder der Präfektur. Die beiden Einrichtungen legen bisweilen auch schon vorher ein Veto gegen die Bildchronisten ein. So gibt es angeblich von der Begegnung Papst Benedikts XVI. mit seinem Studienkollegen und Kirchenkritiker Hans Küng im Spätsommer 2005 in Castelgandolfo keine Aufnahmen, weil es sich um eine sehr private Begegnung handelte. Nicht verwechseln darf man das CTV-Archiv mit dem Filmarchiv des Vatikans, unterstreicht Roberto Romolo. Das wird vom Päpstlichen Rat für die Sozialen Kommunikationsmittel geführt. Etwa 7.000 Filme lagern dort. Meist sind es historische Riemen über Päpste und die katholische Kirche. Der älteste ist von 1896 über Papst Leo XIII. Zum Filmarchiv gehört auch ein eigener Kinosaal für den Papst und seine persönlichen Gäste – ob er von Benedikt XVI. allerdings je benutzt wurde, ist nicht in Erfahrung zu bringen.

Mittlerweile ist die Generalaudienz auf dem Petersplatz zu Ende. Simone ist mit einem Kollegen in einen der vier digitalen Schnittplätze im dritten Stock verschwunden. Sie suchen die wichtigsten und schönsten Szenen heraus und kopieren sie auf neue Bänder. Diese News-Cuts können Fernsehanstalten im Verkaufsbüro im Erdgeschoss abholen, um ihre Nachrichtenbeiträge aus dem Material zu schneiden. Gleichzeitig brennt Simone noch mehrere Dutzend DVDs der Generalaudienz. Pilger können sie als Andenken an «ihre» Audienz mit dem Papst für 30 Euro ebenfalls bei den Sekretärinnen im Erdgeschoss erwerben. Für Simone ist damit der Arbeitstag aber noch nicht beendet. Zurück im Schnittraum, fertigt er ein kleines Nachrichtenstück als Videoclip, der in knapp drei Minuten die wichtigsten Aussagen zusammenfasst. Später wird er auf der Internetseite von Radio Vatikan und anderen kirchlichen Web-Portalen zu sehen sein. Und weil damit noch nicht genug ist, schneidet Simone anschließend noch eine längere Version für die Sendung «Octava dies», ein halbstündiges Nachrichtenmagazin, das CTV einmal pro Woche allen kirchlichen Fernsehsendern weltweit zur Verfügung stellt. Darin geht es um die wichtigsten Ereignisse im Vatikan. Dazu gehören nicht nur die päpstlichen Aktivitäten, sondern auch Kongresse und Dokumente der einzelnen Dikasterien. Deshalb zieht Simone am Nachmittag mit einem Kameramann los zur Pressekonferenz, bei der eine neue Bibelausgabe im Vorfeld der Weltbischofssynode über das Buch der Bücher vorgestellt wird. Die übrigen Technik-Kollegen haben unterdessen Feierabend. Oft genug hat die Arbeitswoche auch sieben Tage. Da sind ein paar freie Stunden am Nachmittag im Kreise der Familie gerade recht – wenn nicht ein Fußballspiel ansteht gegen die Kollegen von Radio Vatikan oder die Auswahl der Schweizergarde.

DIE SICHERHEIT

Der Vatikan gehört zu den am besten gesicherten Territorien der Welt. Hohe Mauern umgeben den Staat des Papstes. Einlass bekommen nur Mitarbeiter oder Besucher nach Voranmeldung – von der Petersbasilika und den Vatikanischen Museen einmal abgesehen. Schweizergarde und Vatikanische Gendarmerie sorgen dafür, dass keine ungebetenen Gäste ins Reich des Pontifex gelangen. Zugleich sorgen sie beim täglichen Ansturm der mehreren zehntausend Pilger und Touristen für Ordnung und Sicherheit. Um ihre Arbeit effektiv ausüben zu können, nutzen sie modernste Sicherheitstechnik und halten Kontakt mit italienischen und internationalen Sicherheitsbehörden. Bei öffentlichen Auftritten begleiten sie Papst Benedikt XVI. – nicht nur, um ihn vor gewalttätigen Angriffen zu schützen, sondern auch, um dem Pontifex einen sicheren Weg durch die oft frenetisch jubelnden Massen zu bahnen.

Sicherheitskorps in bunter Uniform
Die Päpstliche Schweizergarde

Dichtes Gedränge herrscht am Absperrgitter unterhalb des Glockenturms von Sankt Peter. Touristen und Pilger haben ihre Fotoapparate gezückt. Fasziniert verfolgen sie das Geschehen: der Wachwechsel der Schweizergarde am «Arco delle Campane». Die fünf Gardisten in ihrer bunten Galauniform geben sich unbeeindruckt von dem Blitzlichtgewitter. Im Stechschritt, Augen geradeaus und Marsch in ordentlichen Kurven im rechten Winkel werden die beiden Hellebardiere abgelöst, die während der letzten drei Stunden den Eingang bewacht haben. Nach wenigen Augenblicken ist das Schauspiel vorüber. Die neuen Gardisten haben Position bezogen. Rechts im Wachhäuschen steht wie angewurzelt der Hellebardiere mit der historischen Stangenwaffe, «Hellebarde» genannt, die dem Soldaten auch den Namen gibt. Tritt ein Kleriker oder eine Ordensfrau durch den Torbogen, schlägt er die Hacken zusammen und nimmt die linke Hand zum Gruß an die Schläfe. Sein Kollege prüft, ob die entsprechende Person zugangsberechtigt ist. Ist das der Fall, hebt er ebenfalls die Hand zum Gruß und gibt den Weg frei. Neidvolle Blicke verfolgen denjenigen, der die Kontrolle passieren darf. Wer würde nicht gerne einmal im Staat des Papstes spazieren gehen und in den berühmten Gärten flanieren. Als Entschädigung gibt es ein Erinnerungsfoto mit den beiden Gardisten, die sich geduldig auf Zelluloid bannen lassen und mit acht Megapixel Auflösung auf dem kleinen Monitor der Digitalkamera genauso farbig leuchten wie im Original.

Wer bei der Schweizergarde an eine bunte Folkloretruppe denkt, liegt falsch. Die Arbeit des 110 Mann starken Sicherheitskorps ist hart, seine Aufgabe nicht leicht: Das Oberhaupt der katholischen Kirche zu schützen, ist ein anstrengender Job, vor allem in Zeiten, in denen zu den öffentlichen Auftritten des Papstes im Vatikan immer mehr Menschen kommen. Jeder möchte am Ende eines Gottesdienstes gerne den Pontifex anfassen oder bei der wöchentlichen Generalaudienz über die Absperrung hinweg wenigstens das Papamobil berühren. Von den Personenschützern des Papstes ist daher Wachsamkeit, Professionalität und körperliche Fitness gefordert. Das gilt sowohl für die Vatikanische Gendarmerie als auch für die Schweizergarde. Doch der direkte Nahschutz bei öffentlichen Auftritten des Kirchenoberhaupts ist nur ein Teil der Arbeit der Garde. Hinzu kommen der Wachdienst an den Eingängen des Vatikans, im Apostolischen Palast sowie der Ehrendienst bei Staatsempfängen und päpstlichen Zeremonien. Aufgaben, die mit der offiziellen Sollstärke kaum zu bewältigen sind; deshalb würden die Verantwortlichen das Kontingent gerne auf 130 aufstocken. Die Entscheidung muss der oberste Dienstherr fällen: der Papst.

Die Aufnahmebedingungen sind hart: Katholisch, unverheiratet, unter 30 Jahren sowie ein guter Leumund, eine Berufsausbildung und die bestandene Rekrutenschule der Schweizer Armee sind die Voraussetzungen. Das Gardemaß von 1,74 Meter gilt heute nur noch als Richtgröße. Wichtig sind zudem die physische und vor allem die psychische Eignung der Kandidaten. «Darauf wird in den letzten Jahren großen Wert gelegt», erklärt der langjährige Kommandant Elmar Mäder. Die Garde hat ihre Lehren gezogen aus den Ereignissen vom Mai 1998. Damals hatte ein junger Gardist den neu ernannten Kommandanten Alois Estermann und seine Frau erschossen und danach sich selbst gerichtet; so die offizielle Version des Vatikans. Demnach waren persönliche Probleme des Rekruten mit Estermann sowie seine labile psychische Verfassung Ursache für die Tat. Die Mutter des jungen Soldaten zweifelt an dieser Theorie und sieht ihren Sohn als Opfer von Machtkämpfen innerhalb des Vatikans. Die von ihr wiederholt geäußerte Forderung, den Fall neu zu untersuchen, wies der Vatikan stets zurück.

Wachablösung am Bronzetor des Apostolischen Palasts

Jedes Jahr treten rund 30 neue Gardisten ein. Für viele ist die Garde die Chance zur Neuorientierung, wie etwa für Thomas Laternser. Der 21-Jährige aus der Nähe von Luzern hat seinen Beruf als Maler an den Nagel gehängt. Mit dem Eintritt in die kleinste Armee der Welt beginnt ein neuer Lebensabschnitt. In der dreimonatigen Rekrutenschule erfährt er zusammen mit seinen neuen Kameraden die Grundausbildung: Exerzieren im Gardeschritt, Umgang mit der Hellebarde und das Stillstehen. Es werden spezifische Kenntnisse über den Vatikan und die Personen, die ein und ausgehen dürfen, erlernt. Natürlich müssen sie auch wissen, wer nicht eingelassen werden darf. «Die ersten Wochen sind nicht einfach», berichtet Thomas nach der Grundausbildung, «der Drill ist zum Teil härter als in der Rekrutenschule beim Schweizer Heer.» Das Laufen mit der Hellebarde will gelernt sein: Im Gleichschritt die marmornen Treppen des Apostolischen Palasts hinauf und wieder hinunter, die ungewohnte lange Stangenwaffe im gleichen Winkel geschultert, und die Augen geradeaus. Wie ein kleiner Lindwurm ziehen die jungen Rekruten im Tippelschritt über das vatikanische Gelände. Schließlich sollen die Gardisten beim nächsten Staatsbesuch zum Ehrenpikett antreten. Da muss jede Bewegung sitzen. Schwierig ist das Stillstehen mit der Hellebarde, verrät Thomas. «Am Anfang schmerzen dir nach einer halben Stunde Schulter und Rücken. Wer nicht genügend Sport treibt zum Ausgleich, hat da verloren.» Oft trifft man den jungen Schweizer daher im Fitnessraum der Garde an oder auf einem der beiden vatikanischen Tennisplätze. Fitness verschaffen auch die Kurse in Selbstverteidigung, die zur Rekrutenschule gehören. «Ich möchte Techniken vermitteln, die sehr leicht zu erlernen sind», führt Karatelehrer Luciano Mattana aus. «Sie dienen dazu, jemanden, der angreift, nicht ernsthaft zu verletzen. Denn wir sind im Vatikan, also an einem Ort, wo man keine Faustschläge oder Fußtritte austeilen kann.» Bewaffnet sind die Gardisten mit Pfefferspray und modernen Schusswaffen. Schweizer Sturmgewehre und Pistolen sind auf den Dienstposten immer griffbereit. Schießtraining gehört selbstverständlich mit zur Ausbildung. Gegen Ende der Rekrutenschule, während der die Nachwuchsgardisten die meiste Zeit einen blaugrauen Overall oder einen schwarzen Anzug tragen, bekommen sie ihre Uniformen: neben der blauen Alltagsuniform die bekannte bunte Galauniform. Sie ist in den Traditionsfarben der Medici gehalten: Blau, Rot, Gelb.

Die bunte Uniform erinnert an die dramatischen Ereignisse von 1527. Am 6. Mai jenes Jahres erlebte die päpstliche Leibgarde beim Sturm der Landsknechte Kaiser Karls V. auf Rom ihre Feuertaufe. Die Truppen des Kaisers plünderten Rom und stürmten den Vatikan. Papst Clemens VII. (1523–1534) aus dem Hause Medici drohte gefangengenommen zu werden. Schweizergardisten retteten ihn über den Passetto, einen Geheimgang, in die Engelsburg. Im Kampf musste die päpstliche Armee schwere Verluste hinnehmen. Nur 42 Gardisten überlebten, 147 Kameraden kamen ums Leben. Ihrer wird in einer Kapelle gedacht, die in der Kirche des Collegio Campo Santo Teutonico, dem deutschen Friedhof innerhalb des Vatikans, liegt. Mit den Ereignissen des 6. Mai war ein Mythos geboren. Seitdem werden im Gedenken an die gefallenen Kameraden an diesem Tag die neuen Gardisten vereidigt. Meist findet die feierliche Zeremonie im Damasushof statt. Jeder Rekrut tritt in Galauniform mit eisernem Brustpanzer und Helm vor, greift mit der linken Hand das Gardebanner und erhebt die rechte zum Schwur, «treu, redlich und ehrenhaft zu dienen dem regierenden Papst und seinen rechtmäßigen Nachfolgern, und mich mit ganzer Kraft für sie einzusetzen, bereit, wenn es erheischt sein sollte, selbst mein Leben für sie zu geben».

Begründet hatte die Tradition der Schweizer im Vatikan wenige Jahre vor den Ereignissen des «Sacco di Roma» Papst Julius II. Er rief 1506 Söldner aus der Schweiz nach Rom. Die Tapferkeit der Eidgenossen war in ganz Europa bekannt und hatte sich auch am Hof des Pontifex herumgesprochen. Der konnte eine eigene Schutztruppe gut gebrauchen. Giuliano della Rovere, so sein bürgerlicher Name, stammte zwar aus ärmlichen Verhältnissen.

Doch an die Spitze der katholischen Kirche gelangt, verfolgte er ehrgeizige und mitunter kostspielige Projekte. Julius II. war nicht nur der Papst, der den Grundstein für den heutigen Petersdom legte und so berühmte Maler wie Michelangelo und Raffael für die Ausgestaltung der Sixtinischen Kapelle und des Apostolischen Palastes verpflichtete, sondern er war auch der Pontifex, der versuchte die Macht des Kirchenstaats in Italien auszubauen. Das brachte ihm nicht nur Freunde ein und so verpflichtete er die Söldner. Angeführt von ihrem Hauptmann Kaspar von Silenen zogen 150 Schweizer aus dem Kanton Uri am 22. Januar 1506 in der Ewigen Stadt ein. Die Päpstliche Schweizergarde war begründet. Bis zum heutigen Tag ist sie für den Schutz des Kirchenoberhaupts verantwortlich.

Auch wenn die Anfangsjahre der Schweizergarde in die Zeit fallen, in der Michelangelo am Hofe des Papstes wirkte, die bunte Galauniform, die von den Touristen und Pilgern heute bewundert wird, hat der Künstler nicht entworfen. Im Verlauf der 500-jährigen Geschichte erfuhr sie viele Wandlungen. Die heutige Form stammt vom Beginn des 20. Jahrhunderts. Kommandant Jules Répond (1910–1921) ließ sich bei den Entwürfen von Abbildungen der Schweizergardisten in den Fresken Raffaels im Apostolischen Palast inspirieren. Die Uniformen sind Maßarbeit vom Gardeeigenen Schneider. «Die Materialien, die ich verwende, sind alles Naturfasern. Denn die Jungs verbringen sehr viel Zeit in ihren Uniformen. Um Allergien zu vermeiden, benutze ich reinste Wolle», erklärt Ety Cicioni bei der Anprobe. Für die jungen Gardisten ein besonderer Moment. «Ein seltsames Gefühl», gibt Thomas zu, als er sich zum ersten Mal in Blau, Rot, Gelb im Spiegel betrachtet. «Als Kind habe ich bei Besuchen in Rom immer die Gardisten in den bunten Uniformen bewundert. Jetzt trage ich sie selbst. Ich bin begeistert!», fügt sein Kollege Sandro hinzu und strahlt übers ganze Gesicht. Kindheitsträume werden wahr.

Doch Zeit zum Schwärmen bleibt nicht. Nach der Rekrutenschule beginnt der harte Gardealltag: zwei Tage Dienst, ein Tag frei – Arbeit im Schichtbetrieb rund um die Uhr. Gibt es am freien Tag eine päpstliche Zeremonie oder einen Staatsbesuch, müssen die Gardisten zum Ordnungs- oder Ehrendienst antreten. Dann ziehen sie in Zweierreihe mit Hellebarde und Galauniform durch den Vatikan, um etwa einen Regierungschef vom Damasushof zur Privatbibliothek des Papstes zu begleiten. Oder sie halten Thronwache in der Nähe des päpstlichen Throns oder Altars bei Gottesdiensten und Audienzen. «Schwerpunkt der Arbeit ist der Wachdienst», erklärt der Kommandant, «er macht rund 80 Prozent unserer Einsätze aus». Thomas bevorzugt den Dienst an den Eingängen. «Hier kommt man mit vielen Leuten ins Gespräch. Es ist immer schön zu sehen, wie sie sich freuen, wenn man ihnen Auskunft gibt und hilft.» Die Arbeit im Apostolischen Palast, unter anderem vor der Wohnung des Papstes, ist da weniger abwechslungsreich. Teilweise sitzen die Gardisten stundenlang auf einem Posten, ohne dass sie einen Menschen treffen, gerade in den Nachtstunden. «Dafür gibt es ja uns», so der langjährige Kommandant Mäder. Die Führungskader drehen regelmäßig ihre Runden und besuchen die Diensthabenden auf ihren Posten. «Das ist einerseits Kontrolle; zum anderen bleibt immer Zeit für ein Schwätzchen.» So können die Oberen auch die Stimmung in der Truppe besser einschätzen. Den Vorgesetzten, auch Kader genannt, ist sehr an einer offenen Kommunikation gelegen.

In die Gruppe der unmittelbaren Personenschützer werden nur erfahrene Gardisten aufgenommen, die bereits mindestens sieben Jahre gedient haben. Das bedeutet aber nicht, dass Thomas sich nicht als persönlicher Beschützer des Papstes versteht. «Bei den öffentlichen Auftritten des Pontifex hat eben jeder seinen Platz. Neben den Nahschützern muss es noch weitere Aufpasser geben, die eben in der zweiten Reihe für Ordnung sorgen.» Die Bodyguards des Papstes erhalten eine Spezialausbildung beim Schweizer Heer. Wenn sie in ihren schwarzen Anzügen mit Knopf im Ohr neben dem Papst laufen, sind sie von den Nahschützern der Vatikanischen Gendarmerie kaum zu unterscheiden. Die besondere Herausforderung ist, dass der Papst den Kontakt zu den Menschen sucht. Eine absolute Sicherheit kann man dabei nie garantieren. Allerdings könne ein erfahrener Personenschützer durchaus Situationen einschätzen und Gefahren erkennen, so Kommandant Mäder. Wichtig seien daher vor allem Beobachtungsgabe, Konzentrationsfähigkeit, Reaktionsvermögen und das perfekte Zusammenspiel der beteiligten Personen. Das wiederum ist eine der großen Herausforderungen, denn schweizer Präzisionsarbeit der Garde und italienisches Sicherheitskonzept der Gendarmerie müssen erst zur Deckung gebracht werden, kein leichtes Unterfangen.

Die Kaserne ist der Dreh- und Angelpunkt des Gardelebens. Sie liegt direkt neben dem Sankt-Anna-Tor. Gelegentlich können Pilger und Touristen, die vor den Mauern flanieren, einen Blick durch die offenen Fenster in die Zimmer der Rekruten im zweiten und dritten Stock werfen. Mitunter vernehmen sie ungewöhnliche Klänge aus vatikanischem Gemäuer. Statt Gregorianik ertönt leise Rock und Pop der aktuellen Charts. Das Herzstück der Kaserne ist die Kantine. Früher kochten hier Schweizer Ordensfrauen Rösti und Basler Mehlsuppe. An Feiertagen gab es Rüblitorte. Doch der mangelnde Nachwuchs in der Heimat zwang die Baldegger Schwestern im Jahr 2003 zum Rückzug. Seitdem ertönt beim Gang in die Mensa kein «guete Morge» mehr, sondern ein «Buon giorno» mit polnischem Akzent. Franziskanerinnen aus Krakau übernahmen das Zepter in der Gardeküche. Viel Fleisch und fette Speisen gab es zu Beginn. Doch nach kurzer Zeit waren auch die Polinnen Experten für Geschnetzeltes und Birchermüesli. In die Mensa der Rekruten haben die Kader keinen Zugang. Hier sind die jungen Gardisten unter sich. Für die spirituelle Nahrung sorgt der Gardekaplan. Der Sonntagsgottesdienst ist Pflicht. Unter der Woche sind die Gardisten ebenfalls gern gesehene Gäste in der Gardekapelle Sankt Martin. Neben den jährlichen Exerzitien organisiert der Kaplan auch Ausflüge in die nähere Umgebung. Bei knapp 200 Stunden Dienst im Monat bleibt den Gardisten aber wenig Zeit für derlei Vergnügen. Die hauseigene Musikkapelle und die Fußballmannschaft sind oft die einzige Abwechslung zwischen den Schichten. «Schweizergardist sein ist ein Knochenjob», so das Fazit von Thomas Laternser nach zwei Jahren. Er verlässt die Truppe und kehrt in die Schweiz zurück. Dort hofft er auf einen Posten bei der Polizei oder im Sicherheitsbereich. Ehemalige Gardisten sind in der Branche begehrt, genießt doch die Ausbildung innerhalb der vatikanischen Mauern hohes Ansehen.

Die Fluktuation ist hoch in der päpstlichen Armee. Jedes Jahr gehen 30 Gardisten und müssen durch junge Rekruten ersetzt werden. Das hängt vor allem mit den geringen Aufstiegsmöglichkeiten zusammen. Die kleine Truppe bietet nur wenige Führungspositionen. Rund 30 Kader gibt es, vom Vizekorporal bis zum Kommandanten im Range eines Oberst. Die übrigen 80 Gardisten sind Hellebardiere. Daher leisten die meisten jungen Schweizer nur die Mindestzeit von zwei Jahren und einem Monat Dienst beim Stellvertreter Christi auf Erden. Lediglich 20 Prozent bleiben länger. Neben den geringen Aufstiegsmöglichkeiten gibt es einen zweiten Grund, warum mancher Gardist, trotz großer Freude am Dienst, die Garde verlässt. Gardisten dürfen immer nur dann heiraten, wenn in der Kaserne eine Wohnung frei ist. Derzeit gibt es 15 Apartments, die aufgrund der engen Platzverhältnisse zum Teil bereits außerhalb des Gardequartiers liegen. Der Bedarf ist größer. Mit ihren Familien bringen die Schweizergardisten etwas Leben in den Staat des Pontifex. Babygeschrei und Fahrrad fahrende Kleinkinder sind ein seltenes Bild innerhalb der antiken Mauern. Seit einigen Jahren gibt es sogar einen Spielplatz für die Kleinen. «Es war kein leichtes Unterfangen, aber die Beharrlichkeit hat sich gelohnt», so Mäder, der nicht mehr als Kommandant, sondern als vierfacher Vater spricht. Mittlerweile gehört auch er zu den Ehemaligen. Zum 1. Dezember 2008 trat Daniel Anrig das Amt des obersten Gardisten an — Fluktuation auch auf höchster Ebene.

Recht und Ordnung im Staate des Papstes
Die Vatikanische Gendarmerie

Ein schriller Pfiff durchbricht die Ruhe in den Vatikanischen Gärten. Einige Vögel schrecken auf und fliegen davon. Ein Gendarm in blauer Uniform winkt einen Autofahrer zu sich heran: überhöhte Geschwindigkeit. Das kostet 30 Euro. Für Recht und Ordnung im Staat des Papstes ist die Vatikanische Gendarmerie zuständig. Sie ist neben der Schweizergarde das zweite große Sicherheitskorps. Im Vergleich zu den Schweizern ist das Aufgabengebiet der Gendarmerie wesentlich weiter, erklärt Kommandant Domenico Giani, der zugleich die Direktion für Sicherheit und Zivilschutz des Vatikans leitet. «Wir sind Staats-, Justiz- und Verkehrspolizei in einem und zudem natürlich für den Personenschutz des Papstes zuständig.» Letztere Aufgabe teilen sie sich mit der Schweizergarde. Insgesamt gibt es 150 Gendarmen, mit steigender Tendenz. Denn, so Giani, es kämen ständig neue Aufgaben hinzu. Früher waren die Polizisten beinahe ausschließlich auf dem 44 Hektar großen Gelände des Vatikanstaats aktiv. Mittlerweile sind sie auch verstärkt in den extraterritorialen Gebieten präsent wie etwa den drei Papstbasiliken in Rom. 2008 wurden zudem zwei Sondereinheiten eingerichtet: eine schnelle Eingreiftruppe und eine Anti-Sabotage-Einheit, die ebenfalls zusätzliches Personal erforderten. Wer also bei der vatikanischen Polizei an ältere Herren in dunkeln Anzügen denkt, liegt falsch. Unter Domenico Giani, der seit 2006 die Truppe führt, entwickelt sich die Gendarmerie zu einem Korps, das mit modernsten Mitteln arbeitet. Giani, der promovierter Pädagoge ist, arbeitete vor seinem Eintritt in den Dienst des Vatikans im Jahr 2000 in verschiedenen Polizei- und Sicherheitsdiensten des italienischen Staats. Aus dieser Zeit hat er beste Kontakte zum italienischen Geheimdienst. «Im Zeitalter des internationalen Terrorismus müssen wir möglichen Angreifern immer einen Schritt voraus sein», so der 46-Jährige, der zugleich aber betont, dass bisher keine akute Gefahr für den Vatikan bestanden habe. An erster Stelle steht für ihn die Sicherheit des Papstes, damit einher geht die Sicherheit des Vatikanstaats und der extraterritorialen Gelände und, das werde allzu oft vergessen, die Sicherheit der Pilger. Schließlich kommen an normalen Tagen mehr als 40.000 Menschen in den Vatikan. Die meisten besuchen den Petersdom oder die Vatikanischen Museen. Bei großen Papstzeremonien können es auch doppelt so viele sein. «Wir sind dafür verantwortlich, dass den Pilgern nichts zustößt und trotz der Massen alles seinen geregelten Gang geht.»

Herzstück der Gendarmerie ist die Sala Operativa, die Leitzentrale. Hier laufen alle Fäden zusammen. Auf einer Monitorwand mit über 50 Bildschirmen sehen die Beamten fast jede Bewegung auf dem Territorium. Kaum ein Winkel wird nicht von den rund 5.000 Überwachungskameras erfasst, die zum großen Teil auch als Bewegungsmelder eingesetzt werden können. Per Knopfdruck kann von einer Person ein digitales Bild an alle Dienststellen verschickt werden. Es ist sogar möglich, Bewegungsprofile für einzelne Personen zu erstellen und so ihren Weg durch den Zwergstaat zu verfolgen. Und wenn irgendwo keine Kamera vom Dach eines Palazzo späht, steht sicher ein Herr in blauer Uniform. Der Vatikan – ein Überwachungsstaat? Kommandant Giani weist den Gedanken empört zurück. Schließlich gehe es darum, Sicherheit und Ordnung aufrechtzuerhalten. Damit das künftig noch besser gelingt, ist der Vatikanstaat Anfang Oktober 2008 der internationalen Polizeiorganisation Interpol beigetreten. Die Männer von Kommandant Giani können künftig auf die Daten der 186 anderen Mitgliedsländer zugreifen: Fingerabdrücke, DNA-Profile und verlorene oder gefälschte Ausweispapiere sind in Sekundenschnelle online aus den zentralen Datenbanken von Interpol verfügbar. Das wird vor allem die Gendarmen in den Visastellen des Vatikans freuen. Sie können jetzt schneller

Alles im Blick in der Sala Operativa der Gendarmerie

feststellen, ob unter den über 1.000 Antragstellern für Passierscheine pro Tag schwarze Schafe sind.

Das Handy des Sicherheitschefs des Vatikans klingelt. Ein Anruf von – fast – ganz oben. Der Kardinalstaatsekretär muss dringend zu einem Termin in die Stadt. Weil die Zeit drängt, braucht er eine Eskorte. Giani drückt eine Kurzwahlnummer. Am anderen Ende ist Giulio Callini. Er leitet den Posten der italienischen Polizei in der Nähe des Vatikans und ist für die Kontakte zur Gendarmerie zuständig. Auf dem Petersplatz sorgen beide Korps gemeinsam für Sicherheit und Ordnung. Die Lateranverträge sehen vor, dass die italienischen Sicherheitsbehörden die polizeilichen Aufgaben dort wahrnehmen. In Uniform und Zivil gehen die italienischen Beamten Streife auf dem Oval, das von Berninis Kolonnaden umschlossen wird. Um möglichst schnell eingreifen zu können, sind sie auch mit zwei kleinen Elektrofahrzeugen unterwegs, die aussehen wie blau lackierte Golf-Caddys. Fahrradfahrer auf dem Petersplatz, nicht autorisierte TV-Aufnahmen oder lautstarke Diskussionen – die Polizisten sind sofort zur Stelle. An den Eingängen zum Petersdom und bei Papstzeremonien durchleuchten sie die Taschen der Besucher an den Sicherheitsschleusen. Nachts gehört der Petersplatz ganz den italienischen Polizisten. Um 23 Uhr werden die Gitter geschlossen. Dann kreisen die Sicherheitskräfte mit zwei PKW über den Platz. Sollte sich doch ein Pilger trauen, über die Absperrgitter zu steigen, beginnt die Wettfahrt der beiden Autos. Wer stellt zuerst den Eindringling? Vor Schreck ob der mit hohem Tempo herannahenden Fahrzeuge flüchtet der meist schon von alleine und rettet sich mit einem gewagten Sprung über die Gitter nach draußen, ohne dass die Polizisten aus dem Wagen steigen müssten. Ab sieben Uhr ist der Platz dann wieder geöffnet.

Sobald der Papst den Petersplatz betritt, ziehen sich die italienischen Sicherheitskräfte zurück, und die vatikanische Gendarmerie übernimmt das Kommando. Die Zusammenarbeit sei eng und gut, erklärt Kommandant Giani. Man kennt sich, und daher ist nach wenigen Augenblicken Telefonieren mit dem Leiter des Polizeibüros Callini alles klar. Die Eskorte für den Kardinalstaatsekretär, zwei Polizeimotorräder, steht in zehn Minuten am San Pietrino bereit, dem Vatikaneingang zwischen den Kolonnaden und dem Gebäude, das die Glaubenskongregation beherbergt. Der Kardinalstaatsekretär kann seine Fahrt nach Italien beginnen. Der zweite Mann im Staat ist übrigens der einzige neben dem Papst, der einen festen Personenschützer an seiner Seite hat. Für den Nahschutz des Pontifex werden erfahrene Gendarmen eingesetzt, die eine Spezialausbildung haben. Verlässt der Papst seinen Staat, begleitet ihn eine kleine Gruppe von Personenschützern, die sich aus Gendarmen und Schweizergardisten in Zivil zusammensetzt. Das gilt für Besuche innerhalb Roms und Italiens wie auch für die Auslandsreisen. Für die Sicherheit ist dann allerdings das Gastland verantwortlich. Die vatikanischen Sicherheitskorps arbeiten in diesen Fällen eng mit den örtlichen Behörden zusammen. Die Personen im dunklen Anzug und mit Knopf im Ohr, die sich in unmittelbarer Nähe des Papstes aufhalten, sind immer die vatikanischen Nahschützer. Erst die zweite Reihe besteht dann aus lokalen Sicherheitskräften. Domenico Giani weicht nicht von der Seite des Kirchenoberhaupts.

«Die Posten in der Gendarmerie sind heißbegehrt», erklärt Davide Giulietti, die rechte Hand des Kommandanten. Etwa alle zwei Jahre werden Gendarmen aufgenommen. 2007 waren es 31 neue Kollegen. Aus 5.000 schriftlichen Bewerbungen wurden 300 Kandidaten ausgewählt, die zu Eignungstests in die vatikanische Audienzhalle eingeladen wurden. Wo sonst Bischöfe aus aller Welt über die Probleme der katholischen Kirche beraten, rauchten die Köpfe der Aspiranten bei den Prüfungen. Beim Eintritt in das Korps müssen sie zwischen 21 (Alter der Volljährigkeit im Vatikan) und 25 Jahre alt sein, ledig, katholisch, mindestens 1,80 Meter groß, physisch und psychisch belastbar. Während der ersten beiden Jahre wohnen die Polizeischüler in einer Kaserne im Vatikanstaat. In dieser Zeit erfahren sie eine umfassende Ausbildung. Neben einigen militärischen Grundkenntnissen wie dem Marschieren machen sich die Nachwuchspolizisten mit den Besonderheiten des Vatikans vertraut: Geografie der Vatikanstadt und der extraterritorialen Gebiete, Kenntnis von Personen, des vatikanischen Rechts und der technischen Sicherheitseinrichtungen. Nach sechs Monaten erfolgen erste Einsätze an ausgewählten Posten, etwa bei der Verkehrsregelung oder im Ordnungsdienst bei päpstlichen Zeremonien. «Meist werden die jungen Nachwuchskräfte gemeinsam mit erfahrenen Gendarmen eingesetzt, bevor sie nach und nach mehr Verantwortung übernehmen», erklärt Giulietti. Wie alle im Vatikan, haben auch die Sicherheitsleute eine Sechs-Tage-Woche. Gearbeitet wird im Schichtbetrieb von jeweils sechs Stunden. Das Äußere der Polizisten wurde 2008 modifiziert und den historischen Uniformen der Päpstliche Gendarmerie aus den 1970er Jahren angeglichen.

Im Laufe der Jahrhunderte hatten sich im Vatikan mehrere militärische Einheiten entwickelt, darunter die Palatingarde, die aus Bürgern Roms bestand, die Nobelgarde, die sich aus Mitgliedern des italienischen Adels zusammensetzte, sowie die Päpstliche Gendarmerie. Papst Paul VI. löste Anfang 1970 alle militärischen Einheiten des Vatikans auf, die Schweizergarde ausgenommen. Die Päpstliche Gendarmerie, die Papst Pius VII. 1816 gegründet hatte, wandelte er in eine zivile Polizeieinheit unter dem Namen «Corpo di Vigilanza» (Wachdienst) um. 2002 wurde der Name in Gendarmeriekorps geändert. Domenico Giani, der Chef der Vatikanpolizisten, möchte wieder verstärkt an alte Traditionen anknüpfen. So gab es zum Fest des Schutzpatrons der Gendarmerie, Erzengel Michael, am 29. September 2007 zum ersten Mal seit Jahrzehnten eine öffentliche Vereidigung der neuen Polizisten. Ebenfalls 2007 wurden die Galauniformen der alten Gendarmerie aus den Schränken geholt und zu feierlichen Anlässen wie der Eröffnung des vatikanischen Gerichtsjahres öffentlich getragen. In schwarzer Jacke, weißer

Hose, weißen Handschuhen, schwarzen Reitstiefeln und Bärenfellmütze sowie Degen ergänzen die Gendarmen seitdem bei feierlichen Anlässen des Vatikanstaats das bisher von den Schweizergardisten in ihrer bunten Uniform geprägte Bild.

Der Vatikanstaat gehört laut Statistik zu den Ländern mit der höchsten Kriminalitätsrate der Welt. Das liegt allerdings weniger daran, dass die Prälaten und Hochwürden alle Langfinger wären; sondern auf die 800 Bewohner kommen die geklauten Fotoapparate und Geldbörsen der zehn Millionen Besucher. 2005 sind insgesamt knapp 1.000 Strafverfahren am Vatikangericht verhandelt worden. In 80 Prozent der Fälle handle es sich um Diebstahlsdelikte, bei 20 Prozent um Betrug oder Angriffe auf Personen, so Davide Giulietti. Das vatikanische Gefängnis sei allerdings meist verwaist. Höchst selten kommt es vor, dass dort für einen oder zwei Tage jemand einsitze. Durch eine kleine Justizreform im Jahr 2005 sind die Verfahren beschleunigt worden, so dass der Richter des Vatikans sehr schnell seine Entscheidungen trifft. In schweren Fällen wird der Inhaftierte den italienischen Behörden überstellt. Für die kleinen Vergehen des Alltags sind die Gendarmen zuständig. Wer mit überhöhter Geschwindigkeit erwischt wird oder falsch parkt, muss zahlen. Parkuhren gibt es im Zwergstaat zwar keine, aber ohne Parkscheibe auf blau markierten Flächen zu stehen, ist untersagt. Wer gerade keine Parkscheibe zur Hand hat, bekommt vom freundlichen Gendarm, der meist nicht weit ist, einen Zettel gereicht, auf dem er die Uhrzeit festhält. Im schlimmsten Fall rufen die Gendarmen die Kollegen von der Feuerwehr, die dann ohne langes Zögern mit ihrem roten Abschleppwagen das unrechtmäßig abgestellte Fahrzeug entfernen. Und schon herrscht wieder Ordnung im Vatikan.

Floriansjünger in heiligen Hallen
Die Feuerwehr des Vatikans

Alarm in der Leitzentrale des Vatikans. Ein Notruf ist eingegangen. Vier Feuerwehrleute stürzen die eiserne Wendeltreppe herunter, eilen zu ihrem Einsatzfahrzeug, das immer startbereit vor der Feuerwache im Belvederehof steht. Zwei Kollegen holen unterdessen den großen Leiterwagen aus der Garage des vatikanischen Fuhrparks. Gendarmen sorgen für einen freien Weg. Mit Blaulicht, aber ohne Martinshorn fahren die beiden Wagen durch den Vatikan. Heulende Sirenen in den Höfen und Gärten Seiner Heiligkeit sind nicht angebracht. Ziel ist ein kleiner Platz in der Nähe des Johannesturms in den Vatikanischen Gärten. Für den schönen Blick auf die Peterskuppel von den Höhen des Vatikanhügels haben die Feuerwachen des Pontifex keine Zeit. Zwar ist die Situation nicht dramatisch, aber ernst. Kein Brand hat die Feuerwehrleute auf den Plan gerufen, sondern eine Pinie. Die hat im Herbststurm der vergangenen Nacht Schaden genommen; ein großer Ast droht auf die Antenne von Radio Vatikan zu stürzen. Nicht auszudenken, wenn die Stimme des Papstes verstummen würde. Oder wenn der Ast gar beim mittäglichen Spaziergang des Pontifex in den Vatikanischen Gärten zu Boden gegangen wäre. Die Wachsamkeit der Gendarmen hat Schlimmeres verhindert. Beim morgendlichen Kontrollgang haben sie den schadhaften Baum entdeckt und die Kollegen verständigt. Weiterer Sturm droht, schnelles Handeln ist vonnöten. Der angebrochene Ast wird gesichert, abgesägt und kontrolliert zu Fall gebracht. Nach einer guten Stunde ist das Problem gelöst. Die Gärtner übernehmen die Entsorgung des Grünzeugs; die «Vigili del Fuoco» fahren mit ihren Wagen zurück zur Feuerwache.

In den Räumen im Belvederehof auf der Rückseite des Apostolischen Palastes ist die Kaserne der vatikanischen Feuerwehr.

Einsatzbereit im Belvederehof

Über dem Eingang prangt das Wappen des Vatikans: die gekreuzten Schlüssel mit der Tiara. Die 26 Mann starke Truppe der Vigili del Fuoco leistet hier rund um die Uhr ihren Dienst. Oberster Schutzengel ist Ingeniere Paolo De Angelis. Die Mannschaft ist in fünf kleine Trupps eingeteilt, die sich mit den Diensten im Dreischichtbetrieb abwechseln. Neben den Notfalleinsätzen ist die Hauptaufgabe die Prävention, erklärt De Angelis. Bei Neubauten und Renovierungen seien die Feuerwehrleute gefordert, auf die Einhaltung der Brandschutzvorkehrungen zu achten. Zudem müssten die bestehenden Systeme ständig kontrolliert und erneuert werden. Das sei bei den historischen Palazzi nicht immer einfach. Bei der Vorsorge müssten Lösungen gefunden werden, die etwa historische Fresken und das Gesamtbild eines Saales oder einer Kapelle nicht beeinträchtigten. In den Stanzen des Raffael oder der Sixtinischen Kapelle könnten nicht einfach Wassersprenkler an die Decke gehängt werden. Deshalb müssten oft sehr komplizierte Wege beschritten werden, die eine größtmögliche Effektivität und besten Schutz im Ernstfall böten. «Nicht auszudenken, wenn in den historischen Palazzi ein Feuer ausbrechen würde», so De Angelis. Mittlerweile hat die vatikanische Feuerwehr aber in gut 200 Jahren die notwendige Erfahrung sammeln und entsprechende Kompetenz aufbauen können.

In ihrer heutigen Form, als eigenständiges Zivilkorps besteht die Feuerwehr seit 1941. Aber bereits 1810 gab es im Belvederehof eine kleine Feuerwache, deren Mitglieder unter Pius VII. (1800–1823) in die päpstliche Armee eingegliedert worden waren. Heute untersteht das Korps dem obersten Sicherheitschef des Vatikans, Domenico Giani, der zugleich Kommandant der Gendarmerie ist. Mit der Polizei arbeitet die Feuerwehr aufs Engste zusammen. Mehrmals am Tag machen Mitarbeiter der beiden Korps gemeinsam Kontrollgänge durch den Vatikanstaat. Zwei Stunden sind sie unterwegs: vom Industriegebiet ganz im Norden über die Werkstätten der Vatikanischen Museen und die Druckerei, den Apostolischen Palast bis hin zur Audienzhalle am südlichen Ende des Territoriums. Besonders wichtig, aber auch anstrengend sind, so De Angelis, die Touren in der Nacht. Mit großen Taschenlampen bewaffnet, bahnten sich die beiden Kollegen dann einen Weg durch die Dunkelheit. «Da darf man nicht schreckhaft sein, wenn es plötzlich hinter einer Ecke zu rascheln beginnt.» Meist sei es dann nur eine der vielen Katzen, die übers Gelände streunen, erklärt der oberste Feuerwehrmann. Selbst Stimmen im Dunkeln bedeuteten nicht unbedingt Gefahr; denn es komme oft vor, dass sich Prälaten am späten Abend noch ein wenig die Füße vertreten. «Unsere Leute müssen dann genau wissen, wer nur ein vatikanischer Nachtschwärmer ist, und wer sich unrechtmäßig an einem bestimmten Ort aufhält.» Kürzer, aber nicht weniger anstrengend ist die einstündige Tour durch den Petersdom nach der Schließung der Kathedrale am Abend. Der Weg führe bis zur Kuppel hinauf, da sei Kondition gefordert, so De Angelis schmunzelnd. Aber die Truppe sei fit und vor allem jung, stellt der oberste Floriansjünger fest, der selbst noch keine 40 Jahre alt ist. Allein 2007 sind zuletzt sieben junge Männer aufgenommen worden. Voraussetzung dafür sei, dass sie bereits bei der italienischen Feuerwehr gearbeitet hätten. Nach dem Eintritt absolvierten sie spezielle Einführungskurse, um die Besonderheiten im vatikanischen Dienst kennenzulernen. Selbstverständlich gebe es auch regelmäßige Übungen. In den Vatikanischen Gärten sei ja genügend Platz, um das Handwerk zu lernen und sich weiterzubilden, so De Angelis. Im Herbst 2008 absolvierten einige Vigili eine Spezialausbildung für Rettungseinsätze auf der Peterskuppel. Hier müssen die Feuerwehrleute zusammen mit den Sampietrini ran, wenn Gefahr im Verzug ist. So konnten sie etwa am Karsamstag 2005 einen Mann davon abhalten, sich von der Kuppel des Petersdoms zu stürzen.

In der Feuerwache laufen die Alarmleitungen des Vatikans zusammen. Ein kleiner Raum im Erdgeschoss, ausgestattet mit mehreren Notfalltelefonen und Monitoren, ist das Herzstück der Kaserne. Hier liegen die Pläne aller Vatikangebäude bereit, angefangen vom Apostolischen Palast über die Vatikanischen Museen, die Bibliothek bis zur Audienzhalle und natürlich dem Petersdom. Seit den 1930er Jahren gibt es im Staat des Papstes ein Löschwassernetz von über 30 Kilometer Länge mit über 500 Hydranten. Für den Notfall steht ein Tank von 2.000 Kubikmeter Wasser zur Verfügung, der unter den Vatikanischen Gärten liegt. Dieser ist verbunden mit der Wasserzuleitung Aqua Paola, über die aus dem rund 40 Kilometer entfernten Bracciander See Nachschub zufließt. Im äußersten Notfall kann die Wehr auch das Trinkwasserreservoir mit 4.000 Kubikmeter anzapfen, das ebenfalls in den Gärten vergraben liegt. Für den Einsatz stehen zwei kleine Löschfahrzeuge und ein Lkw mit einem 30-Meter-Teleskoparm zur Verfügung. Der Lastwagen wurde als Sonderanfertigung eigens so konstruiert, dass er auch durch alle engen Gassen und Tore des Zwergstaats fahren kann. Dennoch bleibt das Manövrieren eine Kunst. Bei knapp zehn Metern Länge braucht der Fahrer eine ruhige Hand, um nicht hier und da ein Stück antikes Mauerwerk mitgehen zu lassen. Vor allem am Cortile della Sentinella direkt unterhalb der Sixtinischen Kapelle mit einer Kreuzung, die im rechten Winkel nach links zum Damasushof oder rechts in die Gärten führt, ist Rangieren angesagt. Selbst PKW schaffen hier das Abbiegen selten in einem Zug.

De Angelis sieht sich für den Ernstfall gerüstet. Sollten die eigenen Kräfte nicht ausreichen, gibt es Vereinbarungen mit der italienischen Feuerwehr, die zu Hilfe gerufen würde. Doch, so hält sich hartnäckig das Gerücht, im Vatikan hat es seit über 100 Jahren nicht mehr gebrannt. Das soll auch für das nächste Jahrhundert so bleiben. Dafür sorgen die Männer von De Angelis, deren Aufgaben noch weit über den Brandschutz hinausgehen. «Wir sind auch für den umgekehrten Fall zuständig», führt er aus, «nämlich Wasserschäden.» Das ist bei den römischen Platzregen, die innerhalb weniger Minuten ganze Straßenzüge in kleine Schifffahrtswege verwandeln können, eine nicht zu unterschätzende Herausforderung. «Stellen sie sich vor, die Bibliothek stünde plötzlich unter Wasser.» Dass diese grausame Vorstellung nicht Wirklichkeit wird, dafür sorgt die Feuerwehr in Abstimmung mit den Technischen Diensten des Vatikanstaats. Sollte dann doch irgendwo in die vatikanischen Keller einmal das Wasser eindringen, stehen die Vigili mit Pumpen bereit, um den Sumpf wieder trockenzulegen. Auch wenn es lange kein Feuer im Staat des Papstes gab, den Vigili wird es nicht langweilig. Selbst bei nur 44 Hektar Fläche gibt es immer irgendwo Probleme. So sind die Vigili unter anderem Experten für defekte Aufzüge, Brunnen oder Fenster in luftiger Höhe. Zuständig sind sie außerdem für Katzen, die sich auf Pinien und Dächer der Palazzi verirrt haben. «Zu den schönsten Einsätzen», so De Angelis, «gehören die päpstlichen Zeremonien.» Gleich ob in Sankt Peter oder einer der anderen Papstbasiliken: Feiert der Pontifex einen Gottesdienst oder lädt er zur Generalaudienz, sind die Vigili Seiner Heiligkeit selbstverständlich immer vor Ort.

DIE KURIE

Die Zahl der Behörden und Institutionen im Kirchenstaat ist relativ unüberschaubar. Allein der Heilige Stuhl umfasst in der Kurie 29 Behörden; dazu kommen die Päpstlichen Akademien und Kommissionen sowie die Medien. Der Vatikanstaat verfügt ebenfalls über eine Vielzahl von Direktionen und Verwaltungseinheiten. Interessant ist, dass für die Leitung der Weltkirche, also einer Gemeinschaft von über einer Milliarde Katholiken rund um den Globus, lediglich 2.800 Mitarbeiter zur Verfügung stehen, darunter auch einige Deutschsprachige. Zum Vergleich: Allein das Außenministerium in Berlin beschäftigt als einzelne Behörde der Bundesregierung mehr als 2.500 Mitarbeiter. Im Vatikan gibt es außer den Verwaltungsbüros auch mehrere Sozialeinrichtungen. Neben der Suppenküche der Mutter Teresa Schwestern und dem Hospiz Santa Marta für hilfesuchende Frauen mit Kindern gehört dazu auch das Almosenamt des Papstes.

Ein Segen für die Nächstenliebe
Das Almosenamt des Papstes

An Segen mangelt es nie im Vatikan. Der Papst spendet ihn bei jeder Gelegenheit und gratis, doch viele wollen ihn schwarz auf weiß nach Hause tragen. Und so drängen sie sich im «Ufficio benedizione», Ordensfrauen aus fernen Ländern, die eine Jubilarin beglücken wollen, frischgebackene Patenonkel, Fromme und ein bisschen Kitschverliebte. Aus 28 Modellen können sie wählen, die alle feinsäuberlich an einer Wand zur Ansicht aushängen. In verschiedenen Größen lächelt der Pontifex von kostbaren Pergamenten, umrahmt von bunt gemalten Blumenranken, getragen von feierlichen Texten unterhalb des Portraits in zierlichsten Kalligrafien. Modell G ist das größte, zumindest hochkant, 33 x 48 Zentimeter misst es und ist «in allen Sprachen und für alle Gelegenheiten» zu haben. Kosten: 18 Euro. Für die Version «Gbella» müssen fünf Euro mehr investiert werden; dafür sind die Anfangsbuchstaben jeweils besonders verziert. Modell OS02 ist komplett von Hand gemalt. Kostet dafür aber auch schon 30 Euro und steht nur für Ehejubiläen in italienischer Sprache zur Verfügung. Wem das zu teuer ist, der bekommt für sechs Euro den kleinsten Segen in Postkartengröße. Text und Verzierung sind schlichter: Computerdruck auf Kartonpapier in Pergamentoptik. Die Unterschrift ist allerdings bei allen Urkunden echt. Sie kommt von Erzbischof Félix del Blanco Prieto, dem Chef des Almosenamts, der Elemosineria Apostolica.

Der Spanier gibt sich dann auch alle Mühe, keine falschen Vorstellungen aufkommen zu lassen angesichts der kritischen Mienen mancher Besucher des kleinen Büros. «Hier kann man keinen Segen kaufen; bezahlt werden das Material und die Herstellung, also konkret die Arbeitskraft», erklärt er. Zum größten Teil seien die Urkunden ja kleine Kunstwerke, von Hand ge-

Eine Wand voller Papstsegen

schrieben und gemalt von den hauseigenen Kalligrafen oder von Schwestern einiger Klausurklöster, mit denen die Elemosineria zusammenarbeitet. Vier Euro von jeder verkauften Urkunde sind für die Hauptaufgabe seines Amts bestimmt: das Almosengeben. Die Kirche habe immer an der Seite der Armen gestanden, beginnt der 71-Jährige die Ausführungen zur Geschichte seiner Behörde. Zu biblischer Zeit seien es die Diakone gewesen, die sich um die Bedürftigen gekümmert hätten. In der Alten Kirche sei ja vom «Vorsitz in der Liebe» die Rede, den Rom unter den großen Bischofssitzen innegehabt habe. Das dürfe man durchaus sehr konkret verstehen, so del Blanco Prieto. Gregor X. (1271–1276) habe dann im 13. Jahrhundert diese Aufgabe institutionalisiert. Die Elemosineria ist aber nicht für große caritative Einsätze zuständig, sondern für die kleinen Hilfen des Alltags. «Wir unterstützen ganz konkret einzelne Personen oder Familien», führt der oberste Almosengeber des Papstes aus. Täglich erreichen ihn bis zu 200 Briefe von Menschen, die um Hilfe bitten: Einwanderer, viele alleinerziehende Mütter, Studenten aus den Ländern des Südens, die in Europa oder den USA plötzlich vor dem Nichts stehen, oder in jüngster Zeit arbeitslose Familienväter und kranke Menschen, die kein Geld für die notwendigen Medikamente haben. Die Anfragen kommen vor allem aus Italien; aber auch aus anderen Ländern wenden sich Bedürftige an den Elemosiniere. «Sie schreiben direkt an uns oder an den Papst. Der leitet die Briefe an uns weiter, wenn es um Einzelpersonen geht.» Jeder Anfrage muss eine Bestätigung des zuständigen Ortspfarrers beiliegen. «Das ist unsere Kontrolle, dass der Antragsteller wirklich bedürftig ist.» Die Anfragen werden von den Mitarbeitern des Erzbischofs geprüft. Dabei kontrollieren sie auch, ob der Antragsteller schon einmal eine Unterstützung bekommen hat; denn über alle Eingänge und Ausgänge im Almosenamt wird genauestens Buch geführt. Seit seiner Ernennung zum Elemosiniere habe er aber noch keinen Brief abschlägig beantwortet, stellt del Blanco Prieto fest und lächelt übers ganze Gesicht. Die Zuweisungen liegen zwischen 100 und 500 Euro pro Bittsteller. «Das klingt im ersten Moment wenig», gibt der spanische Kuriale zu, «doch für kontinuierliche Unterstützung gibt es die lokalen Caritasstrukturen. Wir wollen in einer ganz konkreten Notsituation helfen. Da kann auch diese Summe wichtig sein.» Der Mann weiß, wovon er spricht. 16 Jahre arbeitete er als Vatikandiplomat in Afrika, davon lange Zeit im Bürgerkriegsland Angola, in Kamerun und Libyen. Er hat die Not der Menschen hautnah erfahren. «Einige hundert Euro sind viel Geld, wenn Sie sonst nichts zum Leben haben.» Die Briefe mit Bargeld oder Schecks gehen nicht an den Antragsteller, sondern an den Pfarrer, der die Anfrage mit unterzeichnet hat. «Damit wollen wir auch sicherstellen, dass die Hilfe des Papstes integriert wird in die soziale Arbeit der jeweiligen Gemeinden vor Ort.»

Del Blanco Prieto vergibt jedes Jahr rund eine Million Euro Spenden an hilfsbedürftige Einzelpersonen und Familien. Noch einmal etwa 400.000 Euro gehen an kleinere Hilfsprojekte oder Klausurklöster, bei denen eine Notsituation eingetreten ist. Die Einnahmen kommen aus dem Verkauf der Pergamenturkunden mit dem Segen des Papstes. Über das Segensbüro des Almosenamts werden jährlich 120.000 Urkunden verkauft; weitere 180.000 Pergamente gehen in den Andenkenläden in der Nähe des Vatikans über den Ladentisch. Genau festgelegt sind die Ereignisse, für die ein «Apostolischer Segen» in Pergamentform erstanden werden kann: der Empfang von Sakramenten, Ehe- und Weihejubiläen ab 25 Jahre, runde Geburtstage ab dem 80. Lebensjahr sowie Primizen und der Start eines Priesters in einer neuen Pfarrei. «Manchmal kommen Anfragen für einen Segen etwa bei der Einweihung einer Statue auf dem Dorfplatz oder als Anerkennung für eine geleistete Arbeit. Das geht natürlich nicht», stellt der Almosenmeister in bestimmtem Ton fest, um gleich wieder mit einem gütigen Lächeln hinzuzufügen, dass es natürlich Ausnahmen gebe. Schließlich seien wir in der katholischen Kirche, und pastorale Klugheit sei auch auf seinem Posten angebracht. Allerdings sei mit dem Segen des Papstes auch nicht zu spaßen. Deshalb werde jede Anfrage sorgfältig geprüft, denn das hehre Anliegen, einem Menschen die besondere Nähe des Heiligen Vaters und seinen Segen zu versichern, dürfe nicht in ein schiefes Licht geraten. Diese lange Tradition solle im 21. Jahrhundert fortgesetzt werden, auch wenn es für manche etwas befremdlich wirke.

Nebenan im Segensbüro herrscht nach wir vor ein dichtes Gedränge. Der spanische Theologiestudent José Maria hat sich für eine große Urkunde im Querformat entschieden. In den Ecken erscheinen in kleinen Rotunden die vier Papstbasiliken Roms. Anlass: die Silberhochzeit der Eltern. Er füllt sorgfältig das DIN-A4-große Antragsformular aus. Eine Woche dauert es etwa, bis die Urkunde fertig ist. Wer dann nicht mehr in der Ewigen Stadt weilt, um das Pergament persönlich in Empfang zu nehmen, bekommt es gegen einen kleinen Aufpreis nach Hause geschickt. Am Ausgang wirft José Maria einen kurzen Blick auf den Schreibtisch des Pförtners. Der bannt gerade mit seinem Drucker die feinen Blumengirlanden auf das Pergament für die billigeren Urkunden. Im Büro von Erzbischof del Blanco Prieto müssen alle mithelfen; die Nachfrage sowohl bei den Hilfesuchenden als auch bei den Käufern der Segen ist groß. Ein Dutzend Mitarbeiter, darunter mehrere Kalligrafen, reichen kaum aus, um die Arbeit zu bewältigen. Während José Maria den Vatikan durch das Sankt-Anna-Tor verlässt, ist er schon gespannt auf das Gesicht seiner Eltern, wenn in wenigen Tagen die Urkunde mit dem Päpstlichen Segen in dem kleinen spanischen Dorf in der Nähe von Pamplona ankommt.

Patriarchen, Politiker und Paragrafen
Alltag in den Vatikanbehörden

Dienstagmorgen, kurz vor acht. Über den Petersplatz eilen Herren in schwarzen Anzügen, Ordensfrauen mit Aktentaschen und Prälaten in langen schwarzen Talaren. Die wachhabenden Gardisten an den Eingangstoren des Vatikans haben bei jedem höheren Geistlichen militärisch zu grüßen; zu dieser Tageszeit heißt das für die Schweizer: Hackenschlagen im Sekundentakt. Wie bei einer kleinen Völkerwanderung strömen jeden Morgen mehrere Tausend Mitarbeiter in ihre vatikanischen Büros – vom einfachen Pförtner bis zum Leiter der mächtigen Glaubenskongregation. Der morgendliche Spaziergang des Kardinal Joseph Ratzinger war legendär: von seiner Wohnung auf der einen Seite des Petersplatzes zu den Büros des Heiligen Offiziums auf der gegenüberliegenden. Nicht selten nutzten einfache Gläubige wie Würdenträger die Chance, um dem obersten Glaubenshüter ihre Anliegen vorzutragen.

Auch den Nachfolger Ratzingers als Chef der Glaubenskongregation, der US-amerikanische Kardinal William Levada, trifft man regelmäßig morgens beim Gang ins Büro. Doch wie viele hohe Prälaten erkennt man ihn meist erst im letzten Moment. Die Baskenmütze tief ins Gesicht gezogen, leicht nach vorne gebeugt, das Bischofskreuz in der Hemdtasche versteckt, bahnt er sich den Weg über den Platz, der zu dieser Stunde oft noch im Besitz der Taubenschwärme ist. 4.600 Mitarbeiter haben der Vatikanstaat und der Heilige Stuhl zusammen. Rund drei Viertel von ihnen sind Laien. Im Vatikan gilt die 36-Stunden-Woche. Der Arbeitsrhythmus folgt, wie vieles in der katholischen Kirche, einer langen Tradition. Werktags, von Montag bis Samstag, wird von 8.30 bis 13.30 Uhr gearbeitet. An zwei Tagen in der Woche, meist Dienstag und Freitag, kommen dann noch einmal vier Stunden am Nachmittag dazu. Ausgenommen sind von diesen starren Zeiten nur wenige Bereiche wie das Staatssekretariat, die Journalisten der vatikanischen Medien sowie das Aufsichtspersonal und die Sicherheitsdienste. Damit bei den Übrigen auch ja keine Überstunden anfallen, werden in vielen Palazzi wenige Minuten nach Ende der offiziellen Dienstzeit die Türen und Tore fest verschlossen und oft zur Sicherheit auch der Strom abgestellt. Wer keinen eigenen Schlüssel besitzt, muss sich sputen, und das sind in der Regel die meisten.

Einen Blick in die Amtsstuben zu werfen, ist nicht leicht. Die Türen der Büros bleiben in der Regel verschlossen. Besucher werden in Empfangsräume gebeten und dort von den Referenten begrüßt. In den Dikasterien ist an vielen Stellen etwas von der alten Mentalität zu spüren: Man redet nicht gerne über die eigene Arbeit. «Bitte nicht zitieren!»

Was die Leitung der Weltkirche anbetrifft, haben sich im Verlauf der Geschichte für alle wichtigen Bereiche des katholischen Lebens Fachministerien herausgebildet. Das sind die Kongregationen für Glauben, Bischöfe, Klerus, Orden, Sakramente und Gottesdienst, Bildung, Evangelisierung der Völker (Missionsländer), Ostkirchen sowie Selig- und Heiligsprechungen. Diese Institutionen können zum Teil auf eine jahrhundertelange Tradition zurückblicken. Im Umfeld des Zweiten Vatikanischen Konzils (1962–1965) wurden weitere Ministerien eingerichtet, die Päpstlichen Räte für Kultur, interreligiösen Dialog, Gesundheit, Förderung der Einheit der Christen, Migration und Menschen unterwegs, Caritas und Entwicklungshilfe (Cor Unum), Medien, Interpretation der Gesetzestexte, Laien, Familie sowie Gerechtigkeit und Frieden. Daneben gibt es drei Gerichtshöfe und weitere Ämter wie etwa das des Päpstlichen Zeremonienmeisters. Mit Ausnahme des Staatsekretariats sind die Behörden in der Regel sehr kleine Einheiten. Meistens arbeiten kaum mehr als ein Dutzend Referenten in einem Ministerium. Dazu kommen Archivare, Sekretärinnen und Bürogehilfen.

Der Päpstliche Rat zur Förderung der Einheit der Christen etwa beschäftigt 25 Personen. Davon sind sieben Fachreferenten. Sie müssen zusammen mit den drei Leitern der Behörde den gesamten Dialog mit den christlichen Kirchen und Konfessionsfamilien organisieren und am Laufen halten. Derzeit unterhält der Heilige Stuhl offizielle Kontakte zu über 20 Partnern, wie etwa den orthodoxen und altorientalischen Kirchen, dem Ökumenischen Rat der Kirchen in Genf, der Anglikanischen Weltgemeinschaft und dem Lutherischen Weltbund. Neben der allgemeinen Korrespondenz müssen jährliche Begegnungen vorbereitet und durchgeführt sowie theologische Dialogpapiere erarbeitet werden. Unerlässlich neben dem Kontakt zu den Partnern ist die ökumenische Arbeit innerhalb der katholischen Kirche. Hier gilt es mitunter, Hilfestellung zu geben für einzelne Bischofskonferenzen, wie das Gespräch mit den anderen Konfessionen vor Ort gelingen kann. Die Referenten des Einheitsrats können nicht über Arbeitsmangel klagen. In anderen Dikasterien sieht es ähnlich aus. Gleich nebenan im selben Palazzo sitzt Kardinal Jean-Louis Tauran, zuständig für den interreligiösen Dialog. Mit fünf Referenten versucht er den Kontakt zu den anderen Religionen zu halten und auszubauen. Seit der Regensburger Rede von Papst Benedikt XVI. investieren die Mitarbeiter des Dialograts den größten Teil ihrer Zeit in die Kontakte mit den Muslimen. Kardinal Tauran, der als ehemaliger vatikanischer Außenminister und erfahrener Diplomat hohes Ansehen genießt, reist zu Begegnungen nach Kairo, Libyen und Jordanien. In seinen wenigen römischen Tagen empfängt er Delegationen aus islamischen Ländern. Die Kellner der Bar im Erdgeschoss des Bürohauses in der Via della Conciliazione 5 wundern sich längst nicht mehr, wenn Imame mit Turban und orthodoxe Patriarchen mit langem weißem Bart sich am Eingang förmlich die Klinke in die Hand geben. Im selben Gebäude kümmern sich übrigens noch Erzbischof Ravasi mit seinen Mitarbeitern um die Kontakte zur Welt der Kulturschaffenden und Erzbischof Celli um die Medienwelt. Seine Behörde muss alle Foto- und Fernsehaufnahmen im Vatikan genehmigen. Als Spielfilmkulisse sind die historischen Gebäude zwar heißbegehrt, doch für die TV-Produzenten bleiben die Tore verschlossen. Nur für Dokumentarfilme gibt es Genehmigungen, und das auch erst nach eingehender Prüfung der Drehbücher.

In einem anderen Gebäude unmittelbar am Petersplatz werden neue Bischöfe «gemacht». Die Bischofskongregation bereitet die Entscheidungen des Papstes zur Ernennung der Bischöfe vor, soweit die Diözesen nicht in die Zuständigkeit anderer vatikanischer Behörden fallen. Wird ein Bischofsstuhl vakant, beginnt der Nuntius vor Ort mit der Suche nach geeigneten Kandidaten. Über diese führt er einen Informativprozess: Er verschickt streng vertraulich einen Fragebogen an verschiedene Persönlichkeiten im Umfeld des Kandidaten. Die gesammelten Unterlagen gehen nach Rom an die Bischofskongregation, die alle Papiere prüft und Klarstellungen verlangt, wenn Fragen offen sind. Danach werden die einzelnen Personalien in der «congregatio», der zweimal im Monat stattfindenden Versammlung der Mitglieder der Bischofskongregation, beraten. Mitglieder sind Kardinäle und Bischöfe aus der ganzen Welt, die der Papst für fünf Jahre ernennt. Sie legen sich nach Durchsicht der Unterlagen auf eine Reihenfolge der Kandidaten fest, die sie dem Papst vorschlagen. Der bekommt alle Dokumente inklusive eines Protokolls der Diskussion der «congregatio» und entscheidet frei, ob er sich dem Vorschlag anschließt oder einen anderen Kandidaten benennt. Im deutschen Sprachraum gibt es durch die Konkordate teilweise abweichende Regelungen. In den Diözesen etwa, für die das preußische oder das badische Konkordat gelten, gibt der Papst drei Kandidaten vor, aus denen das Domkapitel den neuen Bischof wählt.

Wenige Meter von der Bischofsschmiede entfernt geht es nicht um die irdische, sondern um die himmlische Ehre. In der Kongregation für Selig- und Heiligsprechungen werden die neuen

Vorbilder im christlichen Glauben auf Herz und Nieren geprüft. Dafür liefern die Postulatoren, die Anwälte der betreffenden Kandidaten, teils tausende Seiten umfassende Dokumentationen an. Die 20 Mitarbeiter kommen mit der Arbeit kaum hinterher. Alles muss sorgfältig geprüft werden. Gibt es nicht doch einen dunklen Fleck in der Vita des Kandidaten, der ins große Buch der Seligen und Heiligen eingeschrieben werden soll? Peinliche Schlagzeilen im Nachhinein sollen vermieden werden. Das erfordert ein akribisches Aktenstudium, wodurch ein Prozess mehrere Jahre oder gar Jahrzehnte dauern kann. Besonders schwierig wird es beim Thema Wunder. Ist der zukünftige Selige kein Märtyrer, also nicht wegen seines Glaubens zu Tode gekommen, muss ein Wunder nachgewiesen werden als Voraussetzung für die Seligsprechung. Die Kongregation hat eigens eine Expertenkommission eingerichtet, in der auch Wissenschaftler säkularer Universitäten Mitglied sind. Sie müssen die Vorfälle untersuchen, die von Gläubigen als Wunder eingereicht werden. Meist handelt es sich um Heilungen. Nur wenn die Kommission feststellt, dass das betreffende Ereignis mit den aktuell zur Verfügung stehenden medizinischen und technischen Kenntnissen nicht erklärbar ist, kann von einem Wunder gesprochen werden.

Einige Mitarbeiter des Büros für die himmlischen Vorbilder haben Glück. Beim Blick aus dem Fenster schauen sie auf den Petersplatz, der im Volksmund auch der «Heiligenhimmel» genannt wird. Grund sind die 140 Heiligenstatuen auf den Kolonnaden Berninis, die den Platz säumen. Direkt über der rechten Säulenreihe hoch oben zwischen Apostolischem Palast und Petersdom liegt die Schaltzentrale des Heiligen Stuhls: das Staatssekretariat. Hier laufen alle Fäden des Global Player katholische Kirche zusammen. Es ist Staatskanzlei, Innen- und Außenministerium in einem sowie mit rund 150 Mitarbeitern die größte Behörde. Der Kardinalstaatssekretär ist eine Art Regierungschef und nach dem Papst der mächtigste Mann in der katholischen Kirche. Der Eingang der Büros liegt praktisch auf Augenhöhe mit dem

Papst in der Terza Loggia, der dritten Haupt-Etage des Apostolischen Palasts. Kommt man aus dem Fahrstuhl, der die Besucher vom Damasushof nach oben bringt, erblickt man links die Tür der päpstlichen Wohnung, bewacht von einem Schweizergardisten. Nach rechts führt der Weg durch die berühmte Galerie der Weltkarten ins Staatssekretariat. Einst Ausdruck des irdischen Machtanspruchs des Papsttums, erinnern die eindrucksvollen Fresken den Betrachter daran, welch gewaltigen Einfluss die Kirche bis an die Enden der Erde auszuüben vermag.

Das Staatssekretariat ist in zwei Sektionen unterteilt. Die erste ist die Sektion für die inneren Angelegenheiten. Sie ist Staatskanzlei und Innenministerium zugleich. Sie unterstützt den Papst in den alltäglichen Aufgaben. Sämtliche Post an den Pontifex geht über den Schreibtisch eines der Mitarbeiter der ersten Sektion. Hier werden päpstliche Reden und Dokumente übersetzt und zur Veröffentlichung freigegeben. Die vatikanischen Medien werden von den Prälaten mit offiziellen Informationen versorgt und auch beaufsichtigt. Die Sektion ist in Sprachabteilungen untergliedert, die für Anfragen aus den jeweiligen Ländern zuständig sind. Sie halten den Kontakt zu den Nuntiaturen in aller Welt. Die beim Heiligen Stuhl akkreditierten ausländischen Botschafter finden im Substitut, dem Leiter der ersten Sektion, der auch Innenminister genannt wird, ihren Ansprechpartner. Die zweite Sektion, das Außenministerium, pflegt die Kontakte zu ausländischen Regierungen und internationalen Organisationen wie EU oder UNO. Kommen ausländische Politiker in den Vatikan, werden sie in der Regel vom Außenminister empfangen. Staats- und Regierungschefs trifft der Papst persönlich. Im Anschluss an das Gespräch unter vier Augen in der Privatbibliothek des Pontifex empfängt der Kardinalstaatssekretär die hohen Gäste, um die behandelten Themen zu vertiefen. Innerhalb der Kurie hat das Staatssekretariat eine koordinierende Funktion. Alle Publikationen der einzelnen Dikasterien müssen mit ihm abgestimmt sein. So soll garantiert werden, dass der Heilige Stuhl mit einer Stimme spricht und nicht widersprüchliche Positionen in der Öffentlichkeit vertreten werden. Das gelingt nicht immer; denn mitunter ärgern sich die Chefs der anderen Behörden, dass das Staatssekretariat seinen Einfluss derart ausdehnt. Ähnliche Vorbehalte gibt es gelegentlich gegenüber der Glaubenskongregation. Sie muss von den verschiedenen Behörden immer dann konsultiert werden, wenn es um Glaubens- und Sittenfragen geht. Sollen Dokumente veröffentlicht werden, prüft zunächst die Glaubenskongregation, ob auch alles der katholischen Lehrtradition entspricht. Das kann dauern; denn die Mühlen der vatikanischen Behörden mahlen sorgfältig und damit langsam.

Ein Gottesdienst mit dem Pontifex
Der Päpstliche Zeremonienmeister

Zwölf Seminaristen in schwarzen Talaren laufen durch den abgesperrten Mittelgang der Petersbasilika, paarweise, eine Hand erhoben, als würden sie Kerzen tragen. Im Gleichschritt nähern sie sich langsam der Confessio. Dort teilen sich die Paare und gehen rechts und links am Papstaltar vorbei. Oben auf der Altarinsel steht Monsignore Guido Marini, der Päpstliche Zeremonienmeister, und beobachtet das Geschehen mit strengem Blick. Der 43-Jährige ist für die liturgischen Feiern des Pontifex zuständig. Es ist der Vormittag des 23. Dezember, Generalprobe für die Mitternachtsmesse des Papstes an Heilig Abend. Alles ist bis ins Detail geplant und wird geübt. Nicht nur, dass der Gottesdienst über Fernsehen in die ganze Welt übertragen wird und der kleinste Fehler rund um den Globus sofort wahrgenommen wird, vor allem der hohe Anspruch des Papstes selbst an die liturgischen Feiern verlangen von Marini und seinen neun Zeremoniaren höchste Konzentration und Sorgfalt bei der Vorbereitung. Die würdige Feier der Liturgie als Höhepunkt des christlichen Glaubenslebens gehört zu den zentralen Themen des Pontifikats Benedikts XVI. Marini weiß zudem, dass seine Arbeit mit Argusaugen beobachtet wird. Seit er im Herbst 2007 sein Amt angetreten hat, gab es zahlreiche Veränderungen bei den päpstlichen Gottesdiensten, die von der Presse schnell als Rückkehr zu vorkonziliaren Verhältnissen in der Liturgie gedeutet wurden. Der hochgewachsene Genueser weist das zurück, fühlt sich missverstanden. Er wolle die Liturgie weiterentwickeln und greife dabei auch auf traditionelle Elemente zurück. Das sei aber kein Rückschritt, sondern ein Fortschritt – im Sinne des Papstes, fügt er schnell hinzu.

Nach den Proben zieht sich Marini wieder in sein Büro zurück, um mit den anderen Zeremoniaren noch einmal die Gottesdienste zu besprechen. Die Gottesdienste an Weihnachten gehören zum regulären Programm. Trotzdem sind die Mitarbeiter im Päpstlichen Zeremonienamt höchst konzentriert. Seit gut einem Monat laufen die Vorbereitungen. Zunächst werden die liturgischen Texte für die Feiern zusammengestellt, Gebete und Lesungen. Mit dem Organisten von Sankt Peter und dem Leiter der Cappella Sistina, des Knabenchors, der bei den meisten Papstgottesdiensten in Sankt Peter singt, berät Marini die musikalische Gestaltung der Feier. Stehen Texte und Lieder fest, geht ein erster Vorschlag für den Ablauf des Gottesdienstes an den Papst. Stimmt der zu, geht es an die Feinarbeit: Marini wählt die mitwirkenden Personen aus. Ein Mitarbeiter erstellt ein kleines Heft für die Gottesdienstbesucher mit den Texten und Liedern. Mit den Chefs der Floreria und der Gärtnerei muss der Zeremonienmeister über die Gestaltung der Basilika sprechen. Gibt es besondere Aufbauten? Wie viele Bischöfe und Kardinäle werden erwartet? Welchen Thron benutzt der Papst? Wie viele Weihnachtssterne werden wo platziert? Zudem müssen die Gentiluomini informiert werden, damit sie vor dem Gottesdienst die Kleriker und Diplomaten zu ihren Plätzen geleiten können. In der vatikanischen Tageszeitung L'Osservatore Romano veröffentlicht Marini eine kleine «Note». Damit informiert der Zeremonienmeister die Kardinäle, Bischöfe und Priester über den Gottesdienst und führt aus, wer in welcher liturgischen Kleidung teilnehmen kann. Die Kurienchefs erhalten in der Regel eine eigene Einladung zur Teilnahme an den Gottesdiensten. Was die Auswahl der Mitwirkenden anbetrifft, hält sich der Zeremonienmeister bedeckt. Bei den Ministranten wechseln sich die verschiedenen Priesterseminare in Rom ab. Damit ist ausgeschlossen, dass bei einem Papstgottesdienst im Vatikan auch Mädchen ministrieren. Für die übrigen Dienste, die auch von Laien wahrgenommen werden können, lägen lange Listen vor. Viele Menschen schreiben an das Liturgiebüro und bieten sich als Lektoren oder Fürbittleser an. Andere bitten darum, vom Heiligen Vater die Kommunion gereicht zu bekommen. Es liegt an Marini und seinen Mitarbeitern auszuwählen. Lesungen und Fürbitten werden oft von Mitarbeitern von Radio Vatikan oder dem Vatikanischen Staatsekretariat vorgetragen. «Dort finden wir Personen, die auch in fremder Sprache gut lesen können», erklärt Marini. Gerade bei den Fürbitten, die neben den großen Fremdsprachen hin und wieder in afrikanischen oder asiatischen Dialekten sind, sei das wichtig.

Ebenfalls einige Wochen vor dem Gottesdienst muss die Kleiderfrage für den Papst entschieden werden. Zunächst wird geklärt, ob neue Gewänder angefertigt oder bereits vorhandene genutzt werden. Im Vatikan gibt es eigens eine Paramentenwerkstatt, in der die neuen Gewänder des Kirchenoberhaupts gefertigt werden. Schwester Agar kennt die Maße Seiner Heiligkeit genau. Zwischen 135 und 137 Zentimeter sind die Gewänder bei Benedikt XVI. im Normalfall lang. «Johannes Paul II. war größer. Bei ihm war die Länge 147 Zentimeter», erklärt die Ordensfrau. Inspiration für die kleinen Kunstwerke aus Stoff holt sie sich aus den liturgischen Texten, aber auch bei den antiken Gewändern früherer Päpste. Die werden in der päpstlichen Sakristei aufbewahrt, die neben der Sixtinischen Kapelle liegt. Hier oben legt der Papst vor den Gottesdiensten seine Gewänder an und fährt dann mit einem Fahrstuhl hinunter in die Petersbasilika. Der Ausgang des päpstlichen Fahrstuhls liegt bei der Seitenkapelle der Pietà Michelangelos. In der Sakristei lagern tausende liturgische Gewänder und Geräte aus mehreren Jahrhunderten. Die kostbaren Schätze des «Sacrario Apostolico» werden von Augustinerpatres gehütet. Je nach Anlass des Gottesdienstes begibt sich der Zeremonienmeister mit dem Kustoden der Sakristei auf die Suche nach alten Gewändern. «Beim Gedenkgottesdienst für einen Papst passen meines Erachtens historische Gewänder», erklärt Marini. «Für Weihnachten und Ostern lasse ich dann neue Stücke schneidern.» Greift er auf alte Kleidung zurück, achtet er auf einen historischen Bezug. Am 1. Januar 2008 trug der Papst beim Gottesdienst eine Mitra seines Vorgängers

Zeremonienmeister Marini setzt dem Papst den Pileolus auf

Paul VI. Der hatte 1967 den katholischen Weltfriedenstag zum 1. Januar eingeführt. Für Marini ist der Griff in den päpstlichen Kleiderschrank, bei dem er historische Gewänder hervorbringt, kein Rückschritt. Vielmehr wolle er so die Kontinuität unter den Päpsten herausstellen. Der Zeremonienmeister vergleicht sein Vorgehen mit päpstlichen Dokumenten. «Dort zitiert der Heilige Vater ja auch Aussagen seiner Vorgänger, um die Kontinuität des kirchlichen Lehramts zu unterstreichen. Dasselbe versuchen wir über die alten Kleider auszudrücken.» Das gelte auch für den neuen Bischofsstab, den Papst Benedikt XVI. seit Sommer 2008 trägt. Er besteht aus einem goldenen Kreuz ohne Christusdarstellung. Diese war auf der silbernen Ferula, so die offizielle Bezeichnung des päpstlichen Bischofsstabs, zu sehen, die Paul VI. und Johannes Paul II. genutzt hatten. Die jetzt benutzte goldene Kreuzform entspreche eher der jahrhundertelangen Tradition der Päpste, daher habe man sich zu dem Wechsel entschieden. Zudem, gibt Marini zu bedenken, sei die goldene Ferula leichter als die von Wojtyla benutzte silberne. Die «neue» stammt übrigens von Pius IX., dem Pontifex, der beim Ersten Vatikanischen Konzil 1870 den Jurisdiktionsprimat des Papstes festschreiben ließ. Manche Neuerungen, erklärt Marini, habe er aus theologischen Gründen vorgenommen. Das große Kreuz in der Mitte des Altars etwa solle zum Ausdruck bringen, dass sowohl der Priester, im konkreten Fall der Papst, als auch die Gemeinde zu Christus hin orientiert seien. Dass Gläubige die Hostie, den Leib Christi, vom Pontifex nur noch kniend als Mundkommunion empfangen können, begründet er damit, dass die Handkommunion nach wie vor eine Ausnahmeregelung sei. Die Mundkommunion im Knien bringe die Gegenwart Christi im Altarsakrament besser zum Ausdruck und fördere zudem die Frömmigkeit und das Verständnis für das Mysterium. Die Änderungen führt Marini nur nach Rücksprache mit dem Papst ein, betont er. Dazu suche er entweder das persönliche Gespräch oder wende sich schriftlich an das Kirchenoberhaupt. Bei seiner Arbeit suche er stets den

Rat von Experten, mit denen er sich einmal monatlich trifft. Die Bücher und Texte Benedikts XVI. zur Liturgie hat er natürlich genauestens studiert.

Von seinem Büro auf der Höhe der Prima Loggia des Apostolischen Palasts blickt Marini hinüber zur Fassade des Petersdoms. Auf der Mittelloggia bereiten die Mitarbeiter der Floreria alles für den feierlichen Weihnachtssegen Urbi et Orbi vor. Für den 43-Jährigen ist es das zweite Weihnachtsfest im Amt des Zeremonienmeisters. Nach dem ersten Jahr ist etwas Routine eingekehrt, gibt er zu. Am Anfang sei er doch aufgeregt gewesen. Zwar habe er bereits in seinem Heimatbistum Genua als Zeremoniar für die dortigen Erzbischöfe gearbeitet; aber oberster Liturge des Papstes zu sein, sei dann doch noch etwas anderes. Gott sei Dank sei im ersten Jahr nichts schiefgegangen. Nur einmal, bei der Taufe in der Osternacht, habe der Zeremoniar mit der Muschel auf sich warten lassen, mit der der Papst das Weihwasser über die Täuflinge gießen sollte. «Da werden Sekunden zur Ewigkeit», erklärt Marini lachend. Der Papst habe aber sofort reagiert. Der Täufling habe sich schon über das Becken gebeugt. «Wir müssen noch etwas warten», habe ihm Benedikt XVI. entschuldigend leise zugeflüstert. Der zuständige Zeremoniar sei dann irgendwann doch gekommen, und alles habe seinen gewohnten Gang genommen. In einer solchen Situation muss sich Marini auf seine Kollegen Zeremoniare verlassen. Er steht rechts vom Papst – im Rampenlicht der Fernsehkameras. Da kann er höchstens noch mit Augenzwinkern und kleinen, möglichst unauffälligen Handbewegungen dirigieren. Entsprechend wichtig sind die Proben und Absprachen im Vorfeld. Deshalb kehrt Marini auch noch einmal in den Petersdom zurück. Dort hat er sich mit dem Chef der Floreria verabredet. Am Thron des Papstes müssen noch einige Änderungen vorgenommen werden. Das Podest wird um eine Stufe erhöht. «Schließlich soll der Papst auch deutlich als Vorsteher der Liturgie erkennbar sein.» Sagt es und eilt die Treppe zum Dom hinunter.

Pasta, Sport und Schnittchen
Die Zeit nach Büroschluss

Tor – 2:1 gewinnt Mater Ecclesia über Redemptoris Mater. Jubel auf den Rängen, auf denen sich ungewöhnliche Szenen abspielen. Ordensfrauen schwenken bunte Fahnen, Monsignori im schwarzen Talar und hoch aufragendem Römerkragen reißen die Arme in die Höhe, die Wangen ziert eine Flagge in den Farben des Seminars: blau und weiß. Vom Banner des Kollegs blickt streng die Namensgeberin: Maria mit dem Kind. Man erkennt die Darstellung der Mater ecclesiae, die hoch oben über dem Petersplatz als Mosaik über das Treiben im Vatikan zu wachen scheint. Ihren Kickern bringt sie heute Glück. Mater ecclesiae gewinnt die zweite Auflage des Clericus-Cup. Die Kulisse ist prächtig. Hohe Pinien umgeben den Fußballplatz. Im Hintergrund thront die mächtige Kuppel des Petersdoms, der nur wenige hundert Meter entfernt ist. Kurienkardinal Stanislaw Rylko, Chef des Päpstlichen Laienrats und damit vatikanischer Sportminister, ist eigens zum Finale auf den Fußballplatz gekommen und überreicht den Pokal: eine Bronzeskulptur in Form eines Fußballs, der von zwei Fußballschuhen getragen und dem traditionellen Seminaristenhut, dem Saturno, bedeckt wird. Drei Monate lange haben 16 Teams um die begehrte Trophäe gekämpft. 400 Seminaristen aus 70 Ländern waren beteiligt. 2007 wurde die Meisterschaft zum ersten Mal ausgetragen. Ideengeber war kein geringerer als Kardinalstaatssekretär Tarcisio Bertone, selbst begeisterter Fußballfan und in seiner Zeit als Erzbischof von Genua auch schon einmal als Radioreporter bei einem Spiel in der Serie A aktiv. Seit Frühjahr 2008 gibt es, nach dem Erfolg im Fußball, auch einen Clericus-Cup im Basketball.

Auch wenn es auf den ersten Blick verwundert, der Sport spielt in den römischen Studier- und Amtsstuben eine nicht unbedeutende Rolle. Nicht nur, dass die Italiener im Staate des Papstes am Montagmorgen mit heftigen Diskussionen die Ergebnisse der Serie A diskutieren und den Eindruck erwecken, als erlebten sie die Spiele noch einmal hautnah. Der Sport dient für viele als Ausgleich zum ständigen Sitzen in Archiven, Bibliotheken und an Schreibtischen. Bei Schweizergardisten und Vatikanischer Gendarmerie gehört er gar zum Pflichtprogramm. Neben der Fitness, die der Job fordert, müssen etwa die Gardisten gezielt ihre Muskeln stärken, um stundenlanges Stehen auf Marmorböden im Apostolischen Palast und auf Pflastersteinen am Petersplatz zu meistern, ohne dass Beine und Rücken Schaden nehmen. Beide Korps stellen daher auch erfolgreiche Fußballmannschaften, die nicht am Clericus-Cup teilnehmen, der nur für Seminare veranstaltet wird, dafür aber an den vatikaninternen Meisterschaften. Da sind die Spiele FC Guardia gegen Gendarmeria legendär. Mitunter überträgt sich die Rivalität der beiden Sicherheitsdienste auch auf das Fußballfeld. Das Gerücht, die beiden Mannschaften dürften deshalb nicht mehr gegeneinander antreten, dementiert Davide Giulietti, die rechte Hand des Kommandanten der Gendarmerie. «Es sind eben besondere Spiele, bei denen es zur Sache geht. Aber alles natürlich fair!», stellt er mit einem Schmunzeln fest. Fußballmeisterschaften im Vatikan gibt es seit über 30 Jahren. 1972 fanden die ersten organisierten Wettkämpfe statt. Bis zu 20 Mannschaften spielten in den jährlichen Turnieren gegeneinander: Sixtinische Kapelle gegen Geheimarchiv, Fernsehzentrum gegen Post und Radio Vatikan gegen Sampietrini. Für die Mitarbeiter sind die Spiele eine Gelegenheit, sich außerhalb der offiziellen Büroetikette zu treffen und Kollegen aus anderen Bereichen kennenzulernen. Der Vatikan wäre aber nicht das Zentrum der katholischen Kirche, wenn nicht auch mit dem Sport mehr als nur Geselligkeit verbunden werden würde. Ein gesunder Geist braucht einen gesunden Körper, lautet die Devise. Der Sport rückt damit von der schönsten Nebensache der Welt ins Zentrum theologischer

Wettkampf im Schatten des Petersdoms

Betrachtungen. Fairness und der würdevolle Umgang mit dem Gegner stehen im Mittelpunkt, verlautet es aus dem Sportministerium des Vatikans. Wer nicht in Mannschaften Sport treibt, der joggt durch die Vatikanischen Gärten oder durch einen der vielen Parks in Rom. Mitunter werden die Herren der Kurie auch in den Schwimmbädern der großen Priesterkollegien gesichtet oder beim Tennisspiel.

Für Sport bleibt genügend Raum, wenn an Werktagen um 14 Uhr viele Bürotüren im Staat des Papstes ins Schloss fallen und die Monsignori ebenso wie viele Laien nach Hause eilen. Zwar müssen sie an zwei Nachmittagen noch einmal zurückkehren, doch ohne Zweifel lässt die 36-Stunden-Woche für weitere Beschäftigungen viel Zeit. Die nutzen die Mitarbeiter des Heiligen Vaters neben dem Sport ganz unterschiedlich, etwa zum Studium. Nirgendwo in der Welt ist die Dichte an katholischen Universitäten und Instituten so hoch wie in der Ewigen Stadt. Bischöfe aus aller Welt schicken ihre besten Priesteramtskandidaten nach Rom, um ihnen eine gute und vor allem international geprägte Ausbildung zu ermöglichen. In der Biografie nahezu aller wichtigen Kirchenführer weltweit finden sich römische Studienjahre. Was zu dem positiven Nebeneffekt führt, dass Italienischkenntnisse rund um den Erdball die Kommunikation in katholischen Kirchenkreisen stark erleichtern.

Unter den großen Hochschulen der Orden ist die Jesuitenuniversität Gregoriana die wohl bekannteste Kaderschmiede. Aber auch die Lateranuniversität des Bistums Rom sowie die Einrichtungen der Salesianer, Franziskaner, Benediktiner oder Dominikaner genießen, jede auf einem anderen Spezialgebiet der Theologie und Philosophie, ein hohes Ansehen. Angesichts dieser Tatsache versuchen viele Bischöfe aus der Not eine Tugend zu machen. Die vielerorts gepriesene Internationalisierung der Kurie bedeutet für die Oberhirten in aller Welt, dass sie gute Priester nach Rom schicken müssen, die sie oft angesichts des weitverbreiteten Priestermangels auch sehr gut im eigenen

Bistum gebrauchen könnten. Wenn sie dann schon ihre Leute in den Vatikan schicken, dann sollen diese während ihrer römischen Zeit an einer der Hochschulen Zusatzqualifikationen erwerben bis hin zur Promotion. Für die Betroffenen heißt das, nach Dienstschluss Studium in einer der vielen Bibliotheken in Rom und gelegentlich der Besuch einer Vorlesung oder eines Seminars an der Universität. Wer nicht die Studienbank drückt, wird vielleicht selbst zum Lehrenden. Viele Referenten aus den Dikasterien tauschen einige Stunden in der Woche den vatikanischen Schreibtisch mit dem Katheder. So hatte Georg Gänswein, als er noch in der Glaubenskongregation arbeitete und Sekretär des damaligen Kardinalpräfekten Joseph Ratzinger war, einen Lehrauftrag für Kirchenrecht an der Opus-Dei-Universität Santa Croce. Andere Kleriker nutzen die Zeit am Nachmittag, um in einer Gemeinde in der Seelsorge zu helfen oder in einem der vielen nationalen und internationalen Priesterseminare eine Aufgabe in der Nachwuchsausbildung zu übernehmen.

Wenn am Abend die Sonne hinter Sankt Peter untergeht, der Papst in seinem Arbeitszimmer am Schreibtisch sitzt, die Büros der Kurie längst verschlossen sind und die Schweizergardisten beginnen, die Tore des Zwergstaats zu verriegeln, erwacht das vatikanische Volk zu neuem Leben. Allerdings spielt sich das jetzt nicht mehr in den schlichten Amtsstuben ab, sondern in den Trattorien und Pizzerien der Stadt, in den Residenzen der Botschafter und Kardinäle sowie in den Gästesälen der großen kirchlichen Einrichtungen und Seminare. Jetzt beginnt der informelle Teil des Arbeitstages. Die einschlägigen Restaurants rund um den Vatikan füllen sich mit Prälaten und Monsignori. Wer es etwas dezenter liebt, wählt ein Lokal, das etwas entfernter liegt. Journalisten bitten Hochwürden zu Hintergrundgesprächen. Bei Pasta und Saltimbocca alla Romana werden die neusten Nachrichten ausgetauscht. Lange wird über die Interpretation einer Papstäußerung diskutiert, um kurz vor dem Grappa noch ein wenig über die Zukunft zu spekulieren.

Eine Tür weiter sind die Herren in Schwarz unter sich. Man informiert sich über die Geschäfte und Arbeiten des jeweils anderen, betreibt geschickt Lobbyarbeit für die eigenen Anliegen. Das gilt auch für Empfänge der Botschafter der beim Heiligen Stuhl akkreditierten Staaten. Bei Schnittchen und Prosecco bieten sie regelmäßig Gelegenheit für Kuriale, sich zu begegnen und einen informellen Austausch zu pflegen. Dabei geht es nicht nur um große Politik oder Einflussnahme. Die Monsignori im Vatikan agieren behutsam und arbeiten diskret. Es ist wichtig, dass man sich kennt. Dann lassen sich später auch am Telefon vertrauliche Dinge schneller regeln. Eine Begegnung am Rande eines Empfangs kann also die Arbeit erleichtern. Das gilt auch für die Journalisten, die regelmäßig geladen sind. Sie finden Gelegenheit, sich untereinander auszutauschen und den einen oder anderen Monsignore kennenzulernen. Für Medienvertreter gilt noch mehr als für Kuriale untereinander, dass sie erst das Vertrauen der Prälaten gewinnen müssen, um überhaupt eine Chance zu haben, im Falle des Falles an Hintergrundinformationen zu kommen. Die Herren in Schwarz sind normalerweise sehr zurückhaltend gegenüber der Presse. Da wirkt ein Gespräch am Rande eines Empfangs oder einer anderen kulturellen Veranstaltung am Abend oft Wunder.

Grüß Gott, Herr Papst
Deutsche im Vatikan

Die katholische Kirche ist der älteste Global Player der Welt. Der Globus ist mit einem engmaschigen Netz an kirchlichen Strukturen und Einrichtungen überzogen. Selbst wenn es in einem Landstrich kaum Katholiken gibt, wie etwa in einigen arabischen Ländern, so gibt es doch auch für diese Gebiete zuständige Kirchenobere. Einen Überblick verschaffen die «gelben Seiten» der katholischen Kirche: das Päpstliche Jahrbuch. Auf 2.400 Seiten sind alle Bischöfe, Kardinäle, Verwaltungsbezirke und Institutionen der Kurie verzeichnet – mit Namen und Telefonnummer, dazu Angaben über die Zahl der Katholiken, Priester und Gemeinden in den jeweiligen Bistümern. Nur einige wenige fehlen, wenn etwa aus politischen Gründen die Veröffentlichung negative Konsequenzen haben könnte. So findet man zwar die Diözesen Peking und Shanghai verzeichnet, doch die Namen der Bischöfe sucht man vergebens.

Die Internationalität der katholischen Kirche spiegelt sich mittlerweile auch in der römischen Kurie wieder. War bis zum Zweiten Vatikanischen Konzil in den 1960er Jahren der Vatikan fast ausschließlich in italienischer Hand, hat sich dies in den letzten Jahrzehnten stark verändert. Viele Kurienbehörden werden von Nicht-Italienern geleitet; auf Referentenebene ist der Prozess noch weiter fortgeschritten. So ist es nicht verwunderlich, dass sich unter den Kurialen auch rund 60 Kleriker und Laien aus dem deutschen Sprachraum befinden. Ein Blick in die Führungsriege der Kurie zeigt, dass die Deutschen dort prominent vertreten sind. Das liegt aber nicht am deutschen Papst. Benedikt XVI. versucht, nicht einmal den Anschein von Bevorzugung seiner Landsleute aufkommen zu lassen. Papst Johannes Paul II. setzte großes Vertrauen in die Germanen und überließ ihnen gleich drei Ministerien: Kardinal Joseph Ratzinger als Chef der Glaubenskongregation, Kardinal Walter Kasper für die Ökumene und den Dialog mit dem Judentum und Kardinal Paul Josef Cordes als Leiter des Rats «Cor Unum», des vatikanischen Caritas- und Entwicklungshilfeministeriums. Dazu kam noch Bischof Josef Clemens als zweiter Mann im Laienrat und damit unter anderem zuständig für die Weltjugendtage. Joseph Ratzinger hat nach seiner Wahl zum Papst seine Landsleute in ihren Ämtern bestätigt.

Ranghöchster Deutscher nach dem Papst ist Kardinal Walter Kasper. 1999 holte Johannes Paul II. den damaligen Bischof von Rottenburg-Stuttgart nach Rom. Er wurde zunächst zweiter Mann im Ökumenerat und übernahm das Dikasterium dann 2001 als Chef. Seitdem reist er unermüdlich um die Welt, um im Dialog mit den christlichen Kirchen und Kirchenfamilien nach Wegen zur Einheit zu suchen. Dabei genießt er bei den Partnern hohes Ansehen und Vertrauen. Es gelingt ihm, den Gesprächsfaden auch dann nicht abreißen zu lassen, wenn Äußerungen aus anderen Bereichen der Kurie den Dialog torpedieren. Spricht etwa die Glaubenskongregation den Kirchen, die aus der Reformation hervorgegangen sind, das «Kirche-sein im eigentlichen Sinn» ab, wie im Sommer 2007 geschehen, muss Kardinal Kasper den Feuerwehrmann spielen und mit vielen erklärenden Worten die Gemüter beruhigen. Das sind dann die Momente, in denen der Schwabe mit dem sonnigen Gemüt nicht mehr so herzhaft lächeln kann, wie man es sonst von ihm kennt. Zusammen mit Karl Lehmann und Joseph Ratzinger gehört Kasper zu den großen Theologen der Gegenwart. So ergab es sich gelegentlich, als Ratzinger noch Präfekt der Glaubenskongregation war, dass sich die beiden Theologen bei Beratungen kleine theologische Dispute lieferten, die bisher im Vatikan in dieser Art wenig üblich waren. Mit Spannung wird erwartet, wie lange Kardinal Kasper im Amt bleiben und wer sein Nachfolger werden wird. Der Ökumeneminister hat im März 2008 seinen 75. Geburtstag gefeiert und, wie es das Kirchenrecht vorschreibt, beim Papst seinen Rücktritt eingereicht. Der Pontifex ist frei in der Entscheidung, wann er diesen annimmt. Oft bleiben Kardinäle bis zum 80. Lebensjahr im Amt, doch das ist keine feste Regel.

Von der offiziellen Pensionsgrenze ist der zweite deutsche Kurienkardinal auch nicht mehr weit entfernt. Kardinal Paul Josef Cordes vollendet im September 2009 sein 75. Lebensjahr. Der gebürtige Sauerländer ist der dienstälteste Kurienchef. Johannes Paul II. holte ihn bereits 1980 nach Rom. Karol Wojtyla kannte den jungen Paderborner Weihbischof von einem Deutschlandbesuch kurz vor seiner Wahl zum Papst im Jahr 1978. Cordes wurde im Vatikan zunächst zweiter Mann im Laienrat. Er ist einer der Ideengeber der Weltjugendtage und fördert mit großem Engagement die neuen kirchlichen Bewegungen. 1995 stieg Cordes zum Chef einer Vatikanbehörde auf. Seitdem leitet er den Päpstlichen Rat «Cor Unum». Hier koordiniert er die Entwicklungshilfe der katholischen Kirche. Es gibt kaum eine Krisenregion der Welt, die Cordes nicht im Auftrag des Papstes besucht hat. Ruanda, Kosovo und Darfur standen ebenso auf seiner Agenda wie die vom Tsunami heimgesuchten Länder Asiens. Zweites Schwerpunktgebiet im Rat ist die Caritas. Hier setzt sich Cordes vor allem für die Schärfung des katholischen Profils der kirchlichen Sozialeinrichtungen ein. An der ersten Enzyklika Papst Benedikts XVI. «Deus caritas est» hat Cordes entscheidend mitgewirkt. Der 74-Jährige drängt sich nicht in den Vordergrund, gehört aber mit seiner langen Erfahrung in der Kurie und den entsprechenden Kontakten zu den grauen Eminenzen des Vatikans.

In direkter Nachbarschaft zu Kardinal Cordes wohnt im Palazzo der Vatikanischen Glaubenskongregation Bischof Josef Clemens. Der gebürtige Siegerländer gehört mit seinen 62 Jahren zur jüngeren Generation in der Führungsriege des Heiligen Stuhls. Er ist zweiter Mann im Päpstlichen Laienrat und damit mitverantwortlich für die Weltjugendtage sowie die neuen kirchlichen Bewegungen und Gemeinschaften. In den Zuständigkeitsbereich des Laienrats fällt auch das Sportbüro des Heiligen Stuhls, das Clemens gerne ausbauen möchte. In Zeiten, in denen bei Sport viele gleich an das Thema Doping denken, möchte er das Thema Ethik im Sport forcieren. Der Kurienbischof strahlt stets Optimismus aus und ist mit seiner freundlichen Art ein geschätzter Gesprächspartner für viele. Bevor er die vatikanische Karriereleiter erklomm, zunächst 2003 als dritter Mann in der Ordenskongregation und dann ein Jahr später im Laienrat, war er knapp 20 Jahre lang Sekretär von Kardinal Ratzinger in der Glaubenskongregation. Effizient und loyal organisierte er die Arbeit seines Chefs. Er gehört nach wir vor zu den engsten Vertrauten des Papstes, der bei regelmäßigen gemeinsamen Abendessen mit seinem ehemaligen Sekretär gewiss nicht nur über gemeinsame alte Zeiten plaudert.

Reden, das ist die Gabe von Pater Eberhard von Gemmingen. Der Jesuit ist seit 1982 Leiter der deutschsprachigen Redaktion von Radio Vatikan. Sein Einfluss im Staat des Papstes ist zwar gering; aber sein Einfluss auf das Bild des Vatikans in Deutschland ist umso gewaltiger. Spätestens seit den bewegenden Tagen des Pontifikatswechsels im April 2005 ist von Gemmingen aus der Vatikanberichterstattung deutscher Medien nicht mehr wegzudenken. Er tritt in Talk-Shows auf, erklärt in den Nachrichten vatikanische Entscheidungen und verteidigt den Papst bei Podiumsdiskussionen. Was ihn nicht daran hindert, gelegentlich auch kritische Positionen gegenüber seinem obersten Dienstherrn und manchen römischen Gepflogenheiten zu äußern – was mancher Bischof in Deutschland oder im Vatikan nicht gerne sieht. Doch auch von Gemmingens Obere haben erkannt, dass in seinen medialen Auftritten die Chance liegt, das aus römischer Sicht in vielen Teilen verzerrte Bild des Vatikans in der deutschen Öffentlichkeit zurechtzurücken. Mit seiner Arbeit bei Radio Vatikan möchte der agile 72-Jährige Interessierten eine seriöse Berichterstattung über den Vatikan und die Weltkirche bieten.

Überhaupt nicht im Rampenlicht der Öffentlichkeit, dafür mitunter durchaus einflussreich, sind die vielen deutschen Referenten in den unterschiedlichen Dikasterien des Heiligen Stuhls. Vergleichbar den staatlichen Behörden sind es in vielen Fällen die Fachreferenten, die zwar keine Entscheidungen fällen, aber diese vorbereiten und somit doch Einfluss auf sie nehmen. Das gilt an erster Stelle natürlich für die Schaltzentrale der Kurie: das Staatssekretariat und im konkreten Fall die Mitarbeiter der deutschsprachigen Sektion. Über ihren Schreibtisch gehen die meisten wichtigen Vorgänge, die den deutschen Sprachraum betreffen. Im Sommer 2008 hat Winfried König, ein 52-jähriger Priester aus dem Erzbistum Köln, die Leitung der deutschsprachigen Abteilung übernommen, der zwei Referenten sowie Frau Ingrid Stampa angehören, die seit vielen Jahren wichtige Aufgaben bei der Übersetzung und Herausgabe von Texten und Büchern Joseph Ratzingers wahrnimmt. Die Liste der Deutschen in den Vatikanbehörden ließe sich lange fortführen. Sie sind in der Glaubenskongregation ebenso vertreten wie in den Kongregationen für die Bischöfe, für Bildung sowie für Gottesdienst und Sakramente. Sie arbeiten unter anderem im Ökumenerat mit und im Rat für die sozialen Kommunikationsmittel. Selbst im Direktorengremium der Vatikanischen Museen ist mit Professor Arnold Nesselrath ein Deutscher vertreten. Der Kunsthistoriker leitet die Abteilung für byzantinische, mittelalterliche und moderne Kunst. Damit gehört auch die Sixtinische Kapelle zu seinem Aufgabenbereich. Ein Traumjob, denn schließlich kann nicht jeder von sich behaupten, über das Jüngste Gericht zu wachen.

DER VATIKAN II

Die Lateranverträge gestehen dem Vatikan neben seinem Staatsgebiet noch eine ganze Reihe von extraterritorialen Gebäuden und Grundstücken zu. Das größte Territorium dieser Art ist die Sommerresidenz des Papstes in Castel Gandolfo (so schreibt sich das Dorf). Mit 55 Hektar ist der Vatikan II, wie Papst Johannes Paul II. Castelgandolfo (so schreibt sich die päpstliche Residenz) gerne nannte, größer als der eigentliche Vatikanstaat. Über mehrere Kilometer erstreckt sich das Gelände von Castel Gandolfo bis zum Nachbarort Albano. Von seinem Palast aus blickt der Pontifex auf den Albaner See — einen ehemaligen Vulkanschlot. Am südwestlichen Kraterrand befindet sich Castel Gandolfo mit den Päpstlichen Villen. Hierher zieht sich der Papst in den Sommermonaten zurück; wenn es in Rom zwischen Juli und September stickig und heiß ist, weht in den Albaner Bergen ein leichtes Lüftlein. Auch übers restliche Jahr kommt er ein paar Mal, wenn er etwa nach den Weihnachts- und Osterfeierlichkeiten oder nach anstrengenden Auslandsreisen einmal richtig durchatmen will.

Von den Ställen zu den Sternen
Die Päpstliche Sommerresidenz Castelgandolfo

Wo könnten Kühe glücklicher sein als bei einem Papst, der Nachhaltigkeit und Bewahrung der Schöpfung predigt? Was die Kühe vom päpstlichen Bauernhof über Theologie denken, bleibt unbekannt; Tatsache ist aber, dass ihre Milch im vatikanischen Supermarkt reißenderen Absatz findet als der steuerbefreite Edelwhisky. Nicht anders geht es mit Öl, Tomaten und Pfirsichen aus der päpstlichen «Fattoria» in Castelgandolfo eine knappe Autostunde südlich vom Vatikan. Jeder weiß: Die Produkte stammen aus garantiert biologischem Anbau. Und auch die päpstliche Küche als Direktabnehmer spendet immer wieder Lob. Besonders freut das Orazio Petrillo, den Direktor der Päpstlichen Villen. Seit über 50 Jahren steht er in Diensten des Heiligen Stuhls; sechs Päpsten hat er gedient. Seit 22 Jahren ist er der Chef in Castelgandolfo – nach dem Pontifex natürlich. «Ich bin hier zuständig für alles – von den Ställen bis zu den Sternen», stellt der 63-jährige Petrillo mit einem Lächeln fest. Die Päpstliche Sternwarte liegt ebenso auf dem Gelände wie der Bauernhof, dazu wunderschöne Parkanlagen, die den Vatikanischen Gärten in der Vatikanstadt in nichts nachstehen, ferner eine Reihe von Villen und eben der Apostolische Palast. Sogar einen Kindergarten gibt es auf dem Gelände; direkt neben den Päpstlichen Villen unterhält ein Frauenorden einen Hort für die Familien des Dorfs. Allerdings schließt er in den Sommermonaten seine Pforten, so dass der Pontifex dann ungestört in den Gärten wandeln kann.

So häufig der Papst kommt – ganz gewöhnlich scheint es nie zu sein für den kleinen Ort. Regelmäßig wird Wochen vorher der Dorfplatz vor der Residenz herausgeputzt, die Bepflanzung mit Blumen erneuert. Die Bewohner des Ortes betrachten den Papst zwar selbstverständlich als einen der Ihren; aber das Oberhaupt von einer Milliarde Katholiken als Nachbar zu haben, macht sie doch ein bisschen kribbelig und stolz. Ganz gleich ob Italiener, Pole oder Deutscher, die Einwohner des 9.000-Seelen-Dorfes haben bisher noch jeden Papst ins Herz geschlossen. Selbst der als zurückhaltend geltende Benedikt XVI. hat nach Aussage von Bürgermeister Maurizio Colacchi die Herzen der Einwohner «im Handstreich erobert», als er am 5. Mai 2005 wenige Tage nach seiner Wahl mit einem Kurzbesuch Besitz von seiner Sommerresidenz ergriff. Mit der ihm eigenen Mischung aus Sanftmut, Herzlichkeit und Heiterkeit habe er die Castellani schnell für sich gewonnen. Hinter die Mauern der Päpstlichen Villen dürfen aber auch sie nicht blicken. Die öffnen sich nur für die Gäste des Papstes, einige ausgewählte Besucher und die Brautpaare der Stadt, die traditionell das Recht haben, in den Gärten ihre Hochzeitsfotos zu machen. Sonst bleiben die Tore verschlossen. Denn auch für den Vatikan II gilt: Ruhe und Diskretion sind oberstes Gebot. Darüber wacht Saverio Petrillo. Manches könnte er über die Päpste erzählen; doch er schweigt – fast. Die eine oder andere Geschichte lässt er sich doch entlocken. Im Schlafzimmer von Papst Pius XII. (1939–1958) seien knapp 50 Kinder zur Welt gekommen. Der Pacelli-Papst hatte während der Belagerung der Region durch die Deutschen die Pforten der Päpstlichen Villen für Flüchtlinge, darunter viele Juden, öffnen lassen. Die schwangeren Frauen, erklärt Petrillo, wurden in den Apostolischen Palast gebracht; Tausende lebten in den Gärten in provisorischen Unterkünften. Noch heute finden sich an den Wänden des antiken domitianischen Kryptoportikus Namen und Inschriften aus dieser Zeit in die Wände geritzt sowie schwarze Rußflecken von den offenen Feuerstellen, über denen die Menschen ihre Mahlzeiten zubereiteten. «Viele der Kinder, die im päpstlichen Schlafzimmer zur Welt kamen, tragen den Namen Eugenio oder Pio, aus Dankbarkeit für die Hilfe des Pontifex», so Petrillo. Weitaus heiterer sind die Erinnerungen an Papst Johannes XXIII. Der hatte es sich zur Gewohnheit gemacht, durch eines der Tore der

Oase der Stille – die Gärten in der Päpstlichen Sommerresidenz

Villen zu «entfliehen», ohne dies vorher anzukündigen, das heißt auch ohne Begleitschutz. «An einem Sonntagmorgen erhielten wir plötzlich einen Anruf aus Anzio; der Papst sei dort, hieß es. Sie können sich vorstellen, wie überrascht wir waren», erzählt Petrillo lachend, «denn wir dachten, er sei in seiner Wohnung und bereite das Mittagsgebet vor.» Immer wieder habe Johannes XXIII. solche privaten Ausflüge gemacht – vor allem sonntags; aber er sei immer rechtzeitig zum Mittagsgebet wieder zurück gewesen. Einmal in Genazzano habe nur das beherzte Eingreifen eines Carabinieri den Papst vor Schlimmerem bewahrt. Denn als Johannes XXIII. erst einmal entdeckt war, ließ sich die Menge kaum mehr bändigen. Der Carabiniere habe es schließlich geschafft, den Papst in sein Auto zu setzen und nach Castelgandolfo in den Palast zurückzubringen. «Er hat so getan, als sei nichts gewesen», so Petrillo zur Reaktion des Pontifex, «er hat den Kontakt zu den Menschen nie aufgegeben.»

Ähnlich bewegt, aber eher innerhalb der Mauern der Päpstlichen Villen, war die Zeit unter Johannes Paul II. Der Wojtyla-Papst hatte oft Gäste, mit denen er in den Gärten spazierenging oder auch einmal eine Grillparty feierte, am Lagerfeuer bis in die Nacht Lieder sang und über Gott und die Welt sprach. Johannes Paul II. war es auch, der ein Schwimmbad auf dem Gelände bauen ließ – «aus gesundheitlichen Gründen», betont Petrillo. Er brauchte die Bewegung als Ausgleich für das lange Sitzen und Arbeiten. «Denn er saß oft bis spät in die Nacht am Schreibtisch.» Wenn der polnische Pontifex ein wenig freie Zeit hatte, besuchte er einen der rund 20 Mitarbeiter und ihre Familien, die auf dem Gelände der päpstlichen Villen wohnen. Er trank einen Kaffee und freute sich am Selbstgebackenen. Die Kinder spielten Verstecken mit dem Papst, wenn er durch die Gärten spazierte. Sein Nachfolger Benedikt XVI. sei da viel zurückhaltender, zugleich aber ebenso herzlich und offen. Schon als Kardinal sei Joseph Ratzinger oft nach Castelgandolfo gekommen. Damals habe er bereits die besondere Atmosphäre, die hier herrscht, kennen- und schätzen gelernt. In den Villen sei alles viel familiärer als unten im Vatikan. Und wenn Saverio Petrillo am Abend die Klänge von Mozart, Bach und Beethoven aus der päpstlichen Wohnung hört, gespielt vom Pontifex persönlich am Klavier, ist er sich sicher, dass auch Benedikt XVI. sich hier zu Hause fühlt, zwischen Sternen und Ställen, an einem Ort mit langer Geschichte.

Denn der Papst bewegt sich auf historischem Gelände. Wo heute der Nachfolger Petri im Sommer lustwandelt, hatte Ende des ersten Jahrhunderts Kaiser Domitian eine der berühmtesten Villenanlagen des Altertums gebaut, das Albanum Domitiani. Die Residenz soll an der Stelle errichtet sein, wo einst das alte Alba Longa lag; diese Etruskerstadt gilt als Mutterstadt Roms, weil Romulus und Remus der Legende nach Nachfahren des einstigen Königs von Alba Longa sind. Der heutige Sommersitz des Oberhaupts der katholischen Christenheit ruht teilweise auf der Palastanlage des Christenverfolgers Domitian. Reste der alten Kaiservilla sind heute noch in den Gärten zu sehen. Einige Funde hat man in einem kleinen archäologischen Museum zusammengetragen. Entlang der Gartenwege stehen antike Statuen; 80 Meter weit kann der Papst auf original historischem Boden wandeln, einer römischen Straße aus der Zeit des Domitian mit den typischen großen Steinquadern. Die Reste eines antiken Kryptoportikus sind in die Gärten integriert und bieten beim sommerlichen Spaziergang eine erfrischende Abkühlung. Die kann man auch ganz gut gebrauchen. Knapp die Hälfte der Fläche sind Gärten; über zwei Kilometer Länge erstreckt sich die Päpstliche Sommerresidenz von Castelgandolfo bis ins benachbarte Albano. An der breitesten Stelle misst sie immerhin rund 500 Meter.

Drei große Villen und zahlreiche weitere Gebäude liegen auf dem Gelände. 1596 erwarb Papst Clemens VIII. den «Apostolischen Palast», der bis heute die Wohnung des Pontifex beherbergt. Der schlichte barocke Bau, dessen Haupteingang direkt zum Hauptplatz des Dorfes führt, liegt am nördlichen Ende des Territoriums. Unter Papst Clemens IX. kam die benachbarte Villa Cybo hinzu. Mit den Lateranverträgen 1929 wurde das Gelände um die Villa Barberini mit ihren großen Liegenschaften auf die heutige Größe von 55 Hektar erweitert. Gut die Hälfte der Fläche wird landwirtschaftlich genutzt; der Rest sind Gebäude und die Gartenanlagen. Für Saverio Petrillo und seine 60 Mitarbeiter bedeutet das viel Arbeit. «Wir machen hier alles möglichst mit eigenen Kräften», erklärt der oberste Hüter der Villen stolz. Die Hälfte der Mannschaft arbeitet in den Gärten und auf dem Bauernhof, die andere Hälfte im Bereich Technik und Organisation: von Elektrikern über Maurer und Installateure bis zum Kfz-Mechaniker und der Hauswirtschafterin. «Wenn im Apostolischen Palast eine Schraube locker ist oder ein Rohr verstopft, können wir ja nicht warten, bis jemand aus Rom hier heraufkommt.» Notfalls legt Petrillo selbst Hand an. Größere Arbeiten werden an Fremdfirmen vergeben. Das war etwa bei dem neuen

Schiebedach der Fall, das über dem Innenhof des Apostolischen Palasts im Frühjahr 2008 installiert wurde. 3.000 Menschen finden Platz im Cortile. Und so viele kommen auch regelmäßig zusammen, wenn der Papst im Sommer sein sonntägliches Mittagsgebet hält. Die Freude, den Pontifex zu sehen, wurde nicht selten durch die Kapriolen des römischen Sommerwetters getrübt: zwar gab es große Sonnensegel, die Schatten spendeten; aber bei den typisch römischen sintflutartigen Regengüssen ging das Nass in wahren Sturzbächen auf die versammelten Pilger nieder. «Letzten Sommer hat sich der Papst sogar einmal bei den Pilgern entschuldigt; da mussten wir handeln», so Petrillo. Rechtzeitig zum Sommeraufenthalt des Papstes 2008 wurde das neue Dach fertig: Automatisch lassen sich die drei großen Segelflächen öffnen und schließen; der Wasserabfluss wurde kanalisiert – Präzisionsarbeit einer alpenländischen Firma. Die Schweizer schützen im Vatikan nicht nur den Papst vor Angriffen, sondern auch die Pilger vor Wind und Wetter.

Das ist auch eine Herausforderung für die Gärtner. Der italienische Sommer ist lang; Regen fällt kaum, und dennoch sind die Anlagen das ganze Jahr hindurch eine farbenprächtige Oase: Magnolien, Hortensien und Oleander blühen in den unterschiedlichsten Farben. Dazwischen plätschern kleine Brunnen, in denen Seerosen mit der Sonne um die Wette strahlen. Im Garten des Belvedere sind Buchshecken in Ornamentform geschnitten; dazwischen recken sich schlanke Zypressen in den blauen Himmel, spenden weit ausladende Pinien dem Besucher Schatten. In der «Rosenstraße» duften Dutzende Sorten der Königin der Blumen. In einem kleinen Pinienhain steht eine Marienstatue. «Johannes Paul II. kam oft hierher zum Beten», verrät Saverio Petrillo. Auch Benedikt XVI. mache hier Station – zusammen mit seinen beiden Sekretären beim nächmittäglichen Rosenkranz. Nur das Zirpen der Zikaden stört die Stille in den Gärten, die über mehrere Ebenen nach Südwesten hin terrassenförmig absteigen. In der Ferne glitzert als Streifen am Horizont das Meer, im Nordosten schimmert unter einer Dunstglocke die Silhouette der Ewigen Stadt. Von der Hektik der Metropole ist in den Villen nichts zu spüren.

Doch auch hier gibt es immer etwas zu tun: Die Hecken wollen akkurat geschnitten sein, die Brunnen brauchen regelmäßige Reinigung, damit sich das kleine Paradies dem Papst so schön wie möglich darbietet. Gespeist werden die Wasserspiele aus dem Albaner See zu Füßen der Residenz. Mit einer Hebeanlage versorgen sich die Villen autark. Und, apropos Wasser, auch über regenerative Energien wird nachgedacht: Biomasse oder Erdwärme? Die Ingenieure stecken bereits seit Anfang 2008 die Köpfe zusammen und prüfen, welches die effektivsten Energielieferanten für Castelgandolfo sein könnten. «20.000 Blumen müssen hier im Jahr versorgt werden. Die meisten züchten wir selbst», erklärt Petrillo beim Gang durch die kleinen Gewächshäuser am Ende des Parks, das dem Apostolischen Palast gegenüberliegt. «Seit einigen Jahren ziehen wir hier mit Erfolg auch jede Menge Weihnachtssterne. Einige davon sind für das Päpstliche Apartment bestimmt; die anderen verkaufen wir im Vatikan-Supermarkt und finanzieren damit die Heizung der Gewächshäuser im Winter.» Doch das ist nicht die einzige Einnahmequelle der «Fattoria», wie der vatikanische Bauernhof genannt wird. Als Papst Pius XI. ihn 1929 aufbauen ließ, so Petrillo, wollte er zum einen die Verbundenheit der Kirche mit der landwirtschaftlichen Welt zum Ausdruck bringen; zum anderen ging es aber auch ganz praktisch um eine unabhängigere Versorgung des Vatikans. Heute werden Kiwis, Pfirsiche und Äpfel angebaut, Salat, Tomaten und anderes Gemüse. Päpstliche Bienen sorgen für eigenen Honig. Ein Teil wandert, wie bei allen landwirtschaftlichen Produkten, in den päpstlichen Haushalt. Der Rest wird in der Annona verkauft. Dazu gehört auch das begehrte Olivenöl des Vatikans. Im südöstlichen Teil des Geländes erstrecken sich stattliche Olivenhaine. 900 Bäume stehen hier; die meisten zwischen 200 und 300 Jahre alt. Bei der Ernte im Herbst müssen alle mit anpacken. Das mediterrane Gold des Vatikans wird nach alter Tradition hergestellt. Die Oliven werden von Hand gepflückt und direkt in den Ölmühlen der Fattoria verarbeitet. Rund 1.700 Liter feinstes Öl – extra vergine selbstverständlich – fließen jährlich aus der Presse. Im Vatikan-Supermarkt ist es meist in wenigen Tagen ausverkauft.

Egal ob Öl, Gemüse oder Obst, der Anbau beim Papst folgt streng ökologischen Kriterien. Gedüngt wird ausschließlich mit Naturstoffen, allem voran dem Mist der eigenen Kühe. Knapp 30 davon produzieren täglich außerdem rund 600 Liter Milch; ein Teil wird zu Joghurt und Käse verarbeitet; der Rest geht pasteurisiert als Frischmilch in die Annona. Wer Glück hat, bekommt auch in der einen oder anderen Bar in Castelgandolfo seinen Cappuccino mit vatikanischem Milchschaum. Die Verarbeitung der Milch geschieht in Eigenregie. In der Fattoria wurde dazu eigens eine kleine Molkerei eingerichtet mit den notwendigen Spezialgeräten. Auf den Joghurtbechern und Milchkartons wie auf den anderen vatikanischen Produkten prangt das gelb-grüne Etikett mit der Aufschrift «Fattoria Ville Pontifice», darunter stilisiert das Hauptgebäude des Bauernhofs mit einem idyllischen kleinen Platz davor, ein Ziehbrunnen in der Mitte, umgeben von Zypressen und Pinien. Auch in den kleinen landwirtschaftlichen Betrieb wird beständig investiert. Im Sommer 2008 bekamen die Milchkühe ein neues Zuhause. Waren sie seit der Gründung des Bauernhofs in geschlossenen Ställen untergebracht, haben sie jetzt einen Freiluftunterstand. Was den Kühen bis vor Kurzem verweigert wurde, genießen die rund 500 Hühner schon seit Jahren. Rund zwei Dutzend Hühnerställe in Form kleiner Gartenhäuser, aus Stein gebaut, mit bemalten Keramikfliesen in den Giebeln, zieren das Gelände der Fattoria.

Auch wenn es hin und wieder zu lesen ist: Lämmer weiden normalerweise keine auf vatikanischem Gelände. Die Wolle für die Pallien der Erzbischöfe kommt traditionell von der Kirche St. Agnese fuori le Mura in Rom. Es gibt natürlich auch Ausnah-

Päpstlicher Hühnerstall in Castel Gandolfo

men. Als Benedikt XVI. kurz nach Beginn seines Pontifikats ein kleines Lamm geschenkt bekam, übergab er es seinen Experten in der Fattoria, die es freudig aufnahmen und großzogen. Die Mitarbeiter hatten das Kleine schnell liebgewonnen; doch, so Saverio Petrillo mit ernstem Blick, es nahm schließlich das Ende jedes Lamms. Während es so immer wieder einmal vorkommt, dass aus dem Vatikan Tiere in den Bauernhof in Castel Gandolfo gelangen, gab es nur einmal einen umgekehrten Transfer, berichtet der Direktor der Villen. Während des Zweiten Weltkriegs habe man stets Sorge gehabt, dass die Lieferungen aus Castelgandolfo nicht im Vatikan ankommen könnten. Deshalb entschloss man sich im Januar 1944, einige Kühe nach Rom zu schaffen. Im Schutz der Nacht schaukelten sieben Stück Milchvieh auf einem Lastwagen in atemberaubender Fahrt in die Ewige Stadt. Bis an die Tore des Vatikans ging das ohne große Probleme; doch dort wollten die Schweizergardisten den Transport nicht passieren lassen. Sie fürchteten einen Hinterhalt. Das Gebrüll der Kühe, die, von der langen Fahrt und der Enge nervös, auf der Ladefläche scharrten, habe schließlich die Gardisten überzeugt, und sie ließen den Transport passieren. Die Tiere blieben bis zur Befreiung Roms im Juli 1944 im Vatikan; die Versorgung des Papstes mit Milch war sichergestellt. Heute gebe es solche Schwierigkeiten nicht mehr, so Petrillo schmunzelnd. Der Lastwagen der Fattoria werde von den Schweizergardisten jeden Morgen gegen 6.30 Uhr freundlich durchgewunken, und eine Stunde später beginne in der Annona der Kampf um Obst, Gemüse und Milch aus vatikanisch-biologischem Anbau.

Der Mond zu Gast im Vatikan
Die Päpstliche Sternwarte

Mit lautem Ächzen öffnet sich die Luke. Sie gibt den Blick frei auf den blauen Himmel über Castelgandolfo. Die Sonne wirft ein paar Strahlen in die große Kuppel, in der Pater Jose Gabriel Funes steht und mit beiden Händen kräftig an einem Seil zieht, um das Dach zu öffnen. «Mit dem Zeiss-Teleskop hier gehörte der Vatikan einmal zur 1. Liga der Observatorien weltweit», erklärt der Jesuitenpater und Astrophysiker. Der 46-Jährige ist seit 2006 Chef der Vatikanischen Sternwarte. «Heute spielt die Musik in unserem Observatorium in den USA», ergänzt er gleich; auch um klarzustellen, dass man selbstverständlich noch immer ganz oben mitspielt. Stolz zeigt Funes den Besuchern sein kleines Reich im Apostolischen Palast in der päpstlichen Sommerresidenz. Schon aus weiter Ferne sind die beiden großen Kuppeln auf dem schlichten Barockbau zu erkennen. Mit ihren acht Metern Durchmesser thronen sie majestätisch über der Anlage.

Das Büro von Pater Funes liegt nur wenige Meter von den Teleskopen entfernt im fünften Stock im Osttrakt des Palasts. Von der Terrasse vor seinem Büro hat er einen wunderbaren Blick auf den Albaner See, der tief unten im Krater liegt. Doch der vatikanische Astronom richtet den Blick lieber nach oben. «Die Sterne faszinieren mich seit meiner Kindheit», erklärt der gebürtige Argentinier. Mit 22 Jahren machte er in seiner Heimatstadt Cordoba den ersten Master in Astronomie. Erst danach begann er, sich für Theologie und Gott zu interessieren, und trat in den Jesuitenorden ein. Der ermöglichte es Funes, seine beiden Leidenschaften zu verbinden: die Suche nach Gott und nach den Sternen. Die Gesellschaft Jesu betreibt seit dem 16. Jahrhundert im Auftrag des Papstes Astronomie, so Funes, dessen Augen zu leuchten beginnen, wenn er von Scheibengalaxien, schwarzen

Pater José Gabriel Funes in der Päpstlichen Sternwarte

Löchern und dem Urknall erzählt. Seit 1935 forschen die Jesuiten im Auftrag des Papstes in Castelgandolfo am Sternenhimmel. Die Tradition der päpstlichen Astronomen reicht aber noch viel weiter zurück. Schon die Päpste in den ersten Jahrhunderten nutzten das Wissen der «Sterndeuter», denn sie waren wichtig, um das Osterdatum zu errechnen. Das Konzil von Nizäa hatte 325 festgelegt, dass Ostern jeweils nach dem ersten Frühlingsvollmond stattfinden soll.

Papst Gregor XIII. begründete 1576 die Tradition der Vatikanischen Sternwarte. Er ließ in der Nähe des Apostolischen Palasts im Vatikan einen Turm bauen, damit die Wissenschaftler Wetter und Sterne beobachten konnten. Der «Torre dei Venti — Turm der Winde» ist heute Teil der Vatikanischen Museen. Neben seinen Fresken des manieristischen Künstlers Pomarancio ist dieser Turm vor allem durch ein Loch in der Südwand bekannt. Dort fällt um 12 Uhr der Sonnenstrahl genau auf die am Boden eingezeichnete Meridianlinie. Die Messungen und astronomischen Beobachtungen, die dort gemacht wurden, führten schließlich zur Kalenderreform Papst Gregor XIII. Bis Mitte der 30er Jahre des 20. Jahrhunderts wurde im Vatikan geforscht. Als der Himmel über der Ewigen Stadt durch die vielen Lichter zu hell wurde, entschied Papst Pius XI., die Sternwarte nach Castelgandolfo zu verlegen.

Zunächst wurden die beiden Teleskope auf dem Dach des Apostolischen Palasts gebaut. Später kamen noch zwei weitere in den Gartenanlagen der Sommerresidenz hinzu. «Allerdings hat man die beiden neuen Kuppeln etwas versteckt aufgebaut, um die Ästhetik der Gärten nicht zu stören», führt Pater Funes aus, und ein leicht ironisches Lächeln huscht über sein Mondgesicht. Die beiden Kuppeln haben ebenfalls einen Durchmesser von rund acht Metern. In der einen ist das sogenannte «Himmelskarten-Teleskop» untergebracht. «Im 20. Jahrhundert haben wir an einigen sehr wichtigen internationalen Forschungsprogrammen teilgenommen, etwa der fotografischen Sternkarte», so

Pater Funes, «unsere Kollegen haben allein bis Mitte der 50er Jahre die Position von über 480.000 Sternen ermittelt.» In den Archiven der Vatikanischen Sternwarte lagern mehr als 10.000 Fotoplatten aus den Jahren 1894 bis 1986. In einem ehrgeizigen Projekt werden sie seit Jahren digitalisiert, um sie einem möglichst breiten wissenschaftlichen Publikum zu Forschungszwecken zur Verfügung stellen zu können. Diese Arbeiten wurden mit dem Himmelskarten-Teleskop gemacht. Es stand zunächst in den Vatikanischen Gärten in Rom und wurde 1942 nach Castelgandolfo gebracht. 1957 wurde das letzte Teleskop in der Päpstlichen Sommerresidenz eingeweiht, das schlicht mit dem Namen des Erfinders, eines deutschen Optikers, «Schmidt-Teleskop» genannt wird. Das fünf Meter lange Spiegelteleskop war über 25 Jahre das wichtigste Forschungsinstrument für die Vatikanische Sternwarte. Damit beteiligte sich der Heilige Suhl an der Erforschung der Milchstraße. Papst Paul VI. beobachtete durch das «Schmidt» im Juli 1969 die Mondlandung. Von der Vatikanischen Sternwarte aus sandte er eine Radiobotschaft an die Astronauten. Bei der bisher letzten Landung auf dem Erdtrabanten im Februar 1972 hatte die Mannschaft neben vielen anderen Nationalflaggen auch eine kleine weiß-gelbe Fahne des Vatikans dabei. Nach der Rückkehr auf die Erde überbrachte der Kommandant von Apollo 17, Eugen Cernan, Papst Paul VI. die Miniaturflagge zusammen mit einem Stück Mondgestein. Beides kann in einer schlichten Vitrine im Schulungsraum der Sternwarte besichtigt werden. Neben dem Mondsteinchen umfasst die vatikanische Sammlung noch über 1.000 Meteoriten-Teile. Die meisten stammen aus der Schenkung eines französischen Mineralogen. Die Steine schlummern meist wenig beachtet vor sich hin in kleinen Holzkisten. Aber es gibt auch Ausnahmen. Ein 15,7 Gramm schwerer Achondrit, ein Steinmeteorit des Mars, wurde dazu genutzt, um die Kamera der Marssonde Pathfinder der NASA auf ihren Einsatz auf dem Roten Planeten einzustimmen. Um die chemische Zusammensetzung und physikalischen

Eigenschaften der Meteoriten bestimmen zu können, haben die Wissenschaftler ein kleines Labor eingerichtet.

Das kleine Meteoriten-Museum und die Büros sind sehr funktional eingerichtet. Es ist eng. In den Gängen stehen Regale voll mit Büchern bis unter die Decke, die bekanntlich bei den historischen Palästen weit jenseits der 2,50 Meter liegt. 22.000 Bände umfasst die Bibliothek. Weil die dafür vorgesehenen Räume nicht ausreichen, wird jedes freie Fleckchen Wand genutzt. Die kostbarsten Schätze werden in einem großen Metallschrank unter Verschluss gehalten: alte Originalschriften von Kepler, Newton, Galileo und Kopernikus, den Pionieren der Zunft. Vorsichtig öffnet Pater Funes seine Schatztruhe und nimmt die Folianten heraus. Ob Galileo sich vorstellen konnte, dass eines Tages ein Vertreter des Vatikans ehrfürchtig in seinen Werken blättert? «Für mich sind wissenschaftliche Forschung und Theologie keine unüberbrückbaren Gegensätze», erklärt der Jesuitenpater und blättert weiter in Galileos Studien. Das gelte auch für die Astronomie. «Beide, der Astronom und der Theologe, schauen in den Himmel und suchen», so Funes mit einem Lächeln, die Arbeit könne sich gegenseitig befruchten. «Wir versuchen hier eine Brücke zwischen Wissenschaft und Kirche zu schlagen; zumal wir die einzige Vatikaneinrichtung sind, die wirklich wissenschaftlich forscht.»

Diese Forschung findet heute zu einem großen Teil in den USA statt. Denn seit Mitte der 1980er Jahre ist es auch in den Albaner Bergen zu hell, um wissenschaftlich Astronomie zu betreiben. Daher wurde ein großes Teleskop auf dem Berg Graham nahe der Stadt Tucson im US-Bundesstaat Arizona gebaut. Die Jesuiten forschen gemeinsam mit Wissenschaftlern der dortigen Universität. «In Castelgandolfo werden die Forschungsprojekte vorbereitet und ausgewertet», erklärt der Chef der Sternwarte, «und zudem machen wir hier unsere Ausbildungskurse! Der Standort Vatikan hat durch das neue Standbein in den USA nicht an Bedeutung verloren.» Alle zwei Jahre finden Seminare für junge Astronomen aus aller Welt statt. Dazu kommen internationale Fachkongresse, die von der Vatikanischen Sternwarte organisiert werden. 2009 müssen die päpstlichen Astronomen erneut umziehen. Die Büros werden in ein altes Kloster am anderen Ende des Geländes der Päpstlichen Villen verlagert. Der Papst braucht mehr Platz in der Sommerresidenz Castelgandolfo.

DER PAPST

Über 4.800 Kleriker und Laien arbeiten im Vatikan, damit der Papst sein Amt als oberster Hirte der katholischen Kirche ausüben kann. Je näher man dem obersten Dienstherren kommt, umso schwieriger wird es, etwas über den Alltag der Menschen zu erfahren, die in seinem direkten Umfeld leben und arbeiten. Benedikt XVI. legt Wert auf Diskretion. Doch wer sich geduldig auf die Spuren des Pontifex begibt, dem öffnen sich hin und wieder die Türen einen Spalt weit und er kann einen kurzen Blick ins innerste Zentrum der katholischen Kirche werfen.

Beten zwischen Beeten
Ein Besuch in den Vatikanischen Gärten

Ein Traum wird Wirklichkeit. Stolz marschieren die Pilger durch die schönste Parkanlage Roms. Ausnahmsweise darf der Leiter des deutschsprachigen Pilgerbüros, Don Antonio Tedesco, die Gruppe durch die Vatikanischen Gärten führen. Die Grünanlagen bedecken etwa die Hälfte des 44 Hektar großen Vatikanstaats. Seit die Verantwortlichen bemerkt haben, dass die grüne Oase ein Publikumsmagnet ist, dürfen eigentlich nur noch vatikanische Führer gegen Eintrittsgeld die Pflanzen, Bäume und Kunstwerke auf dem Vatikanhügel erklären. Doch Don Antonio ist unschlagbar. Seit 25 Jahren betreut er deutschsprachige Pilger in der Ewigen Stadt. So weiß er auch in den Gärten des Papstes zu beinahe jedem Stein und jeder Pflanze eine kleine Anekdote zu erzählen. Der Süditaliener wäre ein schlechter Seelsorger, wenn er nicht an der einen oder anderen Stelle kleine spirituelle Impulse in die Führung mit einfließen lassen würden. Vom Vorgeschmack auf das Paradies spricht er, der Schönheit der Schöpfung Gottes angesichts der prächtigen Gärten. Da liege dem Besucher das Lob des Schöpfers doch geradezu auf den Lippen, so Don Antonio. Sagt es und stimmt ein «Laudate omnes gentes» im Kanon an. Die vorbeifahrenden Gärtner wundern sich schon lange nicht mehr. Sie kennen den munteren Padre Tedesco und seine fröhlichen Führungen durch die Gärten.

Links neben der Petersbasilika zieht die Gruppe vorbei zur Piazza Santa Marta auf Höhe der Apsis des Doms. Den Namen hat der Platz vom vatikanischen Gästehaus, das am südlichen Ende die Piazza begrenzt. Hier, so berichtet Don Antonio, wohnen die Kardinäle während des Konklaves. Streng abgeschirmt von der Öffentlichkeit werden sie von dort zur knapp einen Kilometer entfernten Sixtinischen Kapelle auf die andere Seite des Petersdoms gebracht, wo die Wahl des neuen Papstes stattfindet. Verlief der Weg bisher noch relativ eben, steigt er nach der Piazza steil an. Der Vatikanhügel ist zum Teil natürlichen Ursprungs, zum Teil ist er aus den Gesteinsmassen entstanden, die bei der Errichtung der Apsis der Petersbasilika im 16. Jahrhundert abgetragen werden mussten. Der Spaziergang führt vorbei am Bahnhofsgebäude sowie dem Governoratspalast, dem Regierungssitz des Vatikanstaats, und dem äthiopischen Kolleg zum italienischen Garten: ganz in Grün gehalten, ohne Blumen in Anlehnung an die Gartenanlagen der Renaissance. Während die Besucher die geometrischen Hecken und kugelförmigen Buchsbäumchen bewundern, werden sie von ungewöhnlichen Tönen aufgeschreckt. Doch selbst bei genauem Hinsehen, können sie die Urheber der Geräusche nicht ausmachen. Don Antonio löst das Rätsel auf: In den Zedern am Rande des italienischen Gartens haben sich Mönchssittiche einquartiert. Die meist grünen Papageien sind nur schwer zu erkennen aber mit ihrem Gekreische umso besser zu hören in der sonst stillen Umgebung der Vatikanischen Gärten. Gleich oberhalb der Renaissance-Anlage steht das Geburtshaus von Radio Vatikan. Hier wurde 1931 Radiogeschichte geschrieben, als Pius XI. den päpstlichen Staatsrundfunk offiziell eröffnete. Das kleine Gebäude dient nur noch als Museum.

Gleich daneben werden die Besucher Zeugen eines seltsamen Schauspiels. Verwundert blicken sie zu den Wipfeln der großen Pinien empor. Mit einer Hebebühne sind zwei Gärtner hinaufgefahren und schlagen mit Stöcken auf den Baum ein, als wollten sie ihn für ein Vergehen züchtigen. Fragende Blicke. Die Antwort kommt sofort: Die Pinienzapfen sind zu schwer geworden und könnten beim Herabfallen die Besucher oder gar den Papst beim mittäglichen Spaziergang erschlagen. Dem müssen die Gärtner vorbeugen, und so versuchen sie die Zapfen vom Baum zu schlagen. Wie kleine Meteoriten schlagen sie auf den Boden. «Alles Gute kommt von oben. Das gilt im Vatikan nicht immer», stellt

Don Antonio mit einem schelmischen Grinsen fest. Vorsichtig nähern sich zwei Pilger dem abgesperrten Areal. Ein Pinienzapfen, beinahe so groß wie eine Ananas, was könnte es für ein schöneres Andenken an den Besuch in den Vatikanischen Gärten geben? Die Gruppe ist weitergeeilt, vorbei an einigen Olivenbäumen, die gut eintausend Jahre alt sind, zum Johannesturm. Papst Johannes XXIII. ließ den alten Wehrturm renovieren und nutzte ihn als Sommersitz. Heute dient er als Gästehaus. Im Sommer 2008 empfing Benedikt XVI. US-Präsident George W. Bush zur Privataudienz im Turm. Der befindet sich an der höchsten Stelle des Vatikanhügels knapp 80 Meter über dem Meeresspiegel.

Nebenan liegt der Hubschrauberlandeplatz. Von hier aus fliegt der Papst etwa zur Sommerresidenz nach Castel Gandolfo, beschützt von einer Bronzestatue der schwarzen Madonna von Tschenstochau, die am Rande der großen Betonplatte steht. Interessanter als der Landeplatz ist der Blick in den Französischen Garten, der sich von dort aus bietet. Eine lange Steineichenallee öffnet sich und führt über den Hügelrücken. Azaleen blühen mit Geranien um die Wette. Zwei Mammutbäume und ein Olivenbaum, der an die Aufnahme diplomatischer Beziehungen zwischen dem Heiligen Stuhl und Israel erinnert, ragen in den Himmel. Der Französische Garten wird im Westen von einer hohen Befestigungsmauer abgeschlossen, die zu früheren Zeiten einmal den Vatikan begrenzte und heute mitten in den Gärten steht. Am Ende der Mauer stößt die Pilgergruppe auf die originalgetreue Nachbildung der Grotte von Lourdes. Papst Leo XIII. (1878–1903) bekam sie 1902 von Franzosen geschenkt. Seit Anfang der 1960er Jahre steht hier der Originalaltar aus der Grotte des südfranzösischen Marienwallfahrtsorts. Traditionell kommt der Papst zum Abschluss des Marienmonats Mai zu einem Gebet mit Gläubigen an die Grotte. «Benedikt XVI. macht hier oft Station bei seinen mittäglichen Spaziergängen durch die Gärten», weiß Don Antonio zu berichten. Sofort schauen sich die Pilger um. Vielleicht kommt er ja heute etwas früher? «Keine

Frische Blumen für die päpstliche Wohnung

Angst», fährt er fort, «wenn der Papst kommt, müssen vorher alle die Gärten verlassen, damit er ungestört wandeln kann.»

Von der Grotte geht es weiter zur Palazzina Leo XIII. In dem Gebäude mit dem Wehrturm befindet sich eine Technikabteilung von Radio Vatikan. Im Garten davor bietet sich eines der beliebtesten Fotomotive des Rundgangs: durch Stern-Jasmin-Bögen und Spaliere aus Rosen ist die Kuppel des Petersdoms zu sehen.

Sie scheint förmlich zu schweben. Die Apsis ist durch den steilen Abhang des Hügels nicht zu sehen. An dieser Stelle hatte Papst Leo XIII. Ende des 18. Jahrhunderts einen botanischen Garten anlegen lassen. Heute zeugt nur noch ein Korallenstrauch mit seinen scharlachroten Blüten von dem einstigen Kleinod. Ein kleiner Durchgang gibt den Weg frei zum englischen Garten, der an der Nord-Ost-Grenze des Territoriums liegt. In den zwei Hektar Buchen- und Eichenwald lebte früher Rotwild. Heute spendet er allein den Besuchern erholsamen Schatten. Vorbei am größten der 97 Brunnen im Vatikan, dem Adlerbrunnen, geht es hinunter in den ältesten Teil der Vatikanischen Gärten. Wo heute die Vatikanischen Museen und der Palazzo del Belvedere mit der Vatikanapotheke sind, hatte Papst Nikolaus III. (1277–1280) im Jahr 1279 die ersten Gärten anlegen lassen. Aus dieser Zeit ist nur der Bereich um die Casina Pius IV. übriggeblieben. Der Rest fiel den Palästen zum Opfer. Bevor das kleine Jagdschlösschen unter Pius IV. (1559-1565) fertiggestellt wurde, gab es dort einen Heilpflanzengarten. Die Casina bietet heute Heimat für die Päpstliche Akademie der Wissenschaften, einem Gremium aus Experten und Wissenschaftlern, darunter viele Nobelpreisträger, die sich einmal im Jahr zu Beratungen treffen. Gleich oberhalb der Casina, am geografischen Mittelpunkt des Vatikans, wacht auf einer Säule der heilige Petrus über das Gebaren im Staat seines Nachfolgers. Er steht an einer der wichtigen Kreuzungen in den Gärten. Die Gruppe schreckt zur Seite, als Bruno Peditzi mit seinem kleinen Transporter vorbeifährt, um zu den Gewächshäusern am nördlichen Ende des Territoriums zu gelangen. Dort züchten die 36 Gärtner die Blumen und Pflanzen. Die Gärten sind in zwölf Zonen eingeteilt; für jede gibt es einen hauptverantwortlichen Landschaftspfleger. Er kennt seinen Sektor genau; weiß, welche Pflanze besondere Pflege brauchen und wie notfalls Krankheiten bekämpft werden können. Das geschieht möglichst auf biologische Art, erklärt Elio Cortellessa, der seit 35 Jahren als Gärtner im Vatikan arbeitet. So lange kümmert er sich auch schon um den Blumenschmuck für die Papstwohnung; der stammt ebenfalls aus den Händen der vatikanischen Gärtner. Zweimal die Woche erhält Benedikt XVI. frische Blumen für seine Privatkapelle und die übrigen Zimmer des Appartamento.

Bei den großen Gottesdiensten in der Petersbasilika und auf dem Petersplatz werde der Blumenschmuck mit dem Päpstlichen Zeremonienmeister abgestimmt, so Cortellessa. Je nach Anlass dominierten unterschiedliche Farbtöne: am Fest Peter und Paul (29. Juni) die Farbe Rot als Symbol für das Martyrium, in Advent und Fastenzeit sei die bestimmende Farbe Grün, während es bei Heiligsprechungen und an Ostern eine «wahre Explosion an Farben» gebe, um der Freude über das Ereignis gebührend Ausdruck zu verleihen. Ostern sei übrigens auch die einzige Gelegenheit, bei der es Unterstützung von außen gebe, erklärt Cortellessa. «Eine Lkw-Ladung voll Frühlingsblumen kommt jedes Jahr aus den Niederlanden angerollt für den Blumenschmuck auf dem Sagrato vor der Basilika.» Bis zu 10.000 Blumen werden dann auf dem Vorplatz des Petersdoms kunstvoll drapiert. Das übrige Jahr machen die Gärtner Seiner Heiligkeit alles selbst. So auch das Kunstwerk, das die Pilgergruppe mittlerweile bewundert. Direkt hinter der Apsis des Petersdoms, wo das Gelände leicht ansteigt zum Governatoratspalast hin, ist auf hundert Quadratmetern das päpstliche Wappen gepflanzt. «Das war eine große Herausforderung für uns», erklärt Bruno Peditzi, «vor allem den Bären und den schwarzen Mohr mit Blumen darzustellen, das ist nicht leicht.» Doch die Gärtner haben eine Lösung gefunden: Tiara und Schlüssel des Heiligen Petrus sind mit Buchsbaum fester Bestandteil der Bepflanzung und bilden den Rahmen für das Wappenschild mit den speziellen Symbolen des Pontifex. Mohr und Bär wurden mit dunkelrotem Papageienblatt und schwarzblättrigem Schlangenbart gepflanzt. Für die silbernen Partien am linken Schlüssel wurde Aschenkraut gewählt, mit Pfaffenhütchen der rechte goldene Schlüssel gepflanzt. Täglich sieht Peditzi nach dem Rechten am päpstlichen Wappen. Ihm macht die

Arbeit viel Freude. Das schönste sei es, draußen in den Gärten zu sein und das Chaos von Rom nicht zu erleben. «Der Vatikan ist eine kleine glückliche Insel. Ist man außerhalb der Mauern, gibt es nur Verkehr. Hier drinnen sind wir in einer kleinen Oase», fügt sein Kollege hinzu. Die muss die Pilgergruppe nun leider verlassen. Über die Piazza Santa Marta geht es schnellen Schrittes in Richtung Petersplatz. Vorbei an den Schweizergardisten treten sie in den Trubel hinaus. Das römische Chaos hat sie wieder. An die zwei Stunden in den Vatikanischen Gärten werden sie noch lange denken. Don Antonio verabschiedet sich mit der Mahnung, sich in der Hektik des Alltags immer wieder Oasen der Ruhe zu suchen. Sonst gehe der Blick für das Wesentliche des Lebens verloren: Gott und die geliebten Nächsten. Sagt es, verabschiedet sich und eilt zur nächsten Gruppe, die er in die Basilika Sankt Paul vor den Mauern begleiten wird.

Ein Tag mit dem Papst
Alltag im Apostolischen Palast

«Und wo wohnt jetzt der Papst?» Geduldig beantwortet der Reiseführer zum wiederholten Mal die Frage. Mit seinem kleinen Schirm, den er normalerweise als Erkennungszeichen nutzt, deutet er in Richtung des Apostolischen Palasts. Der erhebt sich majestätisch zur Rechten über dem Petersplatz. Im dritten Stock, der Terza Loggia, befindet sich die päpstliche Wohnung, von Insidern auch schlicht Appartamento genannt. Fällt in einem Gespräch das Stichwort Appartamento, werden aufmerksam Augenbrauen nach oben gezogen. Ein Anruf oder Brief aus dem Appartamento hat Vorrang vor allen anderen Tätigkeiten. Wer das Appartamento hinter sich weiß, genießt für sein Handeln höchsten Segen, auch wenn nicht immer ganz klar ist, auf wen im Appartamento man sich beruft. In der Etage darunter, der Seconda Loggia, liegen die Empfangsräume, und im ersten Stock wohnt der Kardinalstaatssekretär, nach dem Papst der wichtigste Mann in der katholischen Kirche und engster Vertrauter des Pontifex. Der Renaissance-Palast, Palazzo Nuovo genannt, wurde Ende des 16. Jahrhunderts als kompakter quadratischer Bau mit einem großen Innenhof angelegt. Er umfasst mehrere hundert Räume auf über 10.000 Quadratmeter Fläche. Der Papst nutzt selbst den kleinsten Teil des riesigen Palazzo. Zwar misst das Appartamento mehrere hundert Quadratmeter, doch das Büro des Pontifex und sein Schlafzimmer sind klein und bescheiden. Beide sind vom Petersplatz aus gut zu erkennen. Vom Fenster des Arbeitszimmers aus, das zweite von rechts in der Terza Loggia, spricht der Papst an Sonn- und Feiertagen das Mittagsgebet. Das Schlafgemach ist das Eckzimmer direkt nebenan. Von dort aus hat Benedikt XVI. einen Blick auf sein altes Zuhause. Der Palazzo an der Piazza della Città Leonina 1 liegt Luftlinie kaum hundert Meter entfernt. Dort lebte er als Kardinal Joseph Ratzinger und genoss es, am Abend im Borgo, dem angrenzenden Stadtteil, einen kleinen Spaziergang zu machen und mit den Bewohnern zu plaudern. Gelegentlich trank er einen Kaffee in einer Bar oder verabredete sich zum Abendessen in einem der zahlreichen Restaurants. Heute sieht der Alltag des Joseph Ratzinger, jetzt Benedikt XVI., anders aus. Füße vertreten im Borgo, das ist für einen Papst nicht möglich, geschweige denn ein Essen mit Freunden im alten Stammlokal. Das bedeutet natürlich nicht, dass der Papst keine Freizeit hätte. Auch wenn sie knapper ausfällt als früher.

Papst Benedikt XVI. ist das Oberhaupt von einer Milliarde Katholiken. Dass die Last der Arbeit den 81-Jährigen nicht erdrückt, dafür sorgen die Mitarbeiter im engsten Umfeld des Pontifex. Sie leben und arbeiten im Appartamento. An erster Stelle die beiden Privatsekretäre des Pontifex, der deutsche Georg Gänswein, der bereits in der Zeit als Präfekt der Glaubenskongregation Sekretär Ratzingers war, und Alfred Xuareb. Der aus Malta stammende Kurienprälat ist seit September 2007 im Amt. Er arbeitete zuvor in der Präfektur des Päpstlichen Hauses und ist daher mit den besonderen Anforderungen, die das Tagesgeschäft des Stellvertreters Christi auf Erden mit sich bringt, bestens vertraut. Vier Frauen, die der Gemeinschaft Comunione e Liberazione angehören, organisieren zusammen mit dem Kammerherrn Paolo Gabriele den Haushalt. Die vier Damen und die beiden Sekretäre wohnen im Dachgeschoss über dem Appartamento. Dort steht auch immer ein Zimmer für Georg Ratzinger bereit, damit er seinen Bruder jederzeit im Vatikan besuchen kann. Regelmäßig macht er das nach Weihnachten und in den Sommermonaten, wenn der Papst sich in der Sommerresidenz Castelgandolfo aufhält. Auch den Geburtstag des Pontifex am 16. April feiern die Brüder, wenn es möglich ist, gemeinsam.

Zwei weitere langjährige Vertraute des Papstes gehören ebenfalls zum engsten Mitarbeiterkreis, auch wenn sie nicht im Appartamento wohnen. Ingrid Stampa, die über viele Jahre den Haushalt Joseph Ratzingers geleitet hat, kümmert sich um wichtige Aufgaben wie etwa die Übersetzung und Herausgabe seiner Reden und Bücher. Ihr Schreibtisch steht im Staatssekretariat, und sie genießt nach wie vor das volle Vertrauen des Papstes. Das gilt auch für Birgit Wansing. Die Schönstattschwester erledigt seit vielen Jahren effizient und diskret die Sekretariatsarbeiten für Benedikt XVI. Sie ist wie Gänswein dem Pontifex aus der Glaubenskongregation in den Apostolischen Palast gefolgt. Ihr Büro ist, zusammen mit einer großen Bibliothek, auf einer Zwischenetage direkt unterhalb des päpstlichen Arbeitszimmers. Für einen reibungslosen Tagesablauf sorgt die Präfektur des Päpstlichen Hauses. In enger Abstimmung mit den Privatsekretären koordiniert sie die Termine und bereitet Audienzen sowie Zeremonien vor. Jeder, gleich ob Bischof oder Staatschef, der eine Begegnung mit dem Papst wünscht, muss sich an den Präfekten des Päpstlichen Hauses wenden. Allerdings hat Papst Benedikt XVI. die Zahl der Audienzen gleich zu Beginn seines Pontifikats stark eingeschränkt. Unter Politikern empfängt er nur noch Staats- und Regierungschefs sowie Leiter internationaler Organisationen wie etwa den Generalsekretär der UNO. Generalkapitel der Orden, die Johannes Paul II. regelmäßig in den Sälen des Vatikans begrüßt hatte, kommen nur noch selten in den Genuss einer eigenen Audienz. Sie bekommen jetzt einen Platz auf dem Sagrato in der Nähe des Pontifex bei der wöchentlichen Generalaudienz und einen kurzen Gruß. Gleiches gilt für viele andere Sonderaudienzen, die der polnische Pontifex gewährte. Bei Benedikt XVI. bleibt oft nur die «Prima Fila», die erste Reihe der Audienzteilnehmer am Mittwoch, die mittlerweile unter die Kategorie Privataudienz fällt. Der 81-jährige haushaltet mit seinen Kräften und setzt eigene Akzente. Ihm ist das Gespräch mit den Bischöfen wichtig, die alle fünf Jahre zum Ad-Limina-Besuch in den Vatikan kommen. Dafür nimmt er sich viel Zeit.

Der Tag beginnt früh im Appartamento. Gegen sieben Uhr feiert die kleine Hausgemeinschaft den Gottesdienst in der Hauskapelle. Anders als bei Johannes Paul II. lädt Papst Benedikt XVI. nur selten Gäste zu diesem Anlass ein. Lediglich die vier Hausdamen, der Kammerherr und die beiden Privatsekretäre feiern mit. Die schlichte Kapelle befindet sich zum Innenhof hin. Sie ist mit Marmorplatten an den Wänden ausgekleidet, im Altarbereich in dunklem Rot, im übrigen Raum hell. Die Decke und einen Teil der Wand im Altarraum zieren bunte Glasfenster mit Darstellungen aus dem Leben Jesu und dem Alten Testament. Auf einer kleinen Säule steht das Gnadenbild der Muttergottes von Altötting. Im Anschluss an den Gottesdienst verweilt der Papst im Gebet in der Kapelle, bevor er zum Frühstück geht. Das fällt meist kurz aus, denn die Arbeit wartet. Vorbereitung der Audienzen, Korrespondenz, Presseschau und Aktenstudium warten auf den Pontifex. Der liest die Vorlagen sehr genau, macht Notizen an den Rand und lässt bisweilen auch ganze Entwürfe zur Überarbeitung zurückgehen. Für manche Kurienchefs war das zu Beginn des Pontifikats eine große Umstellung, berichtet ein Mitarbeiter schmunzelnd. Mittlerweile haben sich alle daran gewöhnt, dass der Professor auf dem Stuhl Petri ein akribischer Arbeiter ist und nicht einfach seine Unterschrift unter ein Papier setzt, wenn er davon nicht überzeugt ist. Das bedeutet unter Umständen, dass sich der Entstehungsprozess eines Dokuments verlängert. Das stört den Papst aber nicht. Wichtig ist, dass ordentlich gearbeitet wird. Bei der Veröffentlichung der ersten Enzyklika «Deus caritas est» Ende Januar 2006 räumte Benedikt XVI. persönlich Verzögerungen bei der Erscheinung des langerwarteten Papiers ein. Hintergrund ist, dass der Papst mit den Übersetzungen nicht zufrieden war.

Die beiden Sekretäre arbeiten Tür an Tür mit dem Papst. Die Kommunikationswege sind kurz. Spätestens gegen 11 Uhr unterbricht der Pontifex die Arbeit am Schreibtisch und begibt sich in die Seconda Loggia, wo die morgendlichen Audienzen stattfinden. 15 bis 20 Minuten dauert eine Begegnung in der Regel.

Geht die Unterredung länger, ist das ein Zeichen für die große Wertschätzung des Gastes oder für besonderen Gesprächsbedarf. Das Pensum ist gewaltig. Oft finden bis zu zehn oder mehr Audienzen unmittelbar hintereinander statt. Alle 15 Minuten muss sich das Kirchenoberhaupt auf einen neuen Gesprächspartner einstellen sowie die Hintergründe und Themen für das Gespräch parat haben. Für den Papst bedeutet das drei Stunden höchste Konzentration. Am Dienstagvormittag gibt es normalerweise keine Audienzen. Die Zeit nutzt der Pontifex, um sich auf die Generalaudienz am Mittwoch vorzubereiten.

Nach dem anstrengenden Vormittagsprogramm steht im Speisezimmer des Appartamento eine Etage höher das Mittagessen bereit. Meist speist Joseph Ratzinger im kleinen Kreis der engsten Mitarbeiter. Große Tafelrunden, wie bei seinem Vorgänger, gibt es selten. Für feierliche Anlässe gibt es eigens Tafelsilber, Porzellangeschirr und Kristallgläser mit päpstlichem Wappen. Bär und Freisinger Mohr blicken dem Papst und seinen Gästen freundlich vom Teller entgegen. Dem Essen schließt sich eine kleine Mittagspause an. Benedikt XVI. zieht sich in seine Privatgemächer zurück. Wenn es die Zeit zulässt, begibt er sich für einen kurzen Spaziergang in die Vatikanischen Gärten. Im Französischen Garten kann er unbeobachtet die Ruhe der grünen Oase genießen. Er plaudert mit seinen Privatsekretären oder betet mit ihnen den Rosenkranz. Reicht es nicht für die Fahrt mit dem Auto auf den Vatikanhügel, bleibt noch der kurze Gang auf den Dachgarten des Apostolischen Palasts. Zwischen Oleanderbüschen und Zitrusbäumchen dreht der Papst dann seine Runden.

Am Nachmittag kehrt er an den Schreibtisch zurück. Er studiert Akten, bereitet Reden vor, beantwortet Post und unterzeichnet Urkunden. Für jede der jährlich über 200 Bischofsernennungen, die der oberste Hirte vornimmt, wird eine Urkunde ausgefertigt. Die Bischofskongregation beschäftigt dafür eigens Kalligrafen, die den Text in schönen Lettern auf feinstes Büttenpapier bannen. Am Ende setzt der Pontifex seine Unterschrift darunter und besiegelt damit die Ernennung. Ab 17 Uhr kommen die wichtigsten Kurienchefs zur Besprechung. Mehrmals die Woche trifft der Papst den Kardinalstaatssekretär. Tarcisio Bertone ist ein enger Vertrauter des Papstes. Sie kennen sich bereits aus der gemeinsamen Zeit in der Glaubenskongregation. Bertone war dort lange zweiter Mann unter dem Präfekten Joseph Ratzinger. Zusammen mit dem Pontifex bestimmt Bertone die Grundlinien der vatikanischen Politik, in kircheninternen Angelegenheiten wie auch im politischen Bereich. Weitere regelmäßige Audienzen gibt es für den Innen- und den Außenminister sowie die Leiter der Glaubens- und der Bischofskongregation. Die Begegnungen finden in der Regel in der Privatbibliothek in der Terza Loggia statt.

Bleibt noch Zeit, widmet sich der Papst wieder den Stapeln auf seinem Schreibtisch, bevor es zum Abendessen geht. Dazu lädt Benedikt XVI. hin und wieder Freunde und Bekannte ein. Selten reicht die Zeit für die Abendnachrichten im Fernsehen. Das Wohnzimmer mit den grünen wuchtigen Sesseln bleibt meist verwaist. Öfter als vor dem Fernseher sieht man Benedikt XVI. am Klavier. Mit den Klängen von Mozart versucht sich der Pontifex von den Strapazen des Alltags etwas abzulenken, um anschließend wieder an den Schreibtisch zurückzukehren. Bis spät am Abend brennt dann Licht in den Arbeitszimmern von Pontifex und seinen Sekretären im dritten Stock des Apostolischen Palasts. Erst gegen 23 Uhr geht ein langer und anstrengender Arbeitstag zu Ende. Der meist ähnliche Tagesablauf wird gelegentlich durch kulturelle Ereignisse unterbrochen. Da es kein Geheimnis ist, dass Benedikt XVI. klassische Musik liebt, bringen viele Gäste musikalische Geschenke mit. Die Präfektur des Päpstlichen Hauses findet oft nur mit Mühe ein Zeitfenster im engen Terminkalender des Papstes, um die Konzerte anschließend auch zu realisieren. Die Warteliste ist lang. Für Joseph Ratzinger bietet der regelmäßige Genuss der meist auf höchstem internationalem Niveau dargebotenen Musik einige wenige Stunden der Entspannung im hektischen Geschäft des obersten Hirten der katholischen Kirche.

Im Alltagsgeschäft legt Benedikt XVI. größten Wert auf Diskretion. Interna gelangen daher höchst selten in die Öffentlichkeit. Das ist umso erstaunlicher, als an der Entstehung von Dokumenten und Texten, von den ersten Entwürfen bis zur Übersetzung nach der Approbation durch den Papst, eine große Zahl von Personen beteiligt ist. Viele Predigten und Ansprachen verfasst der Papst persönlich. Doch bei einer Reihe wichtiger Dokumente, vor allem im politischen Bereich, lässt er zunächst von Experten einen Entwurf erstellen, den er dann überarbeitet und mit eigenen Akzenten versieht. Diskret bewegt sich der Pontifex auch in der wenigen Freizeit. Sind über seine Vorgänger Ausflüge außerhalb es Vatikans bekannt, wurde Benedikt XVI. bisher außerhalb seiner offiziellen Besuche in Rom und der näheren Umgebung noch nirgends gesichtet. Was aber nicht ausschließt, dass es derartige Termine gibt. Das gilt auch für Besuche innerhalb des Vatikans. Meist nutzt der Papst allerdings die Urlaubszeit für Treffen mit alten Bekannten und Freunden.

Im Juli macht das Kirchenoberhaupt für knapp drei Wochen Ferien. In den ersten drei Jahren war er dazu in die Alpen gefahren, zuletzt 2008 nach Brixen, wo er schon als Kardinal mehrfach seinen Urlaub verbracht hatte. Doch bei Benedikt XVI. bedeutet Urlaub meist wieder Studium und Schreiben. 2008 nutzte er dem Vernehmen nach die Zeit, um unter anderem am zweiten Band seines Jesusbuches zu arbeiten. Nach den Ferien in den Bergen begibt sich der Papst in die Sommerresidenz Castelgandolfo. Der August bleibt in der Regel frei von öffentlichen Terminen, von der Generalaudienz am Mittwoch und dem Angelusgebet am Sonntag abgesehen. Erst im September nimmt er sein normales Arbeitsprogramm wieder auf. Anfang Oktober kehrt er in den Vatikan zurück.

Der Papst auf Reisen
Die Vorbereitung

Johannes Paul II. – der Reisepapst. 104 Auslandsreisen absolvierte der polnische Pontifex in seinen 27 Amtsjahren. Dabei legte er rund 1,2 Millionen Kilometer zurück. Das entspricht 31 Erdumrundungen oder etwa dreimal der Strecke zum Mond. Statistiker im Vatikan haben errechnet, dass er dafür rund 580 Tage den Vatikan verlassen hat. In 129 Ländern besuchte er 617 Städte und hielt mehr als 2.400 Reden. Dazu kommen knapp 150 inneritalienische Reisen und die Pfarreibesuche in der Diözese Rom. Papst Johannes Paul II. begegnete nach Schätzungen bei den Auslandsreisen mehr als 400 Millionen Menschen. Kritik an den hohen Kosten der Reisen wies er zurück. Für Karol Wojtyla waren die Reisen ein wichtiger Bestandteil seines Pastoralkonzepts. Er sah sich als Missionar, der in die Welt zieht, um das Evangelium zu verkünden. Gleichzeitig nutzte er das Medieninteresse, um immer wieder auf Missstände hinzuweisen, wenn er etwa bei seinen Besuchen in Afrika und Lateinamerika den Armen eine Stimme gab im Überlebenskampf der Globalisierung.

Gleich nach der Wahl Papst Benedikts XVI. war allenthalben zu hören, dass der neue Pontifex nicht so viel reisen werde wie sein Vorgänger. Doch auch Benedikt XVI. ist kein Stubenhocker. Er reist nicht gerne, das ist richtig. Auch hat er sein Amt als Kirchenoberhaupt im Alter von 78 Jahren angetreten, nicht mit 58 Jahren wie sein Vorgänger Karol Wojtyla. Dennoch: In vier Jahren kommt Benedikt XVI. auf zehn Auslandsreisen. In Italien war er neunmal unterwegs, und in Rom hat er mehrere Pfarreien und Institutionen besucht. Bei den Auslandsreisen fällt auf, dass der deutsche Pontifex meistens zu bestimmten Anlässen reist: angefangen von den Weltjugendtagen in Köln (August 2005) und Sydney (Juli 2008) über den Weltfamilientag in Valencia (Juli 2006), die Vollversammlung der Bischöfe Lateinamerikas und der Karibik in Aparecida/Brasilien (Mai 2007) und die Jubiläen der Marienwallfahrtsorte Mariazell (September 2007) und Lourdes (September 2008). Hauptanlass der Reise in die USA im Mai 2008 war der Besuch der Vereinten Nationen in New York, und die Reise in die Türkei Ende November 2006 war ein Antrittsbesuch beim Ökumenischen Patriarchen von Konstantinopel, Bartholomaios I. Bleiben noch zwei Reisen, die stark biografische Züge trugen: im Mai 2006 der Besuch in Polen auf den Spuren seines Vorgängers Johannes Paul II. und schließlich der Heimatbesuch in Bayern im September 2006. Im Unterschied zum Wojtyla-Papst sind die Trips Ratzingers meist sehr kompakt. Er macht in der Regel kein Länder-Hopping auf einem Kontinent, sondern besucht nur ein Land und dort wenige Städte.

Benedikt XVI. reist – und wenn ein Papst sich auf Reisen begibt, ist das kein leichtes Unterfangen. Schwierig ist bereits die Auswahl der Ziele. Den Vatikan erreichen beinahe täglich Einladungen. Nahezu jedes Staatsoberhaupt, das in Audienz empfangen wird, wünscht sich einen Gegenbesuch des Pontifex im eigenen Land. Dazu kommen die Organisatoren wichtiger kirchlicher Konferenzen und Kongresse wie etwa des Eucharistischen Weltkongresses, der Weltfamilientage und Weltjugendtage sowie die großen kirchlichen Wallfahrtsorte, etwa Lourdes oder Fatima, die auf eine Visite hoffen. Und natürlich gibt es immer irgendwo in der weltumspannenden katholischen Kirche Jubiläen zu feiern, denen der Papst durch seine Anwesenheit besonderen Glanz und Bedeutung verleihen soll. Daneben gibt es persönliche Wünsche von Benedikt XVI. Dazu zählte sicherlich der Heimatbesuch im Herbst 2006. Mehrfach hat er auch den Wunsch geäußert, das Heilige Land besuchen zu können. Wenn die politische Situation es zulässt, soll diese Reise 2009 stattfinden.

Grundsätzlich gilt: Der Papst reist nur in ein Land, wenn er sowohl von Seiten der Regierung als auch von den katholischen

Ortsbischöfen eingeladen wurde. Besucht er ein mehrheitlich orthodoxes Land, geht dies nur nach Rücksprache mit der orthodoxen Kirche. Liegen die notwendigen Einladungen vor, beginnt die Phase der Evaluierung im Staatssekretariat und der Präfektur des Päpstlichen Hauses. Dabei spielen ganz unterschiedliche Gesichtspunkte eine Rolle. So muss die politische Situation im Land bewertet werden. Stehen etwa Wahlen an, ist ein Papstbesuch in zeitlicher Nähe unpassend. Gibt es große Schwierigkeiten zwischen Politik und lokaler Kirche, wird zunächst eine Lösung der Probleme angestrebt, um den Besuch nicht mit Kontroversen zu belasten. Bestehen keine politischen Bedenken und erscheint ein Besuch aus pastoralen Gründen als sinnvoll, beginnt die Terminsuche. Der Nuntius führt im betreffenden Land Gespräche mit den zuständigen politischen und kirchlichen Stellen. Die Botschaften der Länder beim Heiligen Stuhl sind ebenfalls in diesen Prozess involviert. Die Bischofskonferenzen vor Ort erarbeiten in Abstimmung mit den staatlichen Stellen einen ersten Vorschlag für das Programm. Das Staatsekretariat und die Präfektur des Päpstlichen Hauses prüfen diese und machen gegebenenfalls Änderungsvorschläge. Das gilt sowohl für die Orte bestimmter Ereignisse während der Reise als auch für die Auswahl der Termine selbst. Bis die endgültige Agenda einer Reise steht, gehen noch mehrfach Entwürfe hin und her. Etwa neun Monate vor dem Reisetermin tritt der päpstliche Reisemarschall das erste Mal auf den Plan: Alberto Gasbarri. Seit über 20 Jahren gehört der Laie zum Vorbereitungsteam für Papstreisen. Lange war er zweiter Mann hinter dem legendären Reisemarschall und heutigen Kardinal Roberto Tucci, dann unter Bischof Renato Boccardo. Im Oktober 2006 beförderte Benedikt XVI. ihn zum Reisemarschall. Die Personalie sorgte für Aufsehen: ein zweifacher Familienvater auf einem solch verantwortungsvollen Kurienposten, das war ungewöhnlich. Der hochgewachsene, stets elegant gekleidete Italiener ist für seine diskrete und effiziente Arbeit bekannt. Im Vatikan genießt er das Vertrauen

Reisemarschall Alberto Gasbarri im Gespräch mit Journalisten im Papstflieger

vieler hoher Würdenträger. Seine Kontakte zur Schweizergarde und zur Vatikanischen Gendarmerie sind legendär. Im Hauptberuf ist der 61-Jährige Verwaltungsdirektor bei Radio Vatikan. Zusammen mit einem Mitarbeiter der Protokollabteilung des Staatsekretariats begutachtet er an den Reisezielen alles aufs Genauste. Er schreitet jeden Weg ab, den der Papst später gehen, inspiziert jeden Ort, an dem sich der Pontifex aufhalten wird: angefangen vom roten Teppich zur Begrüßung auf dem Flughafen über die Kirchen und Plätze für die liturgischen Feiern, die Fahrtrouten des Papamobils bis hin zu den Privatgemächern, in denen der Papst während seines Aufenthalts wohnen wird. Gasbarri kümmert sich um Fragen des Protokolls und der Sicherheit. Er diskutiert über den päpstlichen Speiseplan und beratschlagt über Gastgeschenke. Der Reisemarschall kennt die Wünsche und Gewohnheiten des Kirchenoberhaupts. Er weiß, dass Benedikt XVI. im straffen Reiseprogramm Ruhephasen braucht. Eine angemessen lange Mittagspause ist wichtig; späte Abendtermine gibt es in der Regel nicht.

Das Urteil Gasbarris hat Gewicht. Das wissen die Organisatoren vor Ort. Daher ist für sie der Besuch des Reisemarschalls oft wie eine kleine Prüfung. Nervös beobachten sie jede Regung des Zweimetermannes. Halten das vorbereitete Programm, die ausgewählten Orte dem kritischen Urteil des Papstvertrauten stand? Doch es ist schwierig, die Gedanken Gasbarris zu erraten. Ganz der freundliche Italiener und distinguierte Signore, trägt er stets ein Lächeln auf den Lippen. Gegenüber der Presse schweigt er; lässt sich höchstens ein höfliches Wort über das Gastland und die Zuneigung des Papstes zu eben diesem entlocken; hinter verschlossenen Türen spricht er Klartext. Da kann es vorkommen, dass für eine Veranstaltung ein neuer Ort gesucht werden muss, im schlimmsten Fall der eine oder andere Programmpunkt gestrichen wird. Die Auswahl ist nicht einfach. Wenn der Papst kommt, wollen viele mit ihm zusammentreffen: Geistliche Bewegungen, Vertreter anderer Kirchen und Religionen, von den Politikern ganz zu schweigen. Da füllt sich ein Reiseprogramm manchmal beinahe von selbst. Obligatorisch für jede Papstreise sind die großen Messen, eine Begegnung mit den katholischen Bischöfen sowie den Staats- und Regierungschefs des Landes. Wenn möglich, trifft sich Benedikt XVI. mit Priestern, Diakonen und Ordensleuten; auch der Kontakt zur Welt der Kultur und Wissenschaft ist ihm wichtig.

Zweimal, wenn es nötig ist öfter, besuchen Reisemarschall Gasbarri und sein Mitarbeiter das Gastland. Im Vatikan erstatten sie dem Papst und seinen engsten Beratern Bericht, die dann wiederum Änderungen anregen. Mindestens einmal begibt sich der Päpstliche Zeremonienmeister Guido Marini vor Ort. Die Liturgien werden in enger Abstimmung zwischen einem örtlichen Liturgiekomitee und dem Chefliturgen vorbereitet. Die Bischöfe des Gastlandes wählen in Abstimmung mit dem Papst ein Motto für die Reise. Die einzelnen Liturgien entfalten im Idealfall verschiedene Aspekte dieses Themas. So stand etwa der Weltjugendtag in

Sydney im Juli 2008 unter dem Motto: «Ihr werdet die Kraft des Heiligen Geistes empfangen, der auf euch herabkommen wird; und ihr werdet meine Zeugen sein» (Apg 1,8). Bei der Vigilfeier standen die sieben Gnadengaben des Heiligen Geistes im Mittelpunkt; beim Abschlussgottesdienst spendete der Papst zwölf Jugendlichen das Sakrament der Firmung. Der Päpstliche Zeremonienmeister sorgt dafür, dass die Reise liturgisch einen roten Faden hat, der zudem in den Rahmen der üblichen Papstliturgien passt. Marini spricht auch ein gewichtiges Wort bei der Gestaltung der Gottesdienstorte mit, wenn es etwa um den Bau von Altarbühnen geht. Stehen die liturgischen Texte fest, werden sie vom Papst approbiert und als eigenes liturgisches Buch, das Missale der Reise, in 30 bis 50 Exemplaren gedruckt. Meist ist ein Techniker von Radio Vatikan dafür verantwortlich, die Bücher in einem geheimnisvollen schwarzen Pilotenkoffer in Papstnähe mitzutragen. Kurz vor Beginn der Liturgie überprüft Marini noch einmal alles auf seine Richtigkeit hin: Stehen die Stühle alle richtig? Sind die liturgischen Bücher und Geräte am Platz? Sind die Prozessionswege frei und die Gewänder des Papstes gerichtet?

Außer dem Reisemarschall und dem Zeremonienmeister reist schließlich der Chef der Vatikanischen Gendarmerie vorab einmal in das Gastland. Domenico Giani trifft sich mit den örtlichen Behörden, um das Sicherheitskonzept auszuarbeiten. Der 48-jährige Italiener begleitet zusammen mit drei weiteren Gendarmen und zwei Schweizergardisten in Zivil den Papst auf seinen Reisen. Damit er für den Notfall die Fluchtwege kennt, besichtigt er alle Orte, die auf dem Reiseprogramm stehen. Die Verantwortung für die Sicherheit des Papstes liegt während Auslandsreisen zwar bei den Sicherheitsbehörden des Gastlandes; dennoch sind die Gendarmen und Schweizergardisten immer in direkter Nähe des Papstes. Die lokalen Sicherheitsbeamten bilden sozusagen die zweite Reihe neben den päpstlichen Sicherheitskräften. Die wachen auch in der Residenz des Papstes, während die lokalen Beamten vor dem Gebäude bleiben.

Sind alle Vorbereitungen getroffen, wird im Staatssekretariat die päpstliche Delegation zusammengestellt. Der Papst reist mit einem kleinen Gefolge. Meist sind es zwischen 20 und 30 Personen: an erster Stelle der Kardinalstaatssekretär, die beiden Sekretäre des Papstes und der Reisemarschall mit seinem Assistenten. Nicht fehlen darf der Päpstliche Zeremonienmeister mit seinen Assistenten. Dazu kommen der Pressesprecher des Vatikans und der Chefredakteur der Vatikanzeitung L'Osservatore Romano, die Sicherheitsleute, einige Techniker von Radio Vatikan sowie Kameramänner des Vatikanischen Fernsehzentrums. Der Leibarzt des Papstes ist ebenso mit dabei wie Mitarbeiter der im Staatsekretariat für das Gastland zuständigen Abteilung. Meist reisen im Vatikan ansässige Erzbischöfe und Kardinäle, die aus dem Gastland stammen, ebenfalls mit in der Delegation. Und nicht zu vergessen: rund 70 Journalisten.

Bei inneritalienischen Reisen sind die Vorbereitungen nicht ganz so kompliziert und umfangreich. Sie werden von der Präfektur des Päpstlichen Hauses zusammen mit den lokalen kirchlichen und politischen Behörden durchgeführt. Involviert ist in diesem Fall natürlich der Nuntius in Italien – denn streng genommen ist der Besuch einer italienischen Stadt oder Region ein Auslandsbesuch.

Als Journalist im Papstflieger
Mit dem Pontifex on Tour

Es ist jedes Mal das gleiche Ritual: sechs Wochen vor der Papstreise beginnt das Rennen der Journalisten um die begehrten Tickets für die Papstmaschine. Normalerweise stehen zwischen 60 und 70 Plätze zur Verfügung. Die Bewerberzahlen liegen weit darüber. Für einzelne Reisen haben sich in der Vergangenheit bis zu 120 oder mehr Pressevertreter beworben. Einige können sich ihres Platzes sicher sein: etwa die Vatikanisten der großen italienischen Tageszeitungen und der wichtigen Nachrichtenagenturen; andere müssen jedes Mal wieder aufs neue Bangen, ob sie letztendlich auf der Liste stehen, die wenige Tage nach Bewerbungsschluss im Presseamt aushängt. Einige Plätze sind für Journalisten aus dem Gastland reserviert. In der Regel reisen knapp zehn Fotografen, 20 TV-Journalisten und 40 Vertreter von Tageszeitungen, Magazinen und Nachrichtenagenturen in der Papstmaschine mit. Die Liste der Namen liest sich wie das Who's who der internationalen Medienszene: CNN, ABC, RAI und ZDF, die Agenturen AP, Reuters, AFP, DPA, EFE, ANSA, KNA und ITAR-TASS, bei den Zeitungen Le Monde, Times, El Pais, Bild und die großen italienischen Blätter wie Messaggero, Repubblica, Corriere della Sera und La Stampa.

Wenn es dann losgeht, ist es beinahe wie bei einer Klassenfahrt. Man kennt sich von früheren Reisen und den Begegnungen im Presseamt des Heiligen Stuhls. Dort treffen sich am Tag vor dem Abflug die mitreisenden Journalisten. Ab zehn Uhr bekommt jeder seine Sonderakkreditierung für den «Volo Papale» sowie das kleine Arbeitshandbuch, in dem alle Zeiten genauestens aufgeführt sind: Check-in, Frühstückszeiten, Ausgabezeiten weiterer Akkreditierungen und Fahrpläne für die Journalistenbusse zu den Veranstaltungen während der Reise. Wehe, man

Pressekonferenz über den Wolken

kommt zu spät zu einem Termin, das Donnergrollen der Kollegen sowie des Assistenten des Vatikanischen Pressesaals ist einem gewiss. Es empfiehlt sich also, das «kleine Evangelium» für die Mitglieder des VAMP (Vatican Accredited Media Personnel) genau zu studieren. Zusammen mit der Akkreditierung gibt es kleine Etiketten für das Gepäck. Bereits bei der Bewerbung muss man genau angeben, wie viel Gepäck in den Laderaum soll und wie viel Handgepäck man mitführt. Ohne Sonderbadget gehen kein Koffer und keine Tasche mit auf die Maschine.

Mit der Akkreditierung in der Hand bewegt sich der Journalistentross zu den Büros der Fluggesellschaften in Rom; dort werden die Tickets meist bar bezahlt. Traditionell fliegt der Pontifex auf dem Hinweg mit Alitalia, auf dem Rückweg mit der Fluglinie des Gastlandes. Nur selten gibt es Ausnahmen. So kam der Papst im Mai 2007 aus Brasilien auch wieder mit Alitalia zurück nach Rom; ebenso bei der Reise in die USA im April 2008. Am Abflugtag trifft man sich wieder, beim Check-in am römischen Flughafen Fiumicino. Das Gepäck wird von Sicherheitsleuten eigens kontrolliert, alle Koffer werden geöffnet. Ein Bus bringt den Tross zum Flugzeug, das meist an einer Außenposition streng bewacht parkt. Dort beginnt der Run auf die Plätze – jeder will möglichst weit vorne sitzen im Journalistenabteil –, denn später kommt der Papst vorbei. Die ersten Reihen sind für Fotografen und Kameraleute reserviert. Dann heißt es warten, denn die Journalisten müssen bereits eine knappe Stunde vor dem Abflug im Flieger sein, damit alles startklar ist, wenn der Pontifex kommt. Der Stellvertreter Christi wartet nicht. Im Flugzeug gibt es drei Bereiche, die streng voneinander getrennt sind: vorne der Platz des Papstes, der immer auf der linken Seite sitzt, dahinter die Bereiche für die Päpstliche Delegation und schließlich für die Journalisten. Der Papst reist Erster Klasse, sein Gefolge Business und die Journalisten Economy, auch wenn die Medienvertreter den Preis eines Business-Fluges zahlen. Die Fluggesellschaften stellen dem Vatikan keine Rechnung, decken aber einen Teil ihrer Kosten durch die Tickets für Journalisten. So kosteten der Hin- und der obligatorische Rückflug von Rom nach Frankreich im September 2008 zusammen 2.200. Euro – ein Preis, der die Zeitung «Liberation» bewog, auf einen mitreisenden Korrespondenten zu verzichten und stattdessen einen gepfefferten Kommentar gegen den Vatikan zu veröffentlichen. Auch die Vereinigung der Vatikan-Journalisten hat sich verschiedentlich über die exklusiven Beförderungskosten mit dem Stellvertreter Christi beklagt, zuletzt beim Weltjugendtag in Sydney. Der Ticketpreis von 6.700 Euro war für viele Medien zu teuer, so dass bei dieser Reise nur knapp 50 Journalisten in der Papstmaschine waren.

Fährt die schwarze Limousine endlich vor, eilen ein Vertreter der italienischen Regierung, der Bischof von Fiumicino und eine Reihe weiterer Würdenträger zum Wagen, erweisen dem Papst die Ehre, der noch einige Worte mit ihnen wechselt und schließlich die Gangway hinaufsteigt. Bei innereuropäischen Flügen kommt Benedikt XVI. vor dem Start in Rom kurz zu den Journalisten; bei Interkontinentalreisen gibt es während des Flugs eine kleine Pressekonferenz. Dann kommt Hektik auf im Journalistenabteil. Fotografen und Kameraleute positionieren sich in den vorderen Reihen – und die Journalisten dahinter sehen nichts mehr, wenn der Pontifex, lächelnd und schüchtern winkend, durch den Gang nach hinten kommt. Die Fragen können vorher beim Vatikanischen Presseamt eingereicht werden; was nicht bedeutet, dass Kritisches aussortiert wird. Auf dem Weg in die USA war etwa das Pädophilie-Thema gleich die erste Frage. Es geht wohl eher darum, dass sich der Pontifex vorbereiten kann. Für die Berichterstatter einer Papstreise ist das so etwas wie die Ouvertüre einer Oper. Hier klingen die Themen an, die für die Reise bestimmend sein können. Entsprechend nervös sind die Kollegen, wenn es darum geht, unter schlechten akustischen Bedingungen die Aussagen des Papstes zu seinen Erwartungen an den bevorstehenden Besuch oder zu brennenden Fragen im Gastland aufzuzeichnen und an ihre «Bodenstation» zu übermitteln. Denn auch wenn die Flugzeuge über Satellitentelefone verfügen – ob sie funktionieren oder die jeweilige Kreditkarte akzeptieren, steht auf einem anderen Blatt. Und in der Konkurrenz der großen Agenturen geht es um jede Minute, die eine Nachricht eher auf dem Markt ist, vor allem, wenn sich der Papst etwa auf dem Weg in die USA zu einem Thema wie dem sexuellen Missbrauch Minderjähriger durch katholische Priester äußert. Doch die Faustregel ist: Im Papstflieger arbeiten die Journalisten miteinander, nicht gegeneinander. Man hilft sich gegenseitig mit fehlenden Zitaten und Adaptern für die Flugzeugsteckdosen, falls der Laptop seinen Geist aufgibt.

Bei Benedikt XVI. ist die Pressekonferenz der einzige direkte Kontakt mit den mitreisenden Journalisten. Johannes Paul II. kam bei längeren Flügen meistens zum persönlichen Gespräch nach hinten – oder, als er nicht mehr so gut gehen konnte, die einzelnen Pressevertreter zu ihm nach vorne. Letzteres gibt es beim deutschen Pontifex bestenfalls auf der Rückreise für die Journalisten des Gastlandes. Trotzdem lohnt die Reise im Papstflieger. Der Informationsfluss ist direkter als für Kollegen, die separat reisen. Regelmäßig gibt es Treffen mit dem Pressesprecher des Papstes, der Details über Begegnungen und die Reaktionen des Pontifex berichtet. Zudem ist es für einen VAMP leichter, einen der begehrten Pool-Plätze bei Papstveranstaltungen zu bekommen und so live bei den öffentlichen Auftritten des Papstes dabei zu sein. Mit Polizeieskorte und Blaulicht geht es durch die Straßen der Städte. So gelingt es, bei mehreren Veranstaltungen an einem Tag dabei zu sein. Für normal akkreditierte Journalisten ist das oft nicht möglich, da sie für An- und Abfahrt zu einem Veranstaltungsort wesentlich mehr Zeit brauchen.

Und noch einen Vorteil gibt es: am frühen Morgen, wenn alle anderen Kollegen noch schlafen, geben sich die Vatikanjournalisten ein Stelldichein im Hotelzimmer des Assistenten des vatikanischen Presseamts. Dann gibt es die Papstansprachen des Tages. Morgens um kurz nach fünf Uhr blickt man in verschlafene Gesichter der Kollegen, während andere bereits mit dem Textmarker bei der Arbeit sind. Entspannung macht sich erst breit, wenn sich zum Rückflug die Türen des Flugzeugs wieder schließen. Dann ist das Werk vollbracht, und meist zufriedene Gesichter lehnen sich auf päpstliche Kopfkissen zurück. Denn in der Regel sind die Kissenbezüge mit dem Wappen des Pontifex bestickt. Die Stewardess reicht die Speisekarte, und der Pressesprecher des Papstes verteilt die Gedenkmedaille, die der Vatikan für jede Reise eigens prägen lässt.

Einmal ganz nah am Papst
Der Pontifex bittet zur Audienz

48 Stunden. So lange dauert es, bis die Vorbereitungen für die Generalaudienz des Papstes getroffen sind. Am Montagmorgen knattern Traktoren mit Anhängern über den Petersplatz, Bauarbeiter rücken wuchtige hölzerne Absperrgitter über das Pflaster. Sie grenzen zwölf große Felder ein, in denen Zehntausende von Pilgern Platz finden werden. In den Zwischenräumen entstehen die Wege, durch die der Heilige Vater mit dem Papamobil fährt. Dann karren die Männer die Stühle herbei, die sie – korrekt ausgerichtet an gespannten Schnüren – aufstellen: 19 Stühle pro Reihe, 40 Reihen pro Parzelle, drei Parzellen pro Feld. Am Ende sind es 27.000 Sitze, perfekt aufgereiht wie Perlen auf einer Schnur. Die Pilger können kommen.

Vorher verkleiden sie die Holzabsperrungen aber noch mit Tüchern. Das sieht besser aus und verhindert, dass Kinder durch die Gitter steigen. Vollautomatisch entfaltet sich auf dem Sagrato, dem erhöhten Platz vor der Fassade des Petersdoms, der mechanische Baldachin, der den Pontifex vor Sonne und Regen schützen soll. Der rote Teppich ist noch mit einer Schutzfolie bedeckt. Erst kurz vor der Audienz wird sie abgenommen. Neben dem Baldachin stehen auf jeder Seite weitere 1.300 Stühle. Sie warten auf ausgewählte Gäste, die dem Stellvertreter Christi bei der Generalaudienz ein wenig näher sein dürfen. Das Glück, dem irdischen Oberhaupt der katholischen Kirche gar die Hand zu schütteln, werden allerdings nur ganz wenige haben. Dieses Privileg ist den knapp 50 Personen in der sogenannten Prima Fila, der ersten Reihe, im Block links vom Baldachin, vorbehalten. Da stets auch die zweite Reihe nach vorne drängt, wenn der Pontifex nach der Generalaudienz vorbeigeht, sind es am Ende rund 100 Personen. Wem diese Ehre zuteil wird, das entscheidet der Präfekt des Päpstlichen Hauses in Abstimmung mit dem Sekretär des Papstes.

Während die Bauarbeiter den Petersplatz herrichten, laufen auch in der Präfektur des Päpstlichen Hauses die letzten Vorbereitungen für das wöchentliche Großereignis. In dem kleinen Büro hinter der rechten Kolonnadenreihe direkt auf Augenhöhe mit den Heiligenfiguren werden die Audienzen organisiert und koordiniert. Die Mitarbeiter haben den Überblick über tausende Pilgergruppen und Einzelpersonen, die Woche für Woche an der Generalaudienz teilnehmen. Einen Sitzplatz bekommt man nur mit einer Eintrittskarte, die kostenlos ausgegeben wird. Oft schon Monate vorher gehen Anfragen von Reiseveranstaltern, Pilgergruppen und römischen Gästehäusern für ein bestimmtes Datum ein. Die Anfragen müssen schriftlich an die Präfektur gerichtet werden. Die Audienz mit dem Papst sei etwas Besonderes, das könne man nicht einfach per Mausklick im Internet machen, begründet ein Mitarbeiter das Vorgehen. Allerdings können Interessierte im Internet ein Formular herunterladen, das sie dann ins Büro des Präfekten schicken müssen. Jede Anfrage wird mit einem Brief beantwortet, in dem das weitere Prozedere erklärt und der Ort benannt wird, an dem die Karten abgeholt werden können. Das sind jede Woche mehrere Tausend, so der Prälat. Am Tag vor der Generalaudienz beginnt die große Verteilaktion. Für jeden Teilnehmer wird ein Briefumschlag vorbereitet, ob Einzelpilger oder Gruppe. Zwei Mitarbeiter der Präfektur tüten dann die bunten Eintrittskarten ein und bringen sie zum Bronzetor, dem Haupteingang des Apostolischen Palasts. Dort können die Pilger ab Dienstagnachmittag ihre Karten abholen – ein Ereignis der besonderen Art. Denn es ist eine der wenigen Gelegenheiten, in denen der gemeine Rombesucher die Treppen zu den heiligsten Hallen erklimmen kann und zumindest einige wenige Meter durch das Bronzetor ins Machtzentrum der katholischen Kirche eintreten darf. Freundlich wird er von den Schweizergardisten begrüßt und darf seinen Umschlag in Empfang nehmen.

Ein kurzer Blick auf die schlichte, aber deshalb nicht weniger imposante Scala Regia Berninis, die am Ende des langen Korridors hinaufsteigt zur Sala Regia und der Sixtinischen Kapelle. Diesen Einblick bekommen nur diejenigen, die ihre Karten direkt bei der Präfektur bestellen. Mittlerweile gibt es viele Pilgerhäuser in Rom, die für ihre Gäste jede Woche ein Kontingent an Karten im Vatikan besorgen.

Für die deutschsprachigen Pilger ist das Pilgerzentrum in der Via della Conciliazione 51 beim Petersplatz eine wichtige Anlaufstelle. Hier werden die Anfragen gesammelt und an die Präfektur weitergeleitet. Auch die Verteilung der Karten übernehmen die Mitarbeiter des Pilgerzentrums. «Für uns ist das eine wichtige Entlastung. Wir könnten sonst die vielen Anfragen nicht bewältigen», heißt es aus der Präfektur. Allein in den ersten drei Jahren des Pontifikats Benedikts XVI. haben mehr als zehn Millionen Menschen an Veranstaltungen mit dem Papst teilgenommen, an Generalaudienzen, dem Mittagsgebet am Sonntag sowie Sonderaudienzen und den Gottesdiensten. Aus Deutschland kommen pro Jahr eine Viertel Million Gläubige. Unter Johannes Paul II. waren es am Ende rund 80.000. Allerdings, so gibt ein Mitarbeiter der Präfektur zu Bedenken, steigt die Zahl der Einzelpilger gerade auch aus Deutschland schon seit dem Beginn der Ära der Billigflieger stetig an.

Für die 15 Mitarbeiter der Präfektur des Päpstlichen Hauses ist allein das wöchentliche Großereignis eine logistische Herausforderung. Daneben sind sie aber auch für alle nichtliturgischen Zeremonien und für die Privataudienzen zuständig. Der Präfekt, ein Erzbischof, ist für die Terminplanung Seiner Heiligkeit verantwortlich; auch der Ablauf der einzelnen Begegnungen wird von ihm genauestens vorbereitet. Das geschieht in enger Abstimmung mit dem Sekretär des Papstes und dem Kardinalstaatssekretär. Wer darf an einer Audienz teilnehmen? Welche Geschenke werden ausgetauscht? Und wie steht es um die Etikette? In allen diesen Fragen steht die Präfektur in engem Kontakt mit den

Gästen, um peinliche Situationen in Gegenwart des Papstes zu vermeiden. Handelt es sich um Audienzen für Politiker oder Botschafter, erfolgt die Abstimmung über die beim Heiligen Stuhl akkreditierten Botschafter. Diese wissen um die Gepflogenheiten im Hause des Pontifex, das in dieser Beziehung durchaus stark höfische Züge trägt. Politiker bei offiziellen Staatsbesuchen und Botschafter beim Antritts- oder Abschiedsbesuch tragen Frack. Hat die Audienz eher privaten Charakter, ist der Anzug ausreichend. Für Frauen ist Schwarz nicht vorgeschrieben, eine gedeckte Farbe wird gerne gesehen. Auch der Schleier ist kein Muss. Viele Politikerinnen oder Politikerfrauen entscheiden sich für einen dezenten Hut; doch vor allem Besucherinnen aus dem südlichen Europa wählen nach wie vor den Schleier. Die Farbe Weiß in Gegenwart des Papstes bleibt jedoch allein der Königin von Spanien vorbehalten. Schmuck ist nicht verboten, man erwartet aber Zurückhaltung. Aufgebrezelt wie ein Tannenbaum sollte man nicht vor den Heiligen Vater treten, verlautet es mit Schmunzeln aus der Präfektur. Ringkuss oder Verbeugung? Die Frage muss jeder Besucher für sich beantworten. Beim Kuss wird der Ring allerdings nicht mit den Lippen berührt, ähnlich wie beim Handkuss. Sind die technischen Fragen geklärt, geht es an die Inhalte. Die werden zwischen den Gästen und dem Staatssekretariat abgestimmt. Ist der Tag gekommen, werden die Gäste von einem Mitarbeiter der Präfektur empfangen.

Bei Staats- und Regierungschef sowie Botschaftern begrüßt der Präfekt persönlich die Besucher im Damasushof, dem Ehrenhof des Vatikans. Er begleitet die Delegation bis zur Privatbibliothek im zweiten Stock des Apostolischen Palasts, wo normalerweise die Begegnungen mit dem Papst stattfinden. Der Smalltalk auf dem Weg dient auch dazu, eine vertraute Atmosphäre zu schaffen und zu beruhigen, denn selbst gestandenen Politikern ist vor der Begegnung mit dem Stellvertreter Christi auf Erden die Anspannung ins Gesicht geschrieben. Während der Pontifex drinnen das Gespräch unter vier Augen führt, unterhält sich der

Gedränge in der Prima Fila

209 · EINMAL GANZ NAH AM PAPST

Präfekt mit den Mitgliedern der Delegation, die in einem Saal auf ihre Begegnung mit dem Papst warten. Die Nervosität ist mit Händen zu greifen. «Bloß nichts falsch machen im Angesicht des Heiligen Vaters.» Es braucht keine besondere Gabe, die Gedanken der Wartenden zu lesen. Die Mitarbeiter des Präfekten, darunter Gentiluomini, Kammerherren und die sogenannten Thronträger, sorgen im Gespräch für Entspannung. Die Herren im Frack sind keine Diplomaten fremder Länder, die am Hofe des Pontifex nach Informationen aus erster Hand suchen, sondern sie gehören zum Päpstlichen Haus und sorgen für einen reibungslosen Ablauf der Audienzen. Am Äußeren erkennt man die Rangordnung unter den vornehmen Helfern: Die Gentiluomini, die Edelleute, tragen schwarzen Frack und eine dreireihige goldene Amtskette, die mit den päpstlichen Insignien geschmückt ist: der Tiara und den gekreuzten Schüsseln. Während früher vor allem Adlige in die Riege der Gentiluomini aufgenommen wurden, sind es heute verdiente Katholiken bürgerlicher Herkunft. «Es ist ein Ehrenamt, das jeden mit Stolz erfüllt», erklärt Saverio Petrillo, im Hauptberuf Direktor der Päpstlichen Villen in Castelgandolfo. Seit 1990 gehört er zu den Edelleuten Seiner Heiligkeit. Insgesamt gibt es rund 150 von ihnen, wobei etwa die Hälfte regelmäßig Dienst bei Audienzen und päpstlichen Zeremonien leistet. Koordiniert werden sie vom Präfekten des Päpstlichen Hauses. Kommt ein Staats- oder Regierungschef in den Vatikan, holt ihn eine Abordnung der Gentiluomini von seiner Residenz ab und begleitet ihn nach den Gesprächen im Vatikan auch dorthin wieder zurück. Während des Aufenthalts im Vatikan kümmern sie sich um die Delegation und vertreiben den Wartenden mit Gesprächen die Zeit, diskret, informiert und mit Eleganz.

Unterstützt werden sie dabei von den «Addetti di Anticamera», die Attachés des päpstlichen Vorzimmers oder Kammerherren. Ihr Frack ziert eine zweireihige silberne Kette. Mit Anticamera sind alle Räume und Säle gemeint, die sich in der Seconda

Loggia befinden. Neben der Privatbibliothek sind das etwa die Sala Clementina und der Konsistoriensaal. Wie die Gentiluomini helfen Addetti di Anticamera mit, für einen reibungslosen Ablauf der Audienzen zu sorgen. Das gilt auch für die Sediari, die Thronträger. Ursprünglich trugen sie die «Sedia gestatoria», den prunkvoll verzierten Tragsessel des Papstes, den Paul VI. abgeschafft hat. In der letzten Phase des Pontifikats Johannes Paul II. waren es die Sediari, die den kranken Papst auf seinem Thron zu den Audienzen und Gottesdiensten brachten. Heute leisten sie ihren Dienst in den Vorzimmern des Apostolischen Palasts, wie es auch auf ihrer Amtskette, die sie über dem grauen Frack tragen, zu lesen ist: «Anticamera Pontificia – Päpstliches Vorzimmer». Während die Gentiluomini und die Addetti di Anticamera auch bei Zeremonien außerhalb des Palasts etwa auf dem Petersplatz oder im Petersdom ihren Dienst verrichten und Botschafter sowie Politiker zu ihren Plätzen geleiten, sind die Sediari meist nur im Palast selbst aktiv.

Nach 20 Minuten Privatgespräch zwischen Papst und Gast öffnet sich die Tür. Der Präfekt geleitet die übrigen Delegationsmitglieder in die Bibliothek. Der Besucher stellt dem Papst seine Begleiter vor; die Geschenke werden ausgetauscht. Jedes Delegationsmitglied erhält vom Papst einen Rosenkranz oder eine Pontifikatsmedaille als Andenken. Zum Schluss noch schnell ein Gruppenbild, dann eilt der Pontifex zum nächsten Termin. Die Herren im Frack begleiten die Gäste zum Ausgang. Letzte freundliche Worte werden gewechselt, eine Verneigung angedeutet, und schon fährt der schwere Wagen vom Damasushof. Der Schweizergardist grüßt.

Mittwochs gibt der Papst in der Regel keine Privataudienzen. Der Tag gehört den Pilgern. Schon früh am Morgen stehen die ersten Schlange vor den Eingängen des Petersplatzes. Die Sicherheitskräfte inspizieren ein letztes Mal den Platz. Ein Gendarm steigt gemeinsam mit einem Kollegen der Vatikanischen Feuerwehr in die unterirdischen Gänge hinab, um auch dort alles noch einmal zu kontrollieren. Nichts soll beim wöchentlichen Massenspektakel dem Zufall überlassen bleiben. Schweizergardisten und Gendarmen verteilen sich über den Platz. Gegen 8.30 Uhr öffnen die Polizisten die Tore. Aufwendige Sicherheitskontrollen folgen. Wie am Flughafen werden die Handtaschen und Rucksäcke der Pilger durchleuchtet. Hosentaschen müssen geleert werden. Ist diese erste Hürde genommen, beginnt der Kampf um die besten Plätze. Dabei kann man schnell den erfahrenen Besucher der Generalaudienz vom Neuling unterscheiden. Ersterer kennt genau den Weg, den das Papamobil nachher über den Platz nehmen wird. Daher stürzt er nicht unbedingt nach vorne zur ersten Stuhlreihe, sondern sucht gewieft Plätze neben den Absperrgittern. Gelegentlich wird unter Einsatz aller Kräfte, Ellenbogen und Handtaschen eingeschlossen, um einzelne Stühle gerungen. Fromme Ordensfrauen scheinen kurzzeitig ihre Berufung zu vergessen und verteidigen mit bösem Blick – und manchmal etwas mehr – das eroberte Terrain. Bis zur Ankunft des Papstes dauert es noch lang. Manche picknicken, andere vertreiben die Zeit mit geistlichen Gesängen, Musikkapellen spielen. Es herrscht Volksfeststimmung. Über Lautsprecher ertönt in mehreren Sprachen der Hinweis, dass der Papst die mitgebrachten Andachtsgegenstände segnen wird. Ein kurzer Blick in den Rucksack: dort schlummern Rosenkränze, Heiligenbildchen und Papstatuen. Neidisch gehen die Blicke nach vorne zum Baldachin. Auf dem Sagrato füllen sich die Plätze rechts und links des päpstlichen Throns. Eine nicht enden wollende Schlange von Hochzeitspaaren erklimmt die 16 flachen Stufen. Von der Krise des Ehesakraments ist hier nichts zu spüren. Neuvermählte dürfen oben in der Nähe des Pontifex sitzen. Allerdings bleibt den meisten von ihnen unter Benedikt XVI. der persönliche Händedruck, den es unter dem Vorgänger nach Ende der Veranstaltung gab, verwehrt. Der Papst aus Deutschland konzentriert sich auf die Bischöfe und die Prima Fila. Dort nehmen die Auserwählten Platz, unter den strengen Augen eines Mitarbeiters der Präfektur.

Pünktlich um 10.30 Uhr ist es so weit. Der Jeep mit dem Papst fährt unter dem Glockenturm auf den Platz. Jubel brandet auf, der sich die nächsten 20 Minuten nur selten legen wird. So lange tourt das Papamobil über den Platz. Jeder soll die Möglichkeit haben, den Stellvertreter Christi auf Erden aus nächster Nähe zu sehen. Der winkt freundlich vom Jeep, der im Schritttempo durch die Gassen rollt. Auf dem Sagrato angekommen, winkt er noch einmal in die Menge, die Arme erhoben, weit ausgebreitet, als wolle er die versammelte Schar umarmen. Dann wird er ernst. Mitarbeiter des Staatsekretariats lesen eine Bibelstelle vor. Italienisch, Englisch, Französisch, Deutsch, Spanisch und Polnisch – sechsmal das Wort Gottes, auf dem Platz werden die ersten Besucher ungeduldig. Der Papst beginnt seine Ansprache, in der er den Bibeltext auslegt, in Italienisch. Danach fasst er den Text in verschiedenen Sprachen kurz zusammen. Zwischen den kurzen Ansprachen schlägt noch einmal die Stunde der Pilger. Dann werden dem Pontifex die anwesenden Gruppen vorgestellt. Die versuchen, sich gegenseitig durch Rufe und Jubeln zu übertreffen, wenn sie ihren Namen hören. Chöre springen auf und stimmen ein Lied an, Musikkapellen verharren in Lauerstellung, um sofort mit dem Spielen zu beginnen, wenn die Nennung erfolgt. Leise trägt der Wind die Klänge hinauf zum Papst auf seinem Thron. Unten wird die Menge unruhig, weil sie von dem Dargebotenen wenig mitbekommt. Zum Schluss erteilt der Pontifex seinen Segen. Die Menge ist entlassen. Viele strömen bereits vom Platz; andere warten in der Hoffnung, dass der Papst noch einmal mit dem Papamobil vorbeikommt. Für das Kirchenoberhaupt ist die Veranstaltung indessen noch nicht zu Ende. Mit dem Segen hat sich eine ansehnliche Schlange von Kardinälen und Bischöfen aufgebaut, die mit ihrem Oberhaupt einige Worte wechseln möchten. Der Präfekt des Päpstlichen Hauses achtet genau darauf, dass daraus keine lange Unterhaltung wird, denn nach den Hochwürden wartet noch die Prima Fila. Dort werden aufgeregt kleine Geschenke ausgepackt und noch einmal auf Hochglanz poliert.

Dann ist es endlich so weit. Benedikt XVI. verlässt das Podium und schreitet an die Absperrung. Eine Ordensoberin berichtet in zwei Sätzen über das gerade stattfindende Generalkapitel ihrer Gemeinschaft. Ein Lokalpolitiker aus Brasilien erzählt von den Problemen am Amazonas. Zwei Schritte weiter bekommt der Papst eine neue Biografie über sich geschenkt. Die Autorin ist ganz bewegt. Es ist ihre erste Begegnung mit dem Kirchenoberhaupt. Dem Schauspieler, der in einem religiösen Film die Hauptrolle spielt, fehlen die Worte, als der Papst ihn anspricht. Aus einer ehemaligen Kindersoldatin hingegen bricht es förmlich heraus. Unter Tränen erzählt sie ihre Geschichte. Lange hört der Pontifex zu, fast vier Minuten. Mehr Zeit bleibt nicht. Er lächelt dem Mädchen zu, versichert ihr, für sie und ihre Schicksalsgenossen zu beten. Nach einer halben Stunde steigt der Papst wieder aufs Papamobil, das seit Minuten mit laufendem Motor startbereit wartet. Langsam fährt es vom Sagrato hinunter auf den Platz. Frenetischer Jubel derjenigen, die ausgeharrt haben. Ein letztes Mal winkt Benedikt XVI. der Menge zu, dann verschwindet das Papamobil auf kürzestem Weg unterm Glockenturm. Zurück bleiben strahlende Gesichter. Ob oben in der Prima Fila oder unten auf dem Platz, für viele ist sie ein unvergessliches Ereignis, die Begegnung mit dem Papst.

**Der neue Plan mit dem Wappen Benedikts XVI.
zum 80-jährigen Bestehen des Vatikanstaats**
(© Biblioteca Apostolica Vaticana)

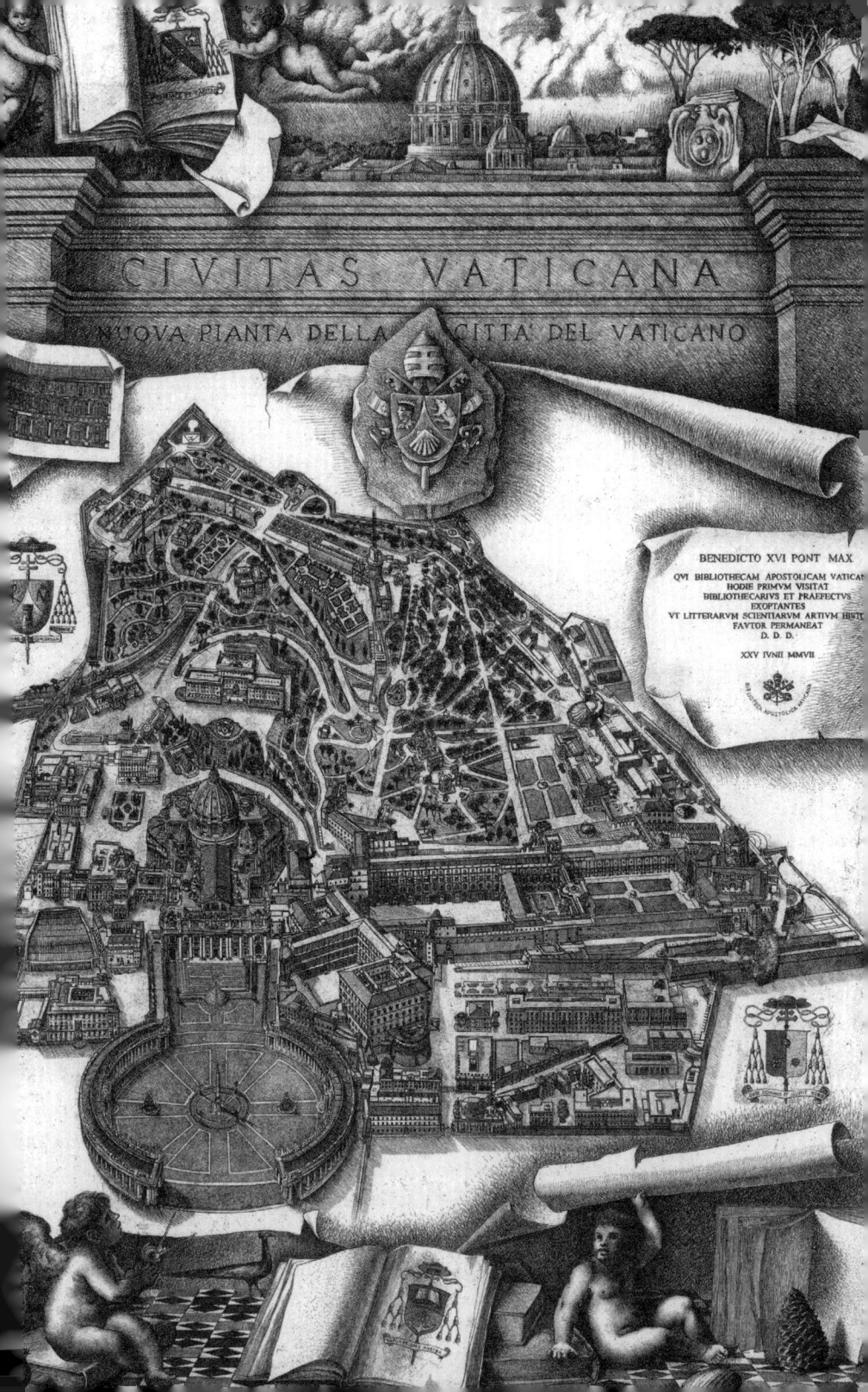

100 Fakten über den Papst, den Vatikan und den Heiligen Stuhl

1. Der Heilige Stuhl und der Vatikan sind nicht dasselbe. Der Heilige Stuhl, auch Apostolischer Stuhl genannt, sind der Papst und die ihn bei der Leitung der Weltkirche unterstützenden Kurienbehörden. Beim Vatikan handelt es sich um den souveränen Staat der Vatikanstadt, der mit den Lateranverträgen am 11. Februar 1929 begründet wurde.
2. Amtssitz der Päpste war bis zum 14. Jahrhundert der Lateranpalast. Erst Mitte des 15. Jahrhundert verlegten sie ihre Residenz dauerhaft in den Vatikan.
3. Die Basilika San Giovanni in Laterano ist die Bischofskirche des Papstes. Die Petersbasilika ist die Grabeskirche des Apostels Petrus.
4. Der Vatikan ist eine absolute Monarchie. Staatsoberhaupt ist der Papst. Er besitzt alle Gewalt im Bereich der Legislative, Exekutive und Jurisdiktion.
5. Der Heilige Stuhl ist ein nichtstaatliches völkerrechtliches Subjekt.
6. Der Vatikanstaat nimmt keine diplomatischen Beziehungen mit anderen Ländern auf, sondern er überlässt dies dem Heiligen Stuhl. Zum 31.12.2008 unterhält der Heilige Stuhl volle diplomatische Beziehungen mit 177 Staaten. Hinzu kommen die EU und der Souveräne Malteserorden. Zur Russischen Föderation und zur PLO bestehen Sonderbeziehungen. Bei der UNO ist der Heilige Stuhl nicht Vollmitglied, sondern hat den Status des Ständigen Beobachters, um die strikte Neutralität zum Ausdruck zu bringen.
7. Der Heilige Stuhl unterhält eine eigene Diplomatenakademie, um den Nachwuchs für die Vatikanvertretungen in aller Welt auszubilden. Auf dem Stundenplan stehen

Staats- und Völkerrecht, Kirchenrecht und Sprachenstudium. Daneben lernen die jungen Kleriker, wie sie Reden und Texte zusammenfassen und interpretieren sowie analytische Berichte verfassen.

8. Der Vatikan hat alle Rechte eines souveränen Staates. So unterhält er eine eigene Post, eine Bank, eine Polizeitruppe und ein Gericht. Es gibt eigene Nummernschilder für Fahrzeuge, eine eigene Nationalhymne und ein eigenes Wappen. Der Vatikan gibt auch eigene Euros aus, die begehrte Sammlerobjekte sind.

9. Das Länderkennzeichen des Vatikans ist «V». Staatsfahrzeuge haben ein Nummernschild mit dem Kürzel SCV (Stato della Città del Vaticano), Privatautos von Vatikanbürgern CV (Città del Vaticano). SCV-Fahrzeuge gibt es 500, CV-Wagen rund 250.

10. Der Vatikanstaat ist 0,44 km² groß. Die Hälfte davon sind Grünflächen der Vatikanischen Gärten. Das Gelände der Päpstlichen Sommerresidenz in Castel Gandolfo ist 0,55 km² groß.

11. Die Mauer um die Vatikanstadt deckt sich nicht mit dem Staatsgebiet des Vatikans. Teile der Audienzhalle, das Collegio Teutonico mit dem Friedhof der Deutschen und Flamen sowie das Gebäude der Glaubenskongregation stehen auf extraterritorialem Gelände.

12. Der Papst hat seinen weltlichen Machtbereich in den 80 Jahren des Bestehens des Vatikansstaats stetig vergrößert. In dieser Zeit kamen immer wieder neue Gebäude innerhalb der Stadt Rom hinzu, für die der Status der Extraterritorialität gilt; zuletzt ein Gebäude in der Via della Conciliazione, in dem die Büros mehrerer Päpstlicher Räte untergebracht sind.

13. Zu den extraterritorialen Gebieten des Vatikanstaats gehören: Päpstliche Sommerresidenz Castelgandolfo, die Papstbasiliken San Giovanni in Laterano mit dem angrenzenden Lateranpalast, Santa Maria Maggiore und Sankt Paul vor den Mauern, der Palazzo San Callisto im römischen Stadtteil Trastevere, der Palazzo der Kongregation für die Evangelisierung der Völker (nahe der Spanischen Treppe), der Palazzo della Cancelleria nahe der Piazza Navona, das Generalat der Jesuiten und die Päpstliche Universität Urbaniana sowie zahlreiche Palazzi entlang der Via della Conciliazione, die Vatikanbehörden und das Funkhaus von Radio Vatikan beherbergen.

14. Seit 1984 ist der Vatikan UNESCO-Weltkulturerbe. Er ist der einzige Staat, dessen komplettes Territorium von der UNESCO geschützt ist.

15. Das Wappen des Vatikans besteht aus einer Tiara, darunter zwei gekreuzte Schlüssel, einer golden, einer silbern, die am Kreuzungspunkt durch eine rote Kordel gehalten werden. Für die Schlüssel gibt es unterschiedliche Deutungen: bei der einen steht der goldene für das Himmelreich, der silberne für das irdische Reich. Andere Auslegungen sehen im goldenen Schlüssel die Bindegewalt des Papstes und im silbernen die Lösegewalt entsprechend den Worten Jesu an Petrus: «Was du auf Erden binden wirst, wird auch im Himmel gebunden sein, und was du auf Erden lösen wirst, wird auch im Himmel gelöst sein» (Mt 16,19).

16. Papst Benedikt XVI. ist der 264. Nachfolger des Apostels Petrus.

17. Gleich acht Titel vereint der Papst auf sich: Er ist Bischof von Rom, Stellvertreter Jesu Christi, Nachfolger des Apostelfürsten und oberster Bischof (Pontifex) der Universalkirche. Er ist Primas Italiens, Erzbischof und Metropolit der römischen Kirchenprovinz und Souverän des Vatikanstaats. Der Titel «Diener der Diener Gottes» geht auf Gregor den Großen zurück und wird in vielen päpstlichen Dokumenten verwendet.

18. Benedikt XVI. hat im Jahr 2006 den Titel «Patriarch des Abendlandes» abgelegt. Seitdem heißen die großen Basiliken Roms nicht mehr Patriarchalbasiliken, sondern Papstbasiliken: Sankt Peter, San Giovanni in Laterano, Santa Maria Maggiore und Sankt Paul vor den Mauern.

19. Nicht jede Aussage des Papstes ist unfehlbar. Nur in Glaubens- und Sittenfragen kann er «Ex Cathedra»-Entscheidungen verkünden. Er muss dies aber eigens bei der Verkündigung kenntlich machen. Die letzten beiden «Ex-Cathedra»-Entscheidungen waren das Dogma von der unbefleckten Empfängnis Mariens 1854 (Papst Pius IX.) und das Dogma von der leiblichen Aufnahme Mariens in den Himmel 1950 (Papst Pius XII.).

20. Der Papst kann von seinem Amt zurücktreten. Die Entscheidung trifft er alleine. Niemand kann den Pontifex absetzen. In der Geschichte der katholischen Kirche gibt es nur wenige Fälle des Rücktritts. Bekanntestes Beispiel ist Papst Coelestin V., der 1294 nach nur fünfmonatiger Amtszeit zurücktrat.

21. Ins Konklave können nur Kardinäle einziehen, die am Tag vor dem Papsttod oder Papstrücktritt das 80. Lebensjahr noch nicht vollendet hatten. Papst Paul VI. hat die Zahl der unter 80-jährigen Kardinäle auf 120 festgelegt. Zum 1.12.2008 gab es insgesamt 192 Kardinäle, 116 von ihnen unter 80 Jahre.

22. Grundsätzlich kann jeder männliche Katholik zum Papst gewählt werden, der nicht verheiratet ist und mindestens 35 Jahre alt ist. Traditionell wählen die Kardinäle aber einen Vertreter aus ihren Reihen zum Nachfolger Petri.

23. Für das Konklave bereitet der Papstschneider Gamarelli weiße Papstsoutanen in drei Größen vor. Auch rote Schuhe stehen in drei Größen bereit. Erreicht ein Kandidat die notwendige Zweidrittelmehrheit und nimmt er die Wahl an, begibt er sich in einen kleinen Nebenraum der Sixtinischen Kapelle, den «Saal der Tränen». Dort legt er eines der drei Gewänder an.

24. Seit dem 10. Jahrhundert ist es üblich, dass sich die Päpste nach der Wahl einen neuen Namen geben. Das hatte zum einen praktische Gründe, wenn etwa der Geburtsname als Papstname nicht angemessen schien. Octavian wollte nach seiner Wahl 955 nicht den Namen des heidnischen Gottes als Papst tragen und nannte sich Johannes II. Mit der Namensänderung wird auch ausgedrückt, dass der Kandidat mit der Wahl ein «neuer Mensch» wird.

25. Zu den Papstinsignien gehören der Fischerring, das Pallium, der Papstthron, besondere päpstliche Gewänder, die Tiara und der päpstliche Hirtenstab (Ferula). Benedikt XVI. benutzte zunächst den Hirtenstab seines Vorgängers: ein silberner Stab, der oben als Kreuz ausläuft, an dem ein Korpus hängt. Seit Sommer 2008 trägt er einen goldenen Hirtenstab mit einem Kreuz ohne Korpus, den bereits Papst Pius IX. benutzte.

26. Vatikan und Heiliger Stuhl lassen sich in Finanzfragen nicht gerne in die Karten schauen. Die Einnahmen des Heiligen Stuhls lagen 2007 bei 236 Millionen Euro, die Ausgaben bei 245 Millionen. Das Haushaltsvolumen des Vatikanstaats wird auf rund 150 Millionen Euro geschätzt. Zum Vergleich: Das Erzbistum Köln hatte 2007 einen Haushalt von 670 Millionen Euro. Wichtigste Einnahmequellen des Heiligen Stuhls sind Spenden und Zuwendungen aus aller Welt, die 2007 rund 86 Millionen Euro ausmachten. Die Immobilien warfen rund 36 Millionen Euro ab. Die Kapitalerträge lagen bei 1,4 Millionen. Die größten Einnahmequellen des Vatikanstaats sind die Vatikanischen Museen und die Vatikanpost.

27. Die größten Spenden von Diözesen kommen traditionell aus Deutschland (9,3 Mio US$), den USA (8,4 Mio US$) und Italien (5,6 Mio US$). Die Diözesen der drei Länder tragen damit 80 Prozent des Spendenvolumens aller Diözesen weltweit an den Heiligen Stuhl (Zahlen von 2007).

28. Der Peterspfennig, der weltweit am Fest Peter und Paul, 29. Juni, in den Gottesdiensten gesammelt wird, brachte 2007 knapp 80 Millionen US$. Das Geld fließt nicht in den Haushalt des Heiligen Stuhls, sondern steht dem Papst für karitative Zwecke zur Verfügung. Die größten Spender unter den Gläubigen sind in den USA (18,7 Mio US$), gefolgt von Italien (8,6 Mio US$) und Deutschland (4 Mio US$).

29. Die Vermögenswerte des Vatikans lassen sich nur schwer schätzen. Viele Kunstwerke werden nur mit einem symbolischen Wert in den Bilanzen geführt. Der Vatikan steht auf dem Standpunkt, dass sie Erbe der Menschheit sind und damit unveräußerbar. Schätzungen schwanken zwischen 1,2 und 12 Milliarden Euro.

30. Der Heilige Stuhl besitzt Immobilien im Wert von 420 Millionen Euro. Der größte Teil ist in Italien. Es gibt aber auch Besitztümer in der Schweiz, Frankreich und Großbritannien.

31. Die Vatikanbank IOR («Institut für die Religiösen Werke») legt ebenfalls keine Zahlen offen. Über sie wickeln der Vatikan, Ordensgemeinschaften und Diözesen aus der ganzen Welt ihre Geldgeschäfte ab. Das Vermögen wird derzeit auf 5,7 Milliarden Euro geschätzt.

32. Die Wohnungen des Vatikans sind bei den Mitarbeitern und deren Bekannten sehr beliebt. In der Regel liegen die Mieten weit unter den in Rom üblichen Preisen. Entsprechend lang sind die Wartelisten bei den Hausverwaltern. Innerhalb der Vatikanmauern wohnen nur Kardinäle, hochrangige Vatikanmitarbeiter und einige wenige Laien. Über die Stadt verteilt haben Vatikanstaat und Heiliger Stuhl mehrere hundert Immobilien. Genaue Angaben über die Anzahl gibt es nicht.

33. Die «Gelben Seiten» der katholischen Kirche sind rot und umfassen knapp 2.400 Seiten: das «Annuario Pontificio». Im Päpstlichen Jahrbuch sind alle Bistümer weltweit verzeichnet und die Namen von allen 4.500 Bischöfen aufgeführt. Nur wenige Angaben fehlen, etwa aus politischen Gründen die Namen der Bischöfe in China. Der Personenindex umfasst auf 400 Seiten rund 30.000 Namen.

34. Der Vatikan ist nach eigenen Angaben der erste CO_2-neutrale Staat der Welt. 2007 schenkte ein amerikanisch-ungarisches Unternehmen dem Papst ein 7.000 Hektar großes Waldstück in Ungarn. Die Bäume dort gleichen den CO_2-Ausstoß des Zwergstaats aus.

35. Der Vatikan nutzt regenerative Energien: Ende November 2008 wurde auf dem 5.000-Quadratmeter-Dach der Audienzhalle eine Solaranlage in Betrieb genommen. 2.400 Photovoltaik-Module erzeugen bis zu 300 Megawattstunden Strom jährlich und sparen 225.000 Kilo Kohlendioxid und 80 Tonnen Öl. Im Industriegebiet des Vatikans soll 2009 eine solarbetriebene Klimaanlage zum Einsatz kommen.

36. Im Vatikan gibt es zwar neben den vier Benzintankstellen auch eine Elektrotankstelle. Allerdings gibt es nur ein knappes Dutzend Elektrofahrzeuge.

37. Bis zum Jahr 2020 will der Vatikan im Vergleich zu 2008 seinen CO_2-Ausstoß um 20 Prozent reduzieren, 20 Prozent seines Energieverbrauchs durch regenerative Energien decken und 20 Prozent des Energieverbrauchs einsparen.

38. 14.000 Fenster müssen von den Technischen Diensten des Governatorats im Vatikan regelmäßig geputzt werden.

39. Die Vatikanischen Museen sind das meistbesuchte Museum Italiens. 2007 kamen 4,3 Millionen Besucher. An zweiter Stelle liegen die Ausgrabungen in Pompeji mit 2,6 Millionen und die Uffizien in Florenz mit 1,6 Millionen Gästen. Der Louvre in Paris zählte 2007 als meistbesuchtes Museum der Welt acht Millionen Besucher.

40. Wer alle Teile der Vatikanischen Museen besuchen will, muss einen Weg von rund sieben Kilometern zurücklegen.

41. Die Vatikanzeitung L'Osservatore Romano gehört zu den wenigen Tageszeitungen weltweit, die bereits am Vorabend des Erscheinungstags gegen 18 Uhr an den Kiosken zum Verkauf bereitliegt, allerdings nur in Rom.

42. Frauen in Führungspositionen finden sich vor allem in den vatikanischen Medien. Mit Sigrid Haas leitet eine Frau den deutschsprachigen Osservatore Romano. Daneben stehen bei Radio Vatikan ein halbes Dutzend Frauen an der Spitze von Redaktionen.

43. Unter Papst Benedikt XVI. nimmt die Zahl der Italiener in führenden Kurienpositionen zu. Im Vergleich zum Ende des Pontifikats Papst Johannes Pauls II. sind bis Ende 2008 von den 80 Spitzenpositionen fünf Prozent mehr mit Italienern besetzt.

44. Papst Benedikt XVI. ist Publikumsmagnet. Zu seinen öffentlichen Auftritten kamen seit seiner Wahl im April 2005 mehr als zehn Millionen Menschen. Die meisten nehmen an der wöchentlich stattfindenden Generalaudienz am Mittwoch oder am sonntäglichen Mittagsgebet teil.

45. Papst Benedikt XVI. ist Bestseller-Autor. Allein sein Jesusbuch, das im April 2007 auf den Markt kam, wurde im ersten Jahr weltweit mehr als 2,5 Millionen mal verkauft. Das Geld, das Benedikt XVI. durch den Verkauf seiner Werke einnimmt, wird für soziale Zwecke eingesetzt.

46. Papst Benedikt XVI. steuert auf einen neuen Rekord bei Selig- und Heiligsprechungen zu. Bis Ende 2008 wurden in seinem Pontifikat bei 52 Zeremonien 575 Personen seliggesprochen; 18 Personen erklärte der Papst bei fünf Anlässen zu Heiligen der katholischen Kirche. Mit 593 Seligen und Heiligen erreicht Benedikt XVI. der Zahl nach bereits ein Drittel der 1820 Selig- und Heiligsprechungen, die Johannes Paul II. im Lauf von 27 Jahren vollzogen hat. Allerdings rührt die hohe Zahl bei Benedikt XVI. von einer Massenseligsprechung Ende Oktober 2007 in Spanien her. Damals wurden 498 Märtyrer des spanischen Bürgerkriegs zur Ehre der Altäre erhoben.

47. Das Vatikanische Geheimarchiv ist nicht geheim. Der Name «secretum – geheim» steht in diesem Fall für «privat». Seit dem 15. Jahrhundert wurde an Höfen für Personen und Einrichtungen, die dem Herrscher nahestanden, die Bezeichnung «secretum» verwendet, analog zum «secretarius» – der Vertrauensperson eines Herrschers. Das Geheimarchiv ist also das Privatarchiv der Päpste. Knapp 90 Kilometer Regalreihen bieten Platz für Dokumente aus über 800 Jahren Kirchengeschichte. Das älteste Dokument ist eine Formelsammlung der Päpstlichen Kanzlei aus dem 8. Jahrhundert.

48. Die Vatikanische Bibliothek gehört zu den wertvollsten Sammlungen der Welt. Sie umfasst über 1,6 Millionen gedruckte Bücher, darunter viele aus dem 16. Jahrhundert. Unter den mehr als 80.000 alten Handschriften sind einige der frühesten erhaltenen Bibeltexte wie der «Codex Vaticanus» aus dem 4. Jahrhundert und der «Papyrus Bodmer 14/15» vom Anfang des 3. Jahrhunderts. Dazu kommen über 8.000 Wiegendrucke, sogenannte Inkunabeln, und 300.000 Münzen und Medaillen. Im Sommer 2007 wurde die Bibliothek wegen Renovierungsarbeiten geschlossen; unter anderem muss die Statik des Gebäudes aufgrund der ständig zunehmenden Bücherlast aufwendig überprüft werden. 2010 soll die «Vaticana» wieder ihre Pforten für die Forscher öffnen.

49. Papst Benedikt XVI. ist kleiner als sein Vorgänger. Die Länge der Messgewänder liegt bei 135 bis 137 cm. Bei Johannes Paul II. waren es 10 cm mehr.

50. Im Apostolischen Palast gibt es ein eigenes ärztliches Behandlungszimmer für den Papst. Dieses ist auch mit einem Zahnarztstuhl ausgestattet.

51. Im päpstlichen Schlafzimmer steht ein Trimmrad, das nach Auskunft des Sekretärs des Papstes vom Pontifex aber nur selten benutzt wird.
52. Benedikt XVI. trägt auch in der Freizeit immer seine weiße Soutane. Papst Johannes Paul II. empfing mitunter gute Bekannte in legerer Alltagskleidung. In der Sommerresidenz Castelgandolfo wurde er gelegentlich auch in kurzen Hosen gesichtet.
53. Duzen dürfen den Papst nur wenige. Neben seinem Bruder und Verwandten sind das Personen, die Benedikt XVI. aus seiner Zeit als Schüler und Student sowie aus den späteren Jahren als Theologieprofessor und Erzbischof von München kennen.
54. Der Papst bekommt kein Gehalt. Allerdings besorgt der Vatikan alles, was er zum Leben und Arbeiten braucht. Aus seiner Zeit vor der Wahl zum Nachfolger Petri besitzt Joseph Ratzinger ein Bankkonto, und er hat ein Haus in Pentling bei Regensburg. Dorthin wollte er sich nach seiner Pensionierung zusammen mit seinem Bruder Georg zurückziehen, um gemeinsam den Lebensabend zu verbringen und Bücher zu schreiben.
55. Der Papst hat kein Handy. Dennoch ist er rund um die Uhr erreichbar – über seine Sekretäre.
56. Per E-Mail können Gläubige Papst Benedikt XVI. über die Adresse benediktxvi@vatican.va erreichen.
57. Der Heilige Stuhl hat (zum 31.12.2007) 2.748 Mitarbeiter, darunter 778 Priester, 333 Ordensleute und 1.637 Laien (davon 425 Frauen). Der Vatikanstaat beschäftigte (zum 31.12.2007) 1.795 Mitarbeiter, davon sind 95 Prozent Laien. Die Personalkosten belaufen sich pro Jahr auf insgesamt 165 Millionen Euro.
58. Die Gehälter der Mitarbeiter des Vatikans und des Heiligen Stuhls sind niedriger als in Deutschland. Der Monatslohn innerhalb der zehn Vergütungsgruppen liegt zwischen

1.100 und 2.300 Euro brutto. Dazu kommen noch kleinere Zuschläge nach Dienstalter und für Kinder, ein 13. Monatsgehalt sowie seit dem 1.1.2009 leistungsbezogene Zulagen. Für Krankenversicherung werden zwei Prozent und für den Pensionsfond fünf Prozent vom Bruttolohn abgezogen.

59. Kardinäle und Bischöfe in Leitungspositionen verdienen bis zu 3.500 Euro.

60. Traditionell erhalten die Mitarbeiter von Vatikan und Heiligem Stuhl nach dem Tod eines Papstes eine Sonderzahlung in Höhe eines Monatsgehalts. Nach dem Tod von Johannes Paul II. Anfang April 2005 beschlossen die Kardinäle eine Zahlung in Höhe von 1.000 EUR pro Mitarbeiter. Damit soll verhindert werden, dass sich die Mitarbeiter in der Zeit der Sedisvakanz an den Besitztümern des Vatikans bereichern. Vor allem im Mittelalter kam dies immer wieder vor. Die Tradition der Sonderzahlung hat sich bis in die Gegenwart erhalten.

61. Seit Dezember 1979 gibt es eine Arbeitnehmervereinigung der Laien im Vatikan (ADLV), die die Funktion einer Gewerkschaft ausübt. Allerdings ist ihr Einfluss gering. Im Vatikan gibt es kein Streikrecht. Zuletzt legten die Mitarbeiter der Vatikandruckerei 1970 für eine knappe Stunde die Arbeit nieder, um ihren Lohnforderungen Nachdruck zu verleihen.

62. Im Vatikan gilt die 36-Stunden-Woche. Die Arbeitszeit verteilt sich in der Regel auf sechs Tage.

63. Zu Weihnachten bekommen die Mitarbeiter von Vatikan und Heiligem Stuhl vom Papst einen Panettone und eine Flasche Prosecco. Dazu gibt es eine Weihnachtskarte mit einem kurzen Gruß des Pontifex.

64. Der Vatikan besitzt kein eigenes Flugzeug. Bei Auslandsreisen stellt die italienische Fluggesellschaft Alitalia eine Maschine für den Hinflug zur Verfügung, eine Gesell-

schaft des besuchten Landes in der Regel ein Flugzeug für den Rückflug.

65. Innerhalb Italiens nutzt der Papst zur Fortbewegung in der Regel einen Hubschrauber der italienischen Flugbereitschaft. Allerdings gibt es nur zwei weiße Hubschrauber der Baureihe SH-3D «Sea King». Bei Terminkollisionen etwa mit dem italienischen Präsidenten oder anderen hohen italienischen Politikern lassen diese dem Pontifex den Vortritt und nutzen ein anderes Verkehrsmittel.

66. Nach jeder Reise trifft sich der Papst mit führenden Kurienmitarbeitern zur Evaluation. Neben Vertretern des Staatssekretariats gehören Reisemarschall Alberto Gasbarri und Medienchef Federico Lombardi zu den Teilnehmern der Runde.

67. Der Päpstliche Zeremonienmeister führt traditionell ein Tagebuch über alle liturgischen Feiern des Pontifex. Die Aufzeichnungen im liturgischen Büro reichen bis ins Mittelalter zurück. Seit dem Pontifikat Johannes Pauls II. gibt es keine schriftlichen Eintragungen mehr in ein Buch. Vielmehr werden in Kartons zu allen Feiern die liturgischen Bücher, alle den Gottesdienst betreffende Korrespondenz, ein Dutzend Fotos und eine DVD des Vatikanischen Fernsehens für die Nachwelt aufbewahrt.

68. Die «Päpstliche Familie» ist groß. Offiziell gehören laut Protokoll neben den engsten vatikanischen Mitarbeitern wie dem Kardinalstaatssekretär, Innen- und Außenminister, dem Haustheologen, dem Zeremonienmeister und dem Kommandanten der Schweizergarde auch alle Ehrenprälaten und «Kapläne Seiner Heiligkeit», die weltweit diesen Ehrentitel für besondere Verdienste erhalten haben, dazu. Ihre Zahl geht in die Tausende.

69. Die «Päpstliche Familie» im engeren Sinn umfasst acht Mitglieder: den Papst, seine beiden Sekretäre, vier Frauen, die den Haushalt führen, und den Kammerherrn. Während die Sekretäre und die Frauen Wohnungen im Dachgeschoss des Apostolischen Palasts über der Papstwohnung haben, lebt der Kammerherr mit seiner Frau und ihren drei Kindern in einer Wohnung in der Nähe des Palasts im Vatikanstaat.

70. Der Vatikan verfügt über einen eigenen Bahnhof, der an das Schienennetz der italienischen Staatsbahn angeschlossen ist. Rund 250 Meter Schienen verlaufen innerhalb des Zwergstaats. Ein Papst hat ihn zuletzt am 24.1.2002 genutzt. Damals startete Papst Johannes Paul II. gemeinsam mit Kirchen- und Religionsführern zum Friedensgebet nach Assisi. Nur in Ausnahmefällen wird er für Personenzüge verwendet. Als Papst Benedikt XVI. Vertreter der italienischen Eisenbahn in Audienz empfing, kamen sie mit dem eigenen Zug im Vatikan an.

71. Im Vatikan und den extraterritorialen Gebieten gibt es 123 öffentliche Fernsprecher, die nur mit einer vatikanischen Telefonkarte funktionieren. Diese können in den Postämtern erworben werden. Briefkästen der Vatikanpost gibt es 46.

72. Im Vatikan gibt es einen Kinderspielplatz, aber keinen Kindergarten und keine Schule. Den Spielplatz nutzen meist die Kinder der Familien der Schweizergarde und des Päpstlichen Kammerherrn.

73. Der Vatikan hat rund 800 Einwohner. Dazu zählen neben den vielen Klerikern die Schweizergarde, einige Gendarmen und Ordensfrauen. Nicht alle Einwohner haben die vatikanische Staatsbürgerschaft.

74. Die Auflagen für den Erhalt der vatikanischen Staatsbürgerschaft sind streng. Nur im Vatikan und in Rom residierende Kardinäle sowie Personen, die von Berufs wegen im Vatikan wohnen, können sie beantragen. Zum 14. Dezember 2007 hatten 550 Personen die vatikanische Staatsbürgerschaft: Papst Benedikt XVI., 56 Kardinäle, 298 Priester und Ordensleute, die in den Nuntiaturen in aller Welt arbeiten,

62 weitere Priester und Ordensleute sowie 92 Mitglieder der Schweizergarde und 41 weitere Laien. Die Staatsbürgerschaft wird in der Regel nicht auf Lebenszeit verliehen, sondern für die Dauer einer bestimmten Aufgabe. Auch Frauen und Kinder können die Staatsbürgerschaft erlangen.

75. Papst Benedikt XVI. besitzt neben der vatikanischen auch weiterhin die deutsche Staatsbürgerschaft. Bei seiner sechsten Auslandsreise nach Brasilien im Mai 2007 hatte der Pontifex seinen Reisepass vergessen. Er durfte zwar einreisen; aber die Fluggesellschaft Alitalia musste eine Strafe bezahlen, weil sie zwei Ausländer ohne gültige Reisedokumente ins Land gebracht hatte. Kardinalstaatssekretär Tarcisio Bertone war ebenfalls ohne Reisepass unterwegs.

76. Die Pfarrkirche des Vatikanstaats ist nicht der Petersdom, sondern die kleine Kirche Sankt Anna, die sich direkt neben der Haupteinfahrt des Vatikans befindet, dem gleichnamigen «Sankt-Anna-Tor».

77. Im Vatikan gibt es kein Hotel für Touristen. Allerdings gibt es das Gästehaus «Santa Marta» für offizielle Gäste vatikanischer Einrichtungen und Mitarbeiter der Kurie. Hier wohnen die Kardinäle während des Konklaves. Erstmals war das bei der Papstwahl 2005 der Fall. Früher wohnten die Kardinäle in den an die Sixtinische Kapelle angrenzenden Räumen. Noch heute kann man in den Büros der Apostolischen Floreria die alte Konklaveküche besichtigen. Sie befindet sich beim Damasushof. Von dort aus wurden die Speisen über einen Aufzug nach oben in die Sixtinische Kapelle befördert.

78. Restaurant, Pizzeria und Bar gibt es nur in den Vatikanischen Museen für die Touristen. Für die Mitarbeiter gibt es eine Mensa, die bei den Mitarbeitern von Vatikan und Heiligem Stuhl besonders wegen ihrer Grillhähnchen beliebt ist. Wer keine Mensagerichte mag, muss für Pasta, Pizza und Cappuccino in den nahegelegenen Borgo gehen.

79. Wasser und Strom muss laut Lateranverträgen Italien dem Vatikan kostenlos zur Verfügung stellen. Um das Abwasser gab es zur Jahrtausendwende heftige Diskussionen, weil die Stadt Rom Gebühren erheben wollte, der Vatikan aber auf seine Souveränität pochte, auf die Lateranverträge verwies und Zahlungen verweigerte. Der Müll wird ebenfalls von den römischen Stadtbetrieben entsorgt.
80. Der Papstpalast und die meisten anderen Gebäude des Vatikanstaats werden per Fernwärme geheizt und mit warmem Wasser versorgt. 2007 verbrauchte das Heizkraftwerk dafür 1,2 Millionen Kubikmeter Gas und 125.000 Liter Heizöl.
81. Für private Filmaufführungen für den Papst hat der Päpstliche Medienrat im Palazzo San Carlo im Vatikan einen Kinosaal mit rund 50 Sitzplätzen eingerichtet. Johannes Paul II. hat sich dort gelegentlich Filme angesehen. Sein Nachfolger wurde bisher noch nicht dort gesichtet. Das Kino ist dem Vatikanischen Filmarchiv angeschlossen. Dort lagern 7.000 Filme, meist über den Papst und die katholische Kirche. Der älteste Streifen ist aus dem Jahr 1896 über Papst Leo XIII.
82. Die Päpstliche Schweizergarde ist die kleinste Armee der Welt. Die Truppe zählt 110 Mann und blickt auf eine über 500-jährige Geschichte zurück. Ihre Aufgabe ist der Schutz des Papstes. Polizeiaufgaben nimmt im Vatikanstaat die Gendarmerie wahr.
83. Das Grundgesetz des Vatikans umfasst nur 20 Artikel. 2001 wurde es von Papst Johannes Paul II. zum ersten und bisher letzten Mal seit der Staatsgründung 1929 reformiert.
84. Die Todesstrafe hat Papst Paul VI. 1969 abgeschafft. Die letzte Hinrichtung fand vor dem Niedergang des Kirchenstaats am 9. Juli 1870 statt.
85. Der Vatikan zählt, gemessen an der Einwohnerzahl, zu den Staaten mit der höchsten Kriminalitätsrate. Vor dem

Gericht der Vatikanstadt waren 2007 rund 1.500 Verfahren anhängig; verhandelt wurden 472 Strafrechtsprozesse und 582 Zivilrechtsprozesse. Die durchschnittliche Dauer der Zivilverfahren lag bei neun Verhandlungstagen. Allerdings gab es zum 1.1.2008 immerhin 15 Verfahren, die bereits über einen Zeitraum von 3.163 Tagen liefen.

86. Im Vatikan gibt es ein Gefängnis. Es befindet sich im Palazzo der Gendarmerie. Allerdings ist es selten in Gebrauch. Ab und an verbringen Taschendiebe dort einige Stunden, bevor sie der italienischen Justiz übergeben werden.

87. Volljährigkeit wird im Vatikan mit 21 Jahren erreicht. Deshalb müssen die jungen Rekruten bei der Gendarmerie und der Schweizergarde beim Eintritt mindestens 21 Jahre alt sein.

88. Bereits im Juli 2002 wurde im Vatikan das Rauchverbot in allen öffentlichen Gebäuden, Büros und Dienstwagen eingeführt. Bei Verstößen wird ein Bußgeld in Höhe von 30 Euro fällig.

89. Im Vatikan gilt ein einheitliches Tempolimit von 30 km/h. Überschreitungen werden von der Gendarmerie geahndet. Die Herren in den blauen Uniformen spüren auch Parksünder auf.

90. In den Vatikan kann man mit dem Auto durch drei Eingänge hereinfahren, aber durch vier Ausgänge wieder hinausfahren. Durch das Sankt Anna-Tor, das Perugino-Tor und das Petrino können Fahrzeuge sowohl ein- als auch ausfahren. Im Februar 2006 wurde die Porta Rosa bei der Piazza Risorgimento eingeweiht, die als Ausfahrt für eine neue dreigeschossige Tiefgarage (240 Parkplätze) dient. Zufahrt mit dem Auto zum Vatikan erhalten Mitarbeiter nur während der Öffnungszeiten des Supermarkts und der Tankstellen. Außerhalb dieser Zeiten brauchen sie eine Extra-Genehmigung zur Einfahrt.

91. 2007 wurden 1.565.412 Ein- und Ausfahrten in den Vatikanstaat registriert.
92. Nachts werden alle Tore des Vatikanstaats geschlossen. Mit dem Auto kann man nur noch durch das Sankt-Anna-Tor in den Vatikan fahren. Dort wachen Schweizergardisten und Gendarmen rund um die Uhr. Fußgänger können über den Posten der Schweizergardisten am Glockenturm des Petersdoms in den Vatikan gelangen.
93. 140 Heiligenfiguren säumen auf den Kolonnaden den Petersplatz. Dazu kommen noch die zwölf Apostel und die Christusstatue auf der Fassade des Petersdoms. Im Volksmund wird der Platz daher auch «Heiligenhimmel» genannt.
94. Der Petersplatz hat eine Fläche von 35.500 Quadratmetern. Nach offiziellen Angaben fasst er bis zu 140.000 Personen.
95. Seit 1982 stehen auf dem Petersplatz zu Weihnachten eine große Krippe und ein rund 30 Meter hoher Weihnachtsbaum. Der Baum wird dem Papst jedes Jahr von einer anderen europäischen Region geschenkt. 2008 kam er aus Niederösterreich. 2009 soll ein Baum aus den belgischen Ardennen den Platz schmücken. Italien führt die Rangliste der Weihnachtsbaumgeber mit zehn Bäumen an, gefolgt von Österreich mit acht, Deutschland mit drei und schließlich Slowakei, Slowenien, Polen, Tschechische Republik, Rumänien und Kroatien mit jeweils einem Baum.
96. In den Vatikanischen Gärten steht ein Teil der Berliner Mauer: ein Geschenk der deutschen Hauptstadt an Papst Johannes Paul II., um sich für dessen Verdienste um den Fall der Mauer zu bedanken.
97. «Sampietrini» sind die Mitarbeiter der Dombauhütte der Petersbasilika. «Sampietrini» werden aber auch die kleinen dunklen quadratischen Pflastersteine genannt, mit denen 1585 zunächst Papst Sixtus V. den Petersplatz belegen ließ

und die dann nach und nach die Straßen der Ewigen Stadt eroberten. Seit einigen Jahren gibt es in Rom eine heftige Diskussion um die – im Original – 12 × 12 cm großen Vulkansteine. Während die Befürworter sie für ein unverzichtbares Kulturgut halten, möchten Gegner sie möglichst schnell überall durch Asphalt ersetzen. Denn vor allem bei Regen werden die Sampietrini zu einer gefährlichen Rutschbahn für Fußgänger und Motorinofahrer.

98. Für die Internetseite des Vatikans stehen 20 Server zur Verfügung, die zeitgleich den Zugriff von 1.000 Besuchern ermöglichen.

99. Feiertage sind im Vatikan keine Mangelware. Insgesamt gibt es 25 freie Tage – von den Sonntagen abgesehen: 1. Januar: Neujahr/Weltfriedenstag, 6. Januar: Epiphanie/Dreikönig, 11. Februar: Lateranverträge, 18. März: Hl. Josef/Namenstag des Papstes, Gründonnerstag, Karfreitag, Karsamstag, Ostermontag, Dienstag nach Ostern, 19. April: Wahltag des Papstes, 1. Mai, Himmelfahrt, Fronleichnam, 29. Juni: Fest Peter und Paul, 15. August: Mariä Himmelfahrt (14. und 16. August sind ebenfalls frei), 1. November: Allerheiligen, 2. November: Allerseelen, 8. Dezember: Fest der unbefleckten Empfängnis, 25. Dezember: Weihnachten (24., 26. und 27. 12. sind ebenfalls frei), 31. Dezember: Silvester.

100. Im Vatikan gibt es eine eigene Behörde, die den modernen Wortschatz ins Lateinische übersetzt. Entsprechend gibt es am «automatum monetale» (Geldautomaten) der Vatikanbank auch eine lateinische Anzeige. In den Petersdom darf man nicht mit «brevissimae bracae» (Shorts); und die «fistula nicotianum» (Zigarette) ist im vatikanischen Kaufhaus ohne Tabaksteuer erhältlich. Der Papst hingegen spielt gerne auf dem «clavicymbalum» (Klavier). Ein «diploma vehiculo automatario ducendo» (Führerschein) besitzt Benedikt XVI. hingegen nicht.

Kleines vatikanisches Glossar

Ad-Limina-Besuch: Pflichtbesuch der Ortsbischöfe in regelmäßigen zeitlichen Abständen (i.d.R. alle fünf Jahre) «an der Schwelle (Gräber) der Apostel Petrus und Paulus – ad limina Apostolorum». Zur Vorbereitung erstellen die Bischöfe einen detaillierten Bericht über die Situation in ihrem Bistum. In Rom führen sie Gespräche mit dem Papst und in den einzelnen Dikasterien.

Annona: Bezeichnete ursprünglich die Getreideversorgung und steht heute für den vatikanischen Supermarkt. Die Angestellten des Vatikans können hier günstig einkaufen, da keine Mehrwertsteuer erhoben wird.

Borgo: Bezeichnung für einen Stadtteil. Im konkreten Fall die Straßenzüge zwischen Vatikan und Tiber.

Confessio: Bezeichnet in der Architektur einen Raum unterhalb eines Altars, in dem sich ein Heiligengrab befindet, einer Krypta vergleichbar.

Cortile: Großer Innenhof.

Damasushof: Ehrenhof des Vatikans im Apostolischen Palast.

Dikasterium: Behörde des Heiligen Stuhls, die den Papst bei der Leitung der Weltkirche unterstützt.

Extraterritorial: Gebäude und Grundstücke, die außerhalb des Staats der Vatikanstadt liegen, aber vatikanisches Hoheitsgebiet sind.

Fabbrica di San Pietro: Dombauhütte der Petersbasilika.

Floreria: Zuständig für das Mobiliar im Vatikan, für die Einrichtung und Gestaltung der Räume sowie für die Vorbereitung von päpstlichen Audienzen und Gottesdiensten, soweit es nicht den streng liturgischen Bereich betrifft.

Gentiluomini: Ehrenamtliche, die sich vor allem um hochrangige Gäste des Papstes kümmern.

Governatorat: Verwaltungssitz des Staats der Vatikanstadt.
Heiliger Stuhl: Bezeichnung für den Papst allein oder zusammen mit der Kurie, die ihn bei der Leitung der Weltkirche unterstützt bzw. in seinem Namen handelt. Der Heilige Stuhl ist in der Person des Papstes ein unabhängiges nichtstaatliches Völkerrechtssubjekt.
Kardinal: Ehrentitel, der vom Papst verliehen wird. Kardinäle sind nach dem Papst die höchsten Würdenträger in der katholischen Kirche. Sie gehören zu den engsten Beratern des Papstes und sie wählen seinen Nachfolger.
Kathedra Petri: Bezeichnung 1. für den Bischofsstuhl (lat. cathedra) des Nachfolgers des Apostels Petrus, des Papstamts im kirchenrechtlichen Sinn; 2. des liturgischen Sitzes des Papstes in den vier Papstbasiliken in Rom (Lateran, St. Peter, St. Paul vor den Mauern, Santa Maria Maggiore); 3. des liturgischen Fests am 22. Februar; 4. eines dem Apostel Petrus zugeschriebenen Stuhls, der in der Apsis des Petersdoms in ein Bronzemonument eingearbeitet ist.
Kirchenstaat: Weltlich-politisches Herrschaftsgebiet des Papstes vom 8. Jahrhundert bis 1870, das im Staat der Vatikanstadt symbolisch fortlebt.
Konklave: Bezeichnet den Ort, an dem die Kardinäle den Papst wählen. Dieser ist «cum clave – mit dem Schlüssel» hermetisch von der Außenwelt abgeschirmt.
Kryptoportikus: Gewölbegang, der ganz oder teilweise unterirdisch liegt.
Lateranverträge: Verträge zwischen Italien und dem Heiligen Stuhl vom 11.2.1929: Staatsvertrag zur Gründung des Staats der Vatikanstadt, Finanzabkommen über Entschädigungszahlungen und Konkordat.
Monsignore: Anrede für Prälaten.
Nuntius: Vertreter des Heiligen Stuhls bei der Regierung eines Staats. Sein Amtssitz ist die Nuntiatur. Der Heilige Stuhl unterhält diplomatische Beziehungen zu zahlreichen Staaten so-

wie mehreren internationalen Organisationen wie der UNO und der EU.

Pallium: Ist ein Amtsabzeichen für Erzbischöfe. Die kleine Wollstola wird über dem Messgewand getragen. Es sind fünf Kreuze aufgestickt, die an die Wundmale Jesu erinnern.

Pontifex Maximus: Bezeichnet ursprünglich den obersten Wächter des altrömischen Götterkults. Der Titel geht später auf den römischen Kaiser, nach Ende des weströmischen Reichs auf den Papst über. Hier wird in der Regel die Wendung «Summus Pontifex» verwendet, um die höchste Autorität auszudrücken, die der Papst in der Kirche hat; gelegentlich auch «Romanus Pontifex», um die Bindung an die Ortskirche von Rom zu zeigen, oder nur «Pontifex» (lat. Brückenbauer).

Prälat: Vom Papst verliehener Ehrentitel für bestimmte Geistliche.

Sedisvakanz: Zeit, in der der römische Bischofsstuhl nicht besetzt ist; beginnt mit dem Tod, Rücktritt oder völliger Behinderung des Papstes und endet mit der Annahme der Wahl durch den neuen Papst im Konklave.

Tiara: Papstkrone, ab dem 4. Jahrhundert die außerliturgische Kopfbedeckung der Päpste; dreistufig als Ausdruck der drei Gewalten des Papstes: Lehren, Leiten und Heiligen. Papst Paul VI. legte 1963 die Tiara ab. Papst Benedikt XVI. verwendet sie auch nicht mehr im Papstwappen. Im Wappen des Heiligen Stuhls ist sie weiter enthalten.

Vatikanische Konzilien: Versammlung aller Bischöfe der katholischen Kirche im Vatikan. Das Erste Vatikanische Konzil fand 1869–70 statt, das Zweite Vatikanische Konzil in drei Sitzungsperioden 1962–1965.

Vatikanstaat: Durch die Lateranverträge entstandener Stadtstaat in Form einer absoluten Monarchie; unabhängiges Völkerrechtssubjekt.

Michael Mandlik

Benedikt XVI.
In Rom und unterwegs – der Papst aus der Nähe

192 Seiten, gebunden mit Schutzumschlag und Leseband
ISBN 978-3-451-29836-3

Michael Mandlik war schon Nachbar des heutigen Papstes, als dieser noch Kardinal war. Bei unterschiedlichsten Gelegenheiten sind die beiden Bayern in Rom sich über Jahre hin immer wieder begegnet. Heute sind Benedikt und der Vatikan für Mandlik Schwerpunkt seiner TV-Berichterstattung für die ARD. Er erlebt den Papst nicht nur während des römischen Alltags, sondern begleitet ihn auch auf seinen Reisen. Was will der Papst bewegen? Was bewegt ihn selbst? Was und wer sind ihm wichtig? Wie lebt er, wie geht er seine Themen an, und wie zeigt sich sein feiner Humor? Wie kaum ein anderer kann Michael Mandlik aus persönlicher Erfahrung jenseits der Fernsehbilder über den Menschen Benedikt erzählen.

HERDER

Jürgen Erbacher

Vatikan
Wissen, was stimmt

128 Seiten, kartoniert
Herder Spektrum Band 5985
ISBN 978-3-451-05985-8

Er gilt als abgeschirmt und geheimnisumwittert – der kleinste Staat der Welt mit seinem unschätzbaren Einfluss. Seit der Wahl des deutschen Papstes ist hierzulande das Interesse noch gewachsen. Immer wieder tauchen Fragen auf: Ist der Kirchenstaat unermesslich reich? Oder von der deutschen Kirche alimentiert? Pflegt er Kontakte zu den internationalen Geheimdiensten? Was lagert in den Archiven? In knapper und einprägsamer Form gibt Jürgen Erbacher präzise Informationen zu Geschichte und Gegenwart des Vatikans.

HERDER